W0045566

Inhalt

Vorwort

Die weiteste Reise meines Lebens

Es war ein ganz normaler Arbeitstag. Obwohl, so ganz normal ist bei mir eigentlich nichts. Ich bin nämlich Ordensschwester, und mein Arbeitstag ist der einer Erziehungsleiterin in einem unserer Bethanien-Kinderdörfer. Nicht dass ich als Ordensschwester nicht normal wäre, aber wenn man unter normal «den Durchschnitt abbildend» versteht, dann bin ich als junge Dominikanerin und Ordensfrau wohl jenseits der Gauß'schen Normalverteilung. Und die Aufgaben einer Erziehungsleiterin sind so vielfältig, dass allein ihre Beschreibung ein ganzes Buch füllen könnte. Kein Tag gleicht dem anderen, von Normalität keine Spur.

Hier geht es aber um etwas anderes, um etwas, das an diesem Tag seinen Anfang nahm. Das Telefon klingelte. Am anderen Ende der Leitung stellte sich ein Mann namens Lutz Neumann vor, von Beruf Regisseur. Das erschien im ersten Moment nicht weiter ungewöhnlich, denn seit fast zehn Jahren bin ich im deutschen Fernsehen immer wieder bei der einen oder anderen Sendung dabei. Manche sagen sogar, wenn sie mich auf dem Bildschirm sehen: «Das ist doch die Fernsehnonne» – und ganz unrecht haben sie damit nicht. Nur dass ich keine Nonne, sondern eine Schwester bin (und meine Auftritte im Fernsehen nicht zu meinen Hauptaufgaben zählen). Und was ist der Unterschied? Schwestern sind Frauen, die in einen Orden eintreten, der sich der Arbeit mit und für die Menschen widmet. Nonnen sind diejenigen, die vorrangig beschaulich leben, gern in Klausur «hinter Klostermauern», die aber längst nicht so unüberwindbar sind, wie viele glauben. Aber auch darüber könnte man ein ganzes Buch schreiben …

Lutz Neumann hatte mich, wie er mir jetzt am Telefon erzählte, als «Fernsehnonne» entdeckt. Und zwar, als er schwitzend auf einem Trimmrad im Fitnesscenter saß, während ich alte Grand-Prix-Lieder in einer Sendung kommentierte. Er fand das so gut, dass er dachte: Die ist genau die Richtige für dein Projekt – die Dokumentation einer Reise ins Heilige Land. Lutz und das ZDF suchten eine Ordensfrau, die mitfahren würde, in einem roten Chevrolet und mit einem Comoderator (Rainer Maria Jilg), von der Kamera begleitet, auf den Spuren mittelalterlicher Kreuzfahrer, mit Startpunkt in Istanbul und Stationen wie Konya und Antakya, Tripoli und Tyros, Hebron und Jerusalem. Mehrere tausend Kilometer. Hätte ich nicht Lust, diese Ordensfrau zu sein? Und ob ich Lust hatte. Was für eine Frage! Noch nie hatte ich mich außerhalb der Grenzen von Europa bewegt, schon gar nicht in Israel, im Heiligen Land.

«Wann? Sofort?» Meine Begeisterung ließ mein Herz höher schlagen. Es gibt Momente, die stimmen einfach. Die landen direkt vom Himmel vor meinen Füßen und füllen den Raum, meine Sinne – und verändern mein Leben. Dies war so einer.

Nein, die Reise solle erst im Herbst 2011 beginnen, erhielt ich zur Antwort, also ein gutes halbes Jahr später. Und ich erfuhr noch mehr: Bei dieser Reise durch die Türkei, Syrien, den Libanon und Israel wäre ich ungefähr acht Wochen unterwegs, es ginge um ein Kennenlernen, auch um ein Auseinandersetzen mit dem Christentum, dem Islam sowie dem Judentum. Auf der Strecke würden wir immer wieder Menschen treffen, die sich – jeder auf seine Art – für ein gutes Zusammenleben der Religionen einsetzen, zum Beispiel im «Chor der Zivilisationen» in Antakya oder in der israelischen Schule «Brücke über den Wadi», in der palästinensische und jüdische Kinder gemeinsam lernen. Aber wir würden auch mit der Hisbollah konfrontiert werden, mit einem israelischen Ex-Soldaten von «Breaking the Silence» sprechen, regimekritische Künstler treffen. Wir würden tanzende Derwische sehen, auf einen Tee in die Wüste Negev zu den Beduinen gehen, dem «Peace Village» der Black Hebrews in Israel einen Besuch abstatten. Dabei würden wir hoffentlich nicht nur etwas über andere Kulturen und Denkweisen erfahren, sondern auch einiges über uns selbst. Je mehr Lutz erzählte, umso spannender klang es! Und ICH, wirklich ICH, war gefragt. Es war wie ein Geburtstags- und Weihnachtsgeschenk zusammen und eigentlich noch mehr. Da habe ich spontan ja gesagt. Natürlich!

Es ist so eine Sache mit der Spontaneität, wenn einen dann der «normale» Alltag einholt. Direkt nachdem das Telefonat beendet war, erhob sich vor mir ein Berg – und damit eine Menge an Herausforderungen. Der erste Gedanke: Ich stehe voll in der Arbeit – wie soll das gehen, zwei Monate einfach weg zu sein? Quillt doch mein E-Mail-Postfach schon nach einer Woche Abwesenheit über, und viele Aufgaben würden nicht erledigt werden oder ungeduldig darauf warten, dass dies geschähe, sodass ich bei meiner Rückkehr schier außer Atem geraten könnte. Bevor mich weitere Gedanken überfluteten, holte ich tief Luft. Wenn diese Anfrage vom Himmel kam, dann würde der Himmel auch eine Lösung finden. Bisher war ich in dieser Hinsicht nicht enttäuscht worden.

Der erste Anruf galt meiner Generalpriorin. Bei solch gewichtigen Entschlüssen hatte ich sie um Erlaubnis zu fragen, gelobte ich doch, als ich mich auf Lebenszeit an den Orden gebunden hatte (fast wie ein Eheversprechen), Gehorsam. Das heißt natürlich nicht, dass ich auf Knien liegend alles mache, was man mir sagt. Das wäre ein Klischee. Was Gehorsam beinhaltet, darüber gibt es innerhalb der einzelnen Orden unterschiedliche Auffassungen – in unserer Gemeinschaft der Bethanien-Schwestern sprechen wir von einem «dialogischen Gehorsam». Das bedeutet, dass ich die meisten Entscheidungen zusammen mit meinen Mitschwestern und Oberen treffe. Gegenseitige Akzeptanz und das Hören aufeinander sind die Basis unserer Gemeinschaft, und die Berücksichtigung der persönlichen Situation selbstverständlich. Dennoch gibt es Situationen, die von der Ordensleitung allein bestimmt werden – meine Reise wäre ein solcher Fall. Ich überlegte mir, wie ich sie begründen konnte, denn wichtig bei uns ist, was *allen* dient.

Es konnte passieren, dass meine Ordensleitung gegen eine zweimonatige Abwesenheit meinerseits entscheiden würde, weil diese wenig für die anderen dienlich wäre, deshalb hatte ich ein bisschen Herzzittern, als das Freizeichen ertönte. Aber ich brauchte gar keine schlagkräftigen Argumente. Meine Generalpriorin gab mir sofort und freudig ihr Einverständnis: «Jordana, das ist so eine tolle Chance, das musst du machen!» Juchu! Dieselbe Antwort erhielt ich wenig später auch von meinem Chef, dem Leiter des Kinderdorfes. Ihm schuldete ich zwar keinen Gehorsam, jedoch Kollegialität. Der Himmel stand damit weiterhin offen. Selbst die schwierige Aufgabe meiner Vertretung ließ sich problemlos lösen, es schien, als hätte man alles von langer Hand geplant: Eine meiner Kolleginnen konnte ihre Stellenreduzierung um ein paar Monate nach hinten verschieben, sodass sie Luft für Vertretungsarbeiten hatte. Eine neue Kollegin stieg ein, die den Rest übernahm. Meine Kinderdorfgruppen waren in guten Händen, ich konnte ohne schlechtes Gewissen fahren. Zugleich hatte ich etwas Wichtiges gelernt: nämlich dass das Kinderdorf auch längere Zeit ohne mich auskommen kann. Wenn man tagaus, tagein in Verpflichtungen steckt, kann man das leicht vergessen. Ich denke dann, dass die Sonne nur aufgeht, wenn ich persönlich den Wecker stelle ...

Als ich vor einundzwanzig Jahren in den Orden eintrat, sagte jemand zu mir: «Willst du die Welt besehen, musst du in ein Kloster gehen.» Wahrscheinlich kam es zu dieser Äußerung, weil Ordensfrauen häufig in die Mission gehen, nach Afrika, Asien oder Südamerika, was ich jedoch keineswegs vorhatte. Und doch sollte dieser Satz auf besondere Weise für mich wahr werden: mit dieser Fernsehdokumentation. Ich würde die weiteste Reise meines Lebens antreten! In einem Auto, noch dazu zusammen mit einem jungen Mann. In der Tat ein wenig ungewöhnlich für eine Schwester, aber warum nicht. Es versprach jedenfalls viele neue Erfahrungen von einem Miteinander auf engstem Raum. Eine meiner Mitschwestern machte sich Sorgen um mein Zölibatsgelübde, das zweite Gelübde, das ich abgelegt habe, neben dem Gehorsam: «Mit einem Mann? Alleine? So lange Zeit?» Ich konnte sie beruhigen, meinte, ich würde gern im Orden leben und wäre nicht auf der Suche nach einer Alternative. Eine andere Schwester gab mir als Rat mit auf dem Weg: «Bleib katholisch!» Befürchtete sie, ich könnte zum Islam übertreten? Es war jedenfalls spannend, mitzubekommen, wie viele Gedanken sich meine Schwestern machten, die mir gar nicht eingefallen wären. Ich spürte aber auch, dass alle sich mit mir freuten. Wie gern hätte ich es meinen Lieben ermöglicht, mich zu begleiten, denn vielen, denen ich davon erzählte, stand das Fernweh in den Augen. Aber das ging ja nicht.

Bald purzelten die praktischen Fragen ins Haus, Vorbereitungen mussten getroffen werden: Was sollte ich auf eine solche Reise mitnehmen? Auch wenn ich Armut gelobt hatte – das dritte Gelübde –, besitze ich doch mehr als ein paar Schuhe und eine Kleidergarnitur. Mit dem Filmteam hatte ich inzwischen geklärt, dass ich das Bild einer «Nonne» nicht ganz erfüllen würde, die meiste Zeit würde ich nämlich «normale» Kleidung tragen. Das ist auch etwas, was mich nicht ganz den Vorstellungen von einer «normalen» Ordensfrau entsprechen lässt. Wir Dominikanerinnen von Bethanien können zwischen Ordenskleid, dem Habit, und Zivilkleidung wählen. Das dominikanische Ordensgewand ist weiß, ursprünglich bestand es mal aus ungefärbter Wolle und stellte ein alltagstaugliches Arbeitskleid dar. Billig, strapazierfähig. Das sind die Kriterien, die ein Ordenskleid erfüllen muss. Heute tun das auch Jeans und T-Shirts. Aus diesem Grund trage ich den weißen Habit mit dem schwarzen Schleier nur zu besonderen oder liturgischen Anlässen. Ansonsten ist mein Erkennungszeichen allein das schwarz-weiße Lilienkreuz, welches mich als Dominikanerin erkennbar macht und das ich immer um den Hals trage. Auf bunte Farben wollte ich bei meinen Outfits allerdings verzichten, denn ein wenig sollte ja das Bild von mir als einer Schwester deutlich werden.

Nach der Kleiderfrage fing ich an, darüber nachzudenken, was ich eigentlich über den Islam und das Judentum wusste – und stellte fest, dass es erschreckend wenig war. Klar hatte ich mich schon mit Muslimen und Juden unterhalten, aber religiöse Themen hatten da nicht im Vordergrund gestanden, eher praktische Fragen. Wir haben einige muslimische Jungen und Mädchen im Kinderdorf, und wir achten zum Beispiel darauf, dass sie kein Schweinefleisch essen müssen, oder beschenken sie zum Zuckerfest mit Süßigkeiten. Aber sonst? Natürlich wusste ich von religiösen Gemeinsamkeiten und dass wir uns zum Teil auf dieselbe Heilige Schrift beziehen, auf Abraham als den gemeinsamen Stammvater. Auch auf die Übereinstimmung, dass wir an einen (und nur an einen) barmherzigen und gütigen Gott glauben, der die Welt erschaffen hat und der Bewahrer und Richter aller Menschen ist, weil er uns liebt, können wir bauen, wenn wir uns begegnen. Und das bedeutet viel mehr Gemeinsamkeit, als ich zum Beispiel mit einem Hindu oder Buddhisten hätte. Denn die Hindus verehren verschiedene Götter, und die

Buddhisten stellen sich im Grunde gar keinen Gott vor, selbst wenn es Länder gibt, in denen Buddha wie ein Gott verehrt wird – ursprünglich war das aber nicht so.

Und so kam es, dass ich mir Gedanken über die drei Buchreligionen machte, so ausführlich wie nie zuvor. Mir fiel auf, dass ich in meinem Lebensalltag wenig Berührung mit Gläubigen anderer Religionen hatte, dass wir in Deutschland unsere verschiedenen religiösen Rituale kaum zusammen zelebrieren, unsere Feste nicht gemeinsam feiern. Wir leben eher nebeneinanderher – aus heutiger Sicht würde ich sagen: ein großer Fehler. Dass das auch anders möglich ist, habe ich während meiner Reise immer wieder mit Staunen feststellen können. Ich traf etliche Christen, die mit ihren Nachbarn oder Freunden in die Moschee gingen und umgekehrt. Bei diesem ungewöhnlichen «Roadmovie» sollte ich selbst auch zum ersten Mal in meinem Leben eine Moschee oder Synagoge betreten.

Zum Glück machte ich mir noch vor Reiseantritt bewusst, dass ich unterwegs in erster Linie Menschen begegnen sollte; es ging nicht darum, religiöse Claims abzustecken. Das wäre auch gar nichts für mich gewesen. Ich wünschte mir, als Jordana zu reisen, nicht als Abgesandte der katholischen Kirche – wenngleich als ein lebendiges Mitglied von ihr. Ich wollte lernen und nicht belehren oder Vorurteilen folgen. Daher verzichtete ich darauf, vorab theologische Einführungen zu studieren (und wer in diesem Buch kluge Gedanken dieser Art erwartet, den kann ich gleich enttäuschen, dann ist es später nicht mehr so schlimm).

Im Lauf der Wochen wuchs der Berg an Dingen, die in den Koffer mussten. Bald schien es unmöglich, alles in diesen zu bekommen. Aber mehr als ein Gepäckstück wollte ich partout nicht mitnehmen. So teilte ich den Berg in zwei Stapel auf: «unbedingt» und «vielleicht». Auf jeden Fall brauchte ich eine Sonnencreme und etwas gegen Insektenstiche. Auch warme Kleidung, denn abends kann es in diesen heißen Ländern empfindlich kalt werden, so hatte ich mir sagen lassen. Ich benötigte feste Schuhe, aber auch Sandalen. Die Reisebibel (im Kleinformat) und mein Brevier (das Gebetsbuch der Kirche) gehörten ebenso auf den Stapel «unbedingt». Außerdem ein Tagebuch und ein Aufnahmegerät für die Interviews mit meinen Gesprächspartnern gegen das Vergessen sowie ein Kartenspiel – man wusste ja nie. Das sollte reichen, und wenn nicht, dann war es so. Schon häufig hatte ich die Erfahrung gemacht, dass, ist man erst einmal unterwegs, vieles sich von selbst findet, wenn man es hinnimmt, wie es kommt. Und wenn etwas fehlt, dann fehlt es eben. Außerdem: Ich fuhr nicht in den Dschungel!

Am Ende schaffte ich es, den Kofferinhalt auf vierzehn Kilo zu reduzieren, was ich, angesichts der Länge der Reise, durchaus bemerkenswert fand. Dennoch: Die Zeiten, in denen sich die Jünger Jesu ohne Vorratstasche und ohne Gepäck aufmachen, sind definitiv vorbei.

Inzwischen hatte sich die politische Situation insbesondere in Syrien radikal verändert. Angesteckt durch den «Arabischen Frühling», begannen in diesem Land Demonstrationen für mehr Freiheit, die gewaltsam durch das Regime verhindert wurden. Das machte eine Durchfahrt durch Syrien mit einem Kcamerateam von Tag zu Tag unwahrscheinlicher. Angesichts dieser Entwicklung wurde mir ein bisschen bang. Was würde da wohl auf mich zukommen? Muslime in Deutschland zu treffen war etwas anderes, als muslimische Länder zu bereisen – noch dazu als katholische Ordensfrau. In Ägypten hatte es nach dem Umsturz des Regimes viele Angriffe auf christliche Kopten gegeben, die während der Revolution noch Mitstreiter gegen den einstigen Präsidenten Husni Mubarak gewesen waren. Christen erlebten dort keinen Arabischen Frühling, und sosehr ich die Demokratiebewegung mit dem Herzen unterstützt hatte, so schrecklich fand ich die Übergriffe auf meine Glaubensbrüder und -schwestern. Konnte es in Syrien ähnlich sein? Ich wollte niemanden unnötig provozieren. Das Filmteam beruhigte mich, trotzdem blieb die Lage heikel für alle westlichen Reisenden. An der türkisch-syrischen Grenze sollten wir später ein Flüchtlingslager besuchen. Im Herbst 2011 lebten achttausend Flüchtlinge in ihm, die aktuellen Zahlen kenne ich nicht, kaum werden es jedoch weniger Menschen sein. Seitdem sind jedenfalls mehr als 200 000 Syrer ins Nachbarland geflohen. Der Bürgerkrieg in Syrien hat sich längst im Libanon ausgebreitet, die Gewalt im Nahen Osten hat überhaupt zugenommen. Israel bombardierte erneut Gaza und die Palästinenser Israel.

Viele Menschen, die ich auf der Reise traf, sind durch die verschärfte politische Lage heute in großer Gefahr. Ich denke an sie, und ich bete für sie. Wo es möglich ist, stehen wir über das Internet weiter in Verbindung. Die Sehnsucht nach einem friedlichen Miteinander der Religionen und der Völker war Grundthema aller Gespräche, die wir führten, der Krieg mit unserem Aufenthalt im Libanon allgegenwärtig. Ich bin keine politische Berichterstatterin, trotzdem habe ich versucht, die Konflikte zu verstehen, da mir vieles unter die Haut gegangen ist.

In diesem Buch möchte ich wiedergeben, was ich gesehen habe, was andere mir erzählt haben – vor und hinter der Kamera. Diese Reise hat mich erschüttert und zugleich mein Leben ungemein bereichert. Vielleicht kann ich durch meine Erlebnisse andere ein bisschen anstecken, neugierig zu werden auf das Fremde – im eigenen Land, in der eigenen Religion, sogar im eigenen Inneren – und Fremden mit derselben Offenheit und Gastfreundschaft zu begegnen, die mir während all der Wochen des Unterwegsseins immer aufs Neue so großzügig gewährt wurden.

1

Es müffelt ein wenig – zum ersten Mal in einer Moschee

Einchecken in der Vorfreude auf eine große Reise ist wunderbar. Mein erster Flug Non-EU! Genüsslich schlürfe ich an diesem ersten Septembertag einen völlig überteuerten Tee mit Blick auf das nebelige Rollfeld des Flughafens. Frauen mit Kopftuch, Männer in dunklen Jacketts, ein paar frühe Businesstypen mit Computertasche, junge Menschen mit Rucksack – und dazwischen ich. Schauer der Dankbarkeit laufen mir über den Rücken, und ich kann nur mit den Worten einer Mitschwester sagen: «Unglaublich, was Berufung alles beinhaltet!» Berufung zum Ordensleben scheint erst einmal mit Verzicht zu tun zu haben. Auf den zweiten Blick aber ist es pure Fülle. Wie in diesem Augenblick. Denn jetzt wartet die Türkei auf mich – Sehnsuchtsziel für so manchen im Viel-Regen-Land Deutschland. Ich kenne es von verlockenden Prospekten, auf denen mir weiße Strände und ein blaues Meer entgegenlachen. Die Fernsehdokumentation wird natürlich kein Urlaub sein, so viel steht fest. Filme machen ist Arbeit. Und die Strecke, die wir vor uns haben, ist nicht ohne. An die Länder, die man mit dem Label «Nahost-Konflikt» beklebt, möchte ich aber jetzt noch nicht denken. Die Türkei ist für den Anfang aufregend genug.

Landeanflug Istanbul: so weit das Auge reicht, nur Häuser. Ein Meer von Häusern. Und mittendrin das blaue Band des Bosporus mit den zwei Brücken. Sie spannen sich wie dünne Arme über das Wasser. Schon während des Flugs habe ich Ausschau nach Menschen gehalten, die mir vielleicht zur Seite stehen könnten. Denn ehrlich gesagt schwindet mein Mut mit jeder zurückgelegten Flugmeile – der Flughafen Istanbul-Atatürk ist schließlich einer der größten in Europa! Und nun stehe ich allein am Gepäckband und warte auf meinen Koffer. Vielleicht ist es meine hilflose Ausstrahlung oder aber wieder ein Geschenk des Himmels, dass mich just in dieser Situation ein Mann anspricht: «Brauchen Sie Hilfe?»

Er stellt sich als Mohammed vor, ein Mann in Geschäftsoutfit, etwa Mitte vierzig, mit einem sympathischen Lachen. Er lebt in Krefeld und besucht, auf der Durchreise nach Asien, seine Familie in Istanbul. Es sei nämlich Zuckerfest, erklärt er, mit dem man ja das Ende des Ramadan feiere, und da besuche man seine Familie, in der Regel die jüngeren die älteren Leute. Plausibel. Viele der deutsch-türkischen Mitreisenden im Flugzeug waren mittleren Alters, wahrscheinlich alles Zuckerfest-Besucher.

«Gott hat Sie zu mir geschickt, damit ich Ihnen helfe», bemerkt mein Begleiter. Ich weiß nicht, warum er das sagt, aber ich kann es kaum glauben – ich trage nicht einmal meinen Habit! Hat in Deutschland je ein Mensch so etwas zu mir gesagt? Just in diesem Moment kommt auch mein Koffer, den der Herr Mohammed vom Band hievt. Danke, Gott! Du hast mich also hier schon erwartet!

«Vielen Dank, Mohammed», sage ich.

«Kein Problem», antwortet er und holt seinen eigenen Koffer, bevor er mich fragt: «Und wohin wollen Sie in Istanbul?»

Ich krame den Zettel mit der Hoteladresse aus meiner Tasche und zeige ihn meinem Engel in Menschengestalt. Mohammed liest stirnrunzelnd, dann lacht er und sagt: «Das ist bei den großen Moscheen, ganz leicht zu finden. Kommen Sie, die Bahn fährt dort vorn.» Mit Riesenschritten zieht er los, sodass ich gar nicht in der Lage bin, ihn zu fragen, was er denn mit den großen Moscheen meinen würde. Egal. Mohammed kauft mir ein Ticket, weil ich noch kein türkisches Geld habe, und begleitet mich bis zu der Station, an der ich umsteigen muss, nicht ohne mir seine Telefonnummer zu geben, mit dem Hinweis, dass ich ihn jederzeit anrufen könne, wenn ich Hilfe bräuchte. Zum Glück hatte ich mich im letzten Augenblick entschlossen, mein Handy mitzunehmen, und nicht, wie ursprünglich geplant, alles hinter mir zu lassen. Sorgfältig programmiere ich die Telefonnummer, sehr beruhigend ist das. Man sagt ja, der erste Eindruck ist wichtig. Mein erster Eindruck von der Türkei: die Freundlichkeit und ungewöhnliche Hilfsbereitschaft von Mohammed aus Krefeld. Das macht mein Herz weit und offen.

Das Hotel finde ich ohne große Probleme. Mein Zimmer besteht aus einem großen Doppelbett, einem wackeligen Kleiderschrank mit leicht klemmender Tür, weiß getünchten Wänden und einem goldgerahmten Bild: Menschen mit Turbanen sind darauf zu sehen, eine Menge Obst auf einem Tisch, Frauen in langen und farbenfrohen Gewändern, leicht verschleiert – wahrscheinlich die türkische Version des deutschen Hotelklassikers «Röhrender Hirsch». Die Aussicht aus dem Fenster lässt allerdings jede Möblierung augenblicklich unwichtig erscheinen: Ich schaue direkt auf den Bosporus, es ist ein beeindruckender Anblick, dort fahren Ozeanriesen, Fähren und eine Menge Tanker; die Meerenge ist breiter als jeder Fluss, den ich bisher gesehen habe. Ich packe meine Sachen aus, während mir das Wasser die Stirn herunterläuft, denn im Zimmer ist es heiß. Dass es eine Klimaanlage gibt, bemerke ich erst am nächsten Morgen, nach einer stickigen Nacht. Jetzt ist aber erst einmal Mittag, und ich eile nach draußen, in der Hoffnung auf etwas frische Luft.

Eine Stadt wie Istanbul bietet Sehenswürdigkeiten für mehrere Monate. Doch weil ich keine Kulturtouristin bin, mache ich mich ohne Reiseführer auf den Weg, einfach der Nase nach. Auf dem Sultan-Ahmed-Platz verweile ich erst einmal, um mich an die heiß strahlende Sonne zu gewöhnen, die von einem wolkenlosen Himmel sticht. Frische Luft ist etwas anderes. Dafür Palmen überall (ich liebe Palmen!), Brunnen mit sprudelnden Wasserfontänen, Blumen und Menschen – viele Menschen, meist in großen Gruppen, darunter erstaunlich wenig Mitteleuropäer. Von Mohammed habe ich erfahren, dass mindestens vierzehn Millionen Menschen hier leben, davon nur 80 000 bis 100 000 Christen – enorm wenig, wie ich finde. Jetzt weiß ich auch, welche «großen Moscheen» dieser menschliche Engel gemeint hat, denn hier befinden sich die Hagia Sophia und die Blaue Moschee in Sichtweite, sie liegen sich direkt gegenüber. Ich überlege, ob ich in eines der beiden Gebäude hineingehen soll, verschiebe es aber auf später. Ich muss erst einmal mit den Straßen vertraut werden.

Laut ist es. Das fällt mir sofort auf. Man unterhält sich, man begrüßt sich mit Küssen und Umarmungen, gestikuliert und fällt einander ins Wort, lacht, hält die Hand des anderen, während man ein lockeres Gespräch beginnt, auch oder gerade die Männer! Undenkbar wäre das bei uns, und es gefällt mir. Langsam schlendere ich weiter, um meine Schweißdrüsen nicht unnötig zu provozieren. Anstatt Kirchtürme sehe ich überall Minarette aus dem Häusermeer hervorragen – wie Zeigefinger weisen sie gen Himmel, und ihre nadelförmigen Spitzen erinnern mich an Mondraketen. Wenig später wird zum Gebet gerufen. Zum ersten Mal höre ich den Adhan, den Gebetsruf des Muezzins, der die Gläubigen sammelt. «Allah ist der Allergrößte! Ich bezeuge, dass Allah der einzige Gott ist. Ich bezeuge, dass Mohammed sein Gesandter ist! Kommt her zum Gebet! Kommt her zum Heil! Hajja'ala-salah! Hajja'ala-l-falah! Es gibt keinen Gott außer Allah!» Wenn das hierzulande auch so wäre, würde es wahrscheinlich Beschwerden hageln, weil wir eine viel weltlichere Gesellschaft sind. Anfänglich bereitet mir der Gebetsruf ein Gefühl der Fremdheit, aber im Lauf der Wochen wird es sich legen.

Während ich weiter alles mit Augen und Ohren aufsauge, denke ich über den Ramadan nach. Der Fastenmonat ist ein heiliger Monat, er gehört zu den fünf wichtigen Säulen des Islams. Die vier anderen sind das Gebet, das Glaubensbekenntnis, die Pilgerfahrt nach Mekka (Haddsch) und die Almosen an die Armen (Zakat). Während der Fastenzeit wird von Sonnenaufgang bis Sonnenuntergang weder etwas gegessen noch getrunken, es sei denn, man ist krank. Wie man das bei dieser Hitze schaffen und dabei noch normal arbeiten kann, ist mir ein Rätsel. Hut ab! Mit Einbruch der Dunkelheit ist dann alles wieder erlaubt. Letztens traf ich in Köln einen jungen Türken, der am späten Abend mit Riesenbissen einen Döner in sich hineinstopfte – aber anstatt mich über seine schlechten Essensmanieren aufzuregen, verstand ich seine Situation. Er hatte seit achtzehn Stunden nichts mehr zu sich genommen. Ich nickte mitfühlend und sagte: «Ramadan!» Er nickte mit vollen Backen und freute sich sehr, dass ich Bescheid wusste, dann kam der nächste große Bissen.

Das Fasten betrifft aber auch das eigene Verhalten: Man soll nicht lügen und betrügen, keine Sünden begehen und sich der Sexualität enthalten. Im Koran steht, dass das Fasten Gott gefällt, Ähnliches gilt für Christen: «Wenn ihr fastet, macht kein finsteres Gesicht wie die Heuchler», sagt Jesus im Matthäusevangelium. «Sie geben sich ein trübseliges Aussehen, damit die Leute merken, dass sie fasten ... Du aber salbe dein Haar, wenn du fastest, und wasche dein Gesicht, damit die Leute nicht merken, dass du fastest, sondern nur dein Vater, der auch das Verborgene sieht; und dein Vater, der das Verborgene sieht, wird es dir vergelten.» Der Prophet Mohammed hat regelmäßig gefastet, ebenso Jesus: Vierzig Tage lang war dieser allein in der Wüste, um innere Klarheit über seinen Weg zu finden. Fasten macht den Kopf klar und den Geist empfänglich. Als Christen haben wir unsere Fastenzeit vor dem Osterfest, um Jesus auf seinem bevorstehenden Leidensweg gewissermaßen «beizustehen», um mit unseren «kleinen Leiden» sein «großes Leiden» nachzuvollziehen und das große Fest der Auferstehung in aller Tiefe empfinden zu können.

In unserer dominikanischen Gemeinschaft fasten wir nicht mehr so streng, wie es traditionell einmal war; ich selbst verzichte grundsätzlich nicht ganz aufs Essen oder Trinken. Dabei geht es mir nicht gut. Aber ich esse viel weniger Fleisch, als ich es sowieso tue, und versuche keine Süßigkeiten zu naschen, Alkohol trinke ich sowieso kaum. Viel wichtiger sind mir ein innerliches Hinschauen und «Entrümpeln». Und vor allem nehme ich mir mehr Zeit zum Gebet und zur inneren Wachsamkeit, lese ein gutes geistliches Buch als Fastenlektüre und erneuere meine Gottesbeziehung. Die Disziplin beim Fasten ist mir weniger wichtig, obwohl sie sicherlich ihren Wert hat. Mein Ziel ist, wieder mehr Einfachheit im Leben zu gewinnen. Denn was passiert, wenn ich durch den Verzicht auf äußere Dinge und auf Ablenkungen auf mich selbst zurückfalle? Sehr viel, kann ich nur sagen: Es kommen andere Dinge zum Vorschein, und es sprechen andere Stimmen in mir. Und so verstehe ich auch Jesus in der Wüste. Zu ihm kam der Teufel und bot ihm Reichtum, Macht, Herrlichkeit und Zauberkräfte an, wenn er doch von Gott abließe und stattdessen ihn anbeten würde. Hat er natürlich nicht, denn er sagte: «Der Mensch lebt nicht nur vom Brot allein, sondern von jedem Wort, das aus dem Mund Gottes kommt.» Ich brauche Gott – existenziell. Und das versuche ich in der Fastenzeit wieder erfahrbar zu machen, wenn es im Lauf des Jahres mal wieder im Alltag weniger wird. Ich bin sicher, dass ein großer Teil unserer Erschöpfung, von der so viel die Rede ist, ihren Grund darin hat, dass wir uns permanent berieseln lassen und uns irgendwelchen Reizen aussetzen. Gehirnforscher haben bewiesen: Jeder

Mensch braucht Zeiten, wo er gar nichts tut. Wo auch das Gehirn gleichsam fastet. Und ich habe erfahren: Ich brauche Gott!

Ist das Fasten vorbei, kehrt man als Verwandelter in die Welt zurück – so die Theorie. In der Praxis stopfen Christen ebenso wie Muslime beim Fastenbrechen Unmengen von Süßigkeiten in sich hinein, und die müssen verdaut werden – daher wohl all die vielen Spaziergänger um mich herum.

Gemächlich zieht es mich durch die historische Altstadt Richtung Norden, bis zum Goldenen Horn. Ziemlich schnell werde ich als Deutsche identifiziert: Ich trage kein Kopftuch, bin auch nicht so schick gekleidet wie viele der Frauen, die mir hier in diesem Stadtteil begegnen. Diese sind entweder in größeren Gruppen unterwegs oder aber mit ihren Männern. Keine einzige Frau ist allein unterwegs. Das verunsichert mich: Fühlt man sich so, wenn man als Muslimin nach Deutschland kommt? Fremd? Jetzt kenne ich das Empfinden andersherum. Aber immer, wenn ich anfange, mich richtig unwohl zu fühlen, werde ich von Menschen gegrüßt, die sich offenbar freuen, mich zu sehen. «Hallo! Kommen Sie aus Deutschland?» – «Ja!» – «Wir auch. Wie gefällt es Ihnen bei uns?» – «Sehr gut, danke!» Nach einer Weile gewöhne ich mich daran, wie auf einem Präsentierteller durch die Stadt zu marschieren. Trotzdem: Gut, dass morgen mein Team ankommt!

Auf der anderen Seite der Wasserstraße ragt der Galataturm über die Dächer von Beyoğlu hervor, der Christusturm, den Bewohner der genuesischen Handelssiedlung Galata dort errichteten. Die Galater waren Nachfahren keltischer Söldner, sie kommen auch in der Bibel vor. Der heilige Paulus schrieb einen Brief an die Galater, er ist im Neuen Testament zu finden. Manche sagen, dass die Galater ursprünglich in dieser Gegend gelebt haben. Der Galataturm ist ein Überbleibsel der Epoche, als die Stadt Istanbul noch Konstantinopel hieß und die Hagia Sophia die wichtigste Kirche der Christenheit war – bis die Osmanen kamen.

Es ist ja so, dass Christen und Muslime eine gemeinsame kriegerische Vergangenheit haben; jeder von ihnen ist der Meinung, die einzig «richtige» Offenbarung zu besitzen. In dem Galaterbrief spricht Paulus aber über die Liebe: «Durch die Liebe diene einer dem anderen. Denn das ganze Gesetz ist in ‹einem› Wort erfüllt: Liebe deinen Nächsten wie dich selbst! Wenn ihr euch aber untereinander beißt und fresst, so seht zu, dass ihr nicht einer vom andern aufgefressen werdet.» Christen und Muslime – auch in Deutschland ist das wieder verstärkt ein Reizthema, seit wir uns mit radikalen islamischen Gruppen wie den Salafisten auseinandersetzen müssen. Als Ex-Bundespräsident Christian Wulff erklärte, der Islam gehöre zu Deutschland, gab es jedenfalls längst nicht nur freundliche Rückmeldungen – aber auch nicht, als er kurze Zeit später in der Türkei verkündete, das Christentum gehöre zur Türkei. Unabhängig davon: Mit Absolutheitsansprüchen kommen wir auf Dauer nicht weiter.

Ich genieße es, versunken in Überlegungen, mich weiter treiben zu lassen. Nach geraumer Zeit spült mich der Strom dann doch an den Eingang einer großen Moschee. Es hat ein bisschen gedauert, bis ich mich traute, aber jetzt bin ich bereit für meinen ersten Besuch in einem islamischen Gotteshaus. Wie alle anderen ziehe ich die Schuhe aus und lege sie in einen Plastikbeutel, lasse mir ein Kopftuch geben und gehe hinein. Die jungen Mädchen hinter mir müssen ihre nackten Beine mit einem langen Stoff verhüllen. In den Petersdom kommt man auch nicht mit Shorts hinein. Ich finde das gut.

Vorsichtig betrete ich einen wunderschönen Raum mit Teppichboden, der ganz weich unter den Füßen und über und über mit prächtigen Mustern geschmückt ist. Die Kuppel wölbt sich über meinem Kopf, und ich muss ihn ganz zurücklegen, um die blau-weißen Mosaiken zu betrachten. Keine Bilder wie in (katholischen) Kirchen. Nur Schriftzeichen und Muster. Als einziger Schmuck sind in Moscheen Zitate aus dem Koran erlaubt, Namen von großen Propheten und Sultanen oder Ornamente und Blumen; richtige «Bilder» können den Gebetsraum verunreinigen. Das kann ich nachvollziehen, denn Bilder können tatsächlich die Aufmerksamkeit auf sich ziehen und von der Andacht ablenken. Ich ahne zwar nicht im Entferntesten, was die kunstvollen Zeichen bedeuten, aber sie wirken erhaben auf mich. Kein Wunder: Der Koran wurde nach muslimischem Glauben unmittelbar von Gott diktiert, und viele halten ihn für den schönsten und poetischsten Text, der je in arabischer Sprache verfasst worden ist.

Interessanterweise gibt es im Koran kein konkretes Bilderverbot, anders bei Juden und Christen, die ausdrücklich aufgefordert werden, sich kein Bildnis von Gott zu machen – was die Juden auch befolgen, und die Christen ... na ja. Bei dem berühmten Ordensbruder Meister Eckhart heißt es zwar auch, dass man Gott ganz und gar *bildlos* erkennen soll – aber von der Nüchternheit einer schmucklosen Kapelle bis hin zum fast unerträglichen «Liebes-Jesulein-Kitsch» in so mancher Barockkirche ist bei uns alles möglich. Meine eigenen Vorlieben liegen dazwischen. Auf religiösen Schnickschnack kann ich verzichten. So ganz ohne Bilder wäre es für mich aber auch schwer, mit Gott zu sein. Bilder können nämlich nicht nur ablenken, sondern auch hineinführen in das, was dann letztlich Geheimnis und unaussprechlich bleibt. Ich denke, es kommt sehr auf die Bedürfnisse, die Möglichkeiten und die Situation des Einzelnen an, wie man mit Gottesbildern umgeht. Und die Stille hinter den Bildern ist an allen heiligen Orten dieselbe.

Im Augenblick nehme ich nur die Atmosphäre dieses bildlosen Raumes in mich auf. In ihm summt es von Gebeten, ich suche nach Hinweisen, wie hier eine Art Liturgie gefeiert wird. Einen Altar gibt es ja nicht, aber dafür Kanzeln, zu denen Treppen führen. Von ihnen wird die Freitagspredigt gehalten, das Pendant zu unserer Sonntagspredigt. Ich entdecke auch Emporen, auf denen Menschen sitzen oder stehen, eine Nische, die wie eine Kapelle aussieht und besonders hervorgehoben ist. Das ist die Gebetsecke, die nach der heiligen Stadt Mekka ausgerichtet ist. Ansonsten ist die Moschee wohltuend leer, keine Stühle oder Bänke wie bei uns. Ich mag diese Weite, sie gibt der Seele die Möglichkeit, sich auszudehnen.

Ich registriere einen Bereich, den nur Männer und Kinder betreten dürfen, um dort zu beten. Für mich ist befremdlich, dass ich als Frau nicht überall hingehen darf. In unseren Kirchen hat man so etwas abgeschafft, obwohl man kaum behaupten kann, dass die (katholische) Kirche die Frau dem Mann gleichstellt. Frauen dürfen in der Kirche die Schrift auslegen – ein Recht, das jeder Christ hat. Zur Predigt können sie von Priestern beauftragt werden, aber es existieren auch konservative Richtungen, die Frauenpredigten ablehnen. Vom Frauenpriestertum ganz zu schweigen – es wird immer wieder gefordert und jedes Mal aufs Neue abgelehnt. Aber so ist es in fast allen Religionen. Sie wurden von Männern gegründet, die Hierarchien wurden und werden in der Regel von Männern angeführt, die Schriften wurden von Männern geschrieben und von ihnen interpretiert. Bis heute stellen die meisten Konfessionen die Frau unter den Mann – mal mehr, mal weniger. Das hält sich zäh, auch wenn es in meinen Augen mit Gott nichts zu tun hat. Jesus hat Männer und Frauen in seiner Zuneigung vollkommen gleichgestellt. Dass seine Jünger hauptsächlich Männer waren, liegt meines Erachtens nicht an einer Bevorzugung, sondern daran, dass sich in der jüdischen Gesellschaft Frauen nicht frei bewegen konnten. Es war also ein sozialer Grund, kein spiritueller.

Über Mohammed und die Frauenfrage wird innerhalb der islamischen Strömungen heftig gestritten. Im Koran steht zum Beispiel, dass Frauen geschlagen werden dürfen (aber nicht ins Gesicht), der Prophet selbst hat der Überlieferung nach aber niemals eine Frau geschlagen. Im Koran werden der Frau Eigentumsrechte zugesprochen, die sie vorher nie hatte. Ob der Prophet zu Lebzeiten die Ehe mit einer Minderjährigen einging oder nicht, will ich nicht beurteilen. Wenn aber heute elf-, zwölfjährige Mädchen aus religiösen Gründen zwangsverheiratet werden, sage ich ganz klar: Nein! Was damals war, ist eine Sache. Wenn Mädchen und Frauen in unserer Welt benachteiligt oder unterdrückt werden, egal, wo und aus welchen Gründen, dann ist das eine Wunde, die auf Heilung wartet.

Jesus ist unverheiratet geblieben, doch war Maria Magdalena ihm ganz nah, und wir Dominikanerinnen von Bethanien fühlen uns wiederum ihr verbunden. Das liegt in der Geschichte unserer Gemeinschaft begründet. Unser Ordensgründer, der französische Pater Jean-Joseph Lataste (1832 – 1869), gab mehrmals Exerzitien in einem Frauengefängnis. Er hatte dort mit Mörderinnen, Diebinnen, Prostituierten und Gotteslästerinnen zu tun, mit Frauen, die in irgendeiner Weise schuldig geworden waren. Und ihnen erzählte er die Geschichte von Maria Magdalena, so, wie er sie kannte: Eine stadtbekannte Prostituierte wurde zur «Apostelin der Apostel» und schließlich zur Heiligen, weil sie erlebte, dass Gott sie liebte, bedingungslos, ganz gleich, wie tief sie in den Augen der Gesellschaft «gefallen» sein mochte. Das machte einen großen Eindruck auf die gefangenen Frauen, sie fühlten sich angenommen, denn plötzlich sprach ihnen jemand einen Wert zu, den sie sich selbst längst abgesprochen hatten. Da stellte sie jemand auf eine Stufe mit Maria Magdalena und der Mutter Gottes. Gott schaut nicht auf das, was gewesen ist, sondern auf das, was ist und wie du liebst – das war eine gute Botschaft für sie. Pater Lataste wusste, dass diese Frauen im Grunde keine Chance hatten, nach ihrer Entlassung in der Gesellschaft wieder Fuß zu fassen. Also hatte er die Idee, einen Schwestern-Orden zu gründen, mit «normalen» und «gefallenen» Frauen. Die biblische Maria Magdalena hatte eine Schwester gehabt – in Bethanien, einem Ort nahe Jerusalem, wo Jesus sehr gern zu Gast war. So entstand 1866 das erste Kloster der Dominikanerinnen von Bethanien in Frankreich. Heute gibt es uns auch in der Schweiz, Italien, den Niederlanden, Deutschland und in Lettland. Und dann ist da noch eine Schwester auf Aruba, den Holländischen Antillen. Mit einem Besuch bei ihr habe ich schon immer geliebäugelt …

Aber jetzt bin ich hier. In der Moschee wende ich mich ab von den äußeren Eindrücken und spreche mit Gott. Etliche Gläubige sitzen auf der Erde, was mir sehr sympathisch ist, und so habe auch ich mich für mein Gebet auf dem Boden niedergelassen. Ich bete darum, dass Gott den Menschen Erkenntnis über unser aller Gleichheit schenkt. Über unsere Gleichwertigkeit. Dass wir eine unsterbliche Seele haben. Dass wir, ob türkisch oder deutsch oder sonst was, jenseits der Sprachen und Bilder eins sind. Und dass es der göttliche Auftrag ist, ins Paradies zurückzukehren, dies möglich zu machen – im Himmel und so auch auf Erden. Allerdings dauert meine Andacht nicht besonders lange, denn nach kurzer Zeit kriechen störende Gerüche in meine Nase. Ich begreife: Millionen von Füßen haben diesen Teppich schon betreten; historisch wichtig, aber nicht unbedingt angenehm.

Beim Verlassen der Moschee beeindruckt mich ihr Außenbereich. Ich sehe Höfe, in denen Menschen sitzen, reden, lachen und essen. Leider sind unsere Kirchen nicht mehr ein Zentrum gesellschaftlichen Lebens wie noch einst im Mittelalter. In der Mitte eines jeden Hofes befindet sich ein kunstvoll gestalteter Waschbereich, hier waschen sich die Männer (für die Frauen soll es Ähnliches an einem geschützteren Ort geben). Die Waschungen gehören als Ritual zum Gebet. Die Väter zeigen ihren Kindern, wie man es richtig macht, das Ohrenwaschen, Armewaschen, Nasewaschen und Füßewaschen. Letzteres ist auch uns Christen nicht unbekannt, Jesus hat seinen Jüngern vor dem letzten Abendmahl die Füße gewaschen. Jetzt ahne ich, woher das kommt – hier ist es staubig, man trägt Sandalen, und wenn man dann barfuß einen Gebetsraum betritt, ist es doch selbstverständlich, dass man sich vorher reinigt. Es ist eine Geste des Respekts.

Voll von diesen Eindrücken und Gedanken kehre ich zurück in mein Hotel. Noch lange schaue ich dem Treiben auf dem Bosporus zu.

2

Ein ganz schöner Hingucker –
in Schwesterntracht durch Istanbul

Trotz der stickigen Nacht fühle ich mich am Morgen erfrischt. Schwungvoll ziehe ich meine Schwesterntracht an und gehe die Treppen hinunter zum Frühstücksraum. Das ist mein erster «Auftritt» mit christlichem Habit in Istanbul, ich muss mich ein wenig überwinden und bin verlegen, als ich den Frühstücksraum betrete und sich alle Augen auf mich richten. Das ist in Deutschland schon manchmal unangenehm, und weil ich den Habit nicht ständig trage, bin ich nicht so sehr an die Wirkung gewöhnt, die das in Menschen auslösen kann. Hier noch mehr. Aber ich werde mit sehr viel Respekt und Freundlichkeit begrüßt, auch mit Neugierde.

Direkt von meinem Platz aus kann ich die *Queen Elizabeth* sehen. Ein riesengroßes Kreuzfahrtschiff. Esstechnisch halte ich mich an das, was ich kenne – Joghurt, Honig, Brot, Melone. Und endlich sind dann die anderen aus dem Fernsehteam da – mitten in der Nacht sind sie angekommen: Lutz, Coregisseur und der Mann rund ums Fotografieren, Regisseur Volker, Tom, der Produktionsleiter, Kamerafrau Sabine, ihr Kameraassistent Chris, Tonmann Mark, Ayhan, die Übersetzerin, und natürlich Rainer Maria Jilg, mein Copilot, Baujahr 1978, schlank, dunkelblond, gebürtiger Bayer und Brillenträger – sein Markenzeichen, zusammen mit einer Baseballkappe mit Sonnenschutz. Eine wunderbare Truppe, die ich schon bei einem Kennenlernen in Berlin auf Anhieb in mein Herz geschlossen hatte. Mit großem Hallo schieben wir die Tische zusammen und fangen gleich zu reden an. Wie sieht der Zeitplan aus? Wie meine Rolle? Was habe ich zu sagen?

Wir Dominikanerinnen sind Predigerschwestern, das heißt, wir haben den Auftrag zur Predigt. Ich verstehe das weniger als Mission, sondern mehr im Sinne der Verkündigung Gottes. Predigt kann ein Vortrag, ein Aktiv-Sein oder einfach meine Art der zwischenmenschlichen Begegnung sein. Entscheidend ist, dass andere Menschen an mir ablesen können, wie oder was Gott für mich ist. Und ich hoffe, dass sie an mir erkennen können, dass Gott gut ist. Meine Erfahrung mit Gott, meine Empfindung, dass ich von Gott geliebt werde, ist tief in mir verwurzelt. Jetzt sage ich dem Team, dass ich das während der Reise zum Ausdruck bringen möchte. Für mich hat Jesus auf Erden geweilt, um die Liebe Gottes zu zeigen, in ihrer menschlichen Form. Er hat vorgemacht, wie Liebe funktioniert, und ich versuche, ihm so gut wie möglich nachzufolgen. Das ist eigentlich schon alles. Doch wie schwierig kann das sein! Oder nicht? Darüber wird noch zu reden sein. Ich schaue Jesus an. In diesem schönen Frühstücksraum, gehalten in Weiß und Türkis, ist er nämlich präsent, auf einem riesigen und kitschig anmutenden Abendmahlsbild an der gegenüberliegenden Wand (im Islam ist er ein hochgeehrter Prophet). Jesus sitzt in der Mitte, die Jünger drum herum. Alles wirkt sehr orientalisch, die Menschen wie die Kleidung. Ich sitze Jesus als Schwester Jordana gegenüber, acht «Jünger» umgeben mich. Ich muss lachen. Es ist besser, wenn ich jetzt ein paar Melonenstücke verteile.

Gleich nach dem Frühstück haben wir unseren ersten Termin. Wir werden im hiesigen Dominikanerkloster erwartet, nur einen Katzensprung entfernt vom Galataturm. Von diesem Kloster aus wird meine Reise beginnen, ausgehend vom vertrauten Raum meines eigenen Ordens ins Unbekannte. Ich staune, dass es mitten in Istanbul dieses Kloster gibt, vom Baustil könnte es ebenso gut in Italien stehen. Man kann sogar Fremdenzimmer mieten.

Bruder Josef empfängt mich in der kühlen und dämmerigen Kirche mit herzlichen Worten – schlagartig sind der Lärm und die Hitze vor der Tür geblieben. Der leichte Weihrauchgeruch ist da, den meine geübte Nase sofort aufgespürt hat und mit «Zuhause» verbindet. Bruder Josef und ich müssen ein wenig radebrechen, denn er ist, wie er sagt, gebürtiger Pole, und sein Deutsch sei eingerostet. Sofort erkenne ich ein Gemälde von Katharina von Siena an der Wand, im weißen Dominikaner-Habit mit schwarzem Mantel und mit einer Lilie als Zeichen der Jungfräulichkeit. Katharina gehört zu den wichtigsten Heiligen in unserem Orden, sie ist in fast jeder dominikanischen Kirche zu finden und hat zu ihrer Zeit viel bewegt. Von ihr stammt der Satz: «Gebt euch nicht mit Kleinem zufrieden, Gott erwartet Großes!», und sie selbst hat es so gehalten. Sie reiste viel, war als Predigerin unterwegs – eine Besonderheit, da diese Aufgabe – wie schon gesagt – in der Regel Männer ausübten. Insofern war sie, eine Frau aus dem 13. Jahrhundert, bereits sehr modern, emanzipiert und unabhängig. Sie stand im Briefkontakt mit den Päpsten, vermittelte zwischen Staatsoberhäuptern und nahm kein Blatt vor den Mund – ähnlich wie Hildegard von Bingen. Sie muss sehr überzeugend gewesen sein, sodass der Papst sie mit außerordentlichen Privilegien ausstattete. Katharina von Siena gehört zu den wenigen Frauen in der katholischen Kirche, die zur Kirchenlehrerin erhoben wurde. Immerhin! Ich finde ihr Lebensbeispiel ermutigend. Ich darf als kleiner Mensch groß denken. Ich darf den Mut zur Veränderung haben und nach außen tragen. Ich gehe zu ihrem Bildnis, bleibe davor stehen und bitte sie um Beistand auf meiner Reise. Möge ich so ehrlich und mutig sein wie sie – das wünsche ich mir.

«Früher waren wir in diesem Kloster noch viel mehr», sagt Bruder Josef, der neben mich getreten ist und gemeinsam mit mir das Antlitz von Katharina von Siena betrachtet. «Jetzt sind wir nur noch zu fünft. Es gibt kaum Nachwuchs in den letzten Jahren.» Wahrscheinlich hat er lange gebraucht, um die Sätze in seinem Kopf zu formen.

Danach stellt er mich Pater Richard Nennstiel vor, der längere Zeit in dem Kloster gelebt hat. Der Pater ist zu Besuch da, er liebt diese Stadt und würde sofort an diesen Ort zurückkehren, wie er mir anvertraut, aber der Orden braucht ihn in Deutschland. Er erzählt mir auch, dass es einen Exodus von Christen aus der Türkei gab, als Kemal Atatürk 1923 die Republik ausrief und viel kirchlicher Besitz enteignet wurde. Priester durften nicht mehr ausgebildet werden, öffentliche Feiern oder Prozessionen wurden verboten. Bis heute gibt es für christliche Geistliche keinen klaren Rechtsstatus.

«Offiziell existieren wir gar nicht», fährt Pater Richard fort, «aber dank internationalem Druck auf die türkische Regierung wurde vor kurzem ein Gesetz erlassen, nach dem die enteigneten christlichen und auch jüdischen Gebäude wieder zurückgegeben werden sollen.»

«Ist doch toll», freue ich mich.

Der Bruder lächelt fein und wedelt mit der Hand: «Versprochen heißt nicht, dass dies auch realisiert wird, noch längst nicht!» Und er erklärt mir, dass türkisches Recht nicht unbedingt dasselbe bedeutet wie türkische Realität.

Die Dominikaner leben seit dem 13. Jahrhundert in der Türkei, in ununterbrochener Folge, und seit ungefähr fünfhundert Jahren in dem Kloster in der Nähe des Galataturms. Trotz aller Schwierigkeiten fühlen sie sich sicher, der Islam in der Türkei, so Pater Richard, sei immer tolerant gewesen. Im Priestergewand gehen die Brüder trotzdem nicht auf die Straße, zwar garantiere die Verfassung Religionsfreiheit, aber nur individuell. Alle religiösen Institutionen werden vom Staat kontrolliert – auch die islamischen.

«Sollte man mich dann besser nicht im Habit filmen?», frage ich nach. «Ich will hier niemanden provozieren.» Im Anschluss an den Klosterbesuch wollte man drehen, wie ich durch Istanbuls Straßen ging.

«Kein Problem, bei Ordensfrauen drückt man ein Auge zu.»

«Gibt es dafür einen Grund?»

«Sie genießen ein hohes Ansehen. Direkt um die Ecke gibt es ein Krankenhaus, das von Lazarus-Schwestern geführt wird. Sie behandeln Arme umsonst. Auch die Mutter-Teresa-Schwestern sind in Istanbul, und sie tun viel Gutes.»

Beide sehen optisch zwar völlig anders aus als ich, überlege ich – die einen tragen Schwarz (Lazaraus-Schwestern), die anderen Weiß-Blau (Mutter-Teresa-Schwestern) –, dennoch bin ich froh, dass ich mich sozusagen unter dem Schirm ihres guten Rufs in der Öffentlichkeit im Habit bewegen kann.

In der Kirche bete ich die Laudes, gemeinsam mit den Brüdern. Es ist schön, immer wieder am Tag zur Ruhe zu kommen. Eine Zeit zu haben, um mit Gott zu sprechen. Dann naht der Abschied – viel zu schnell. Aber so wird es während der gesamten Reise sein. Meine Vorlieben werden sich regelmäßig dem Drehplan unterordnen müssen.

Am Anfang kostet es mich Überwindung, im Habit durch Istanbul zu laufen. Ich ziehe noch mehr Blicke auf mich als tags zuvor, als ich in gewöhnlicher Kleidung durch die Stadt schlenderte. Doch ständig werde ich freundlich gegrüßt. Ayhan, unsere deutsch-türkische Übersetzerin, eine zwanzigjährige dunkelhaarige Schönheit, die den Job während ihrer Semesterferien angenommen hat, erklärt fragenden Passanten, was wir hier tun. Sie kann es kaum glauben: «Jordana, die Menschen freuen sich riesig, dass du da bist.»

Zum Schluss betrete ich – für die Kamera – im Ordenskleid

ein Geschäft und komme in Zivil wieder heraus. Mit Klischeevorstellungen einer Ordensfrau haben wir begonnen – Kirche, Stille, Frommsein, Beten. Nun bin ich zu einem «ganz normalen Menschen» mutiert, zu einer modernen Schwester auf ihrem Weg ins Heilige Land. Ehrlich gesagt, fühle ich mich gleich viel wohler.

Während die anderen ins Hotel zurückkehren, bummele ich noch ein bisschen weiter. In einer sehr großen Einkaufszone kann ich es kaum glauben: Was hängt denn da? Eine Riesenweihnachtsbeleuchtung! Mit künstlich vor sich hin tropfenden Eiszapfen und Eiskristallen, bei ungefähr 30 Grad im Schatten. Ob die Betreiber der Einkaufsmeile vielleicht einen Deal mit einer Stadt in Deutschland haben? Nach dem Motto: «Ihr kriegt die Beleuchtung im Winter, und wir hängen sie im Sommer auf.» Ich finde es jedenfalls sehr witzig.

Schließlich besuche ich die Hagia Sophia. Über ein Jahrtausend steht dieser Bau schon da. Einst christliche Kirche, dann Moschee, am Ende Museum. Es vereint christliche Ikonen (Bilder) und islamische Kaligraphien (Bilderverbot) zu einem harmonischen Ganzen, obwohl es in der Türkei auch Proteste gegeben hat, als Kemal Atatürk die alten christlichen Fresken wieder freilegen ließ, das weiß ich von Pater Richard. Kann ich einerseits verstehen. Es wäre auch für mich gewöhnungsbedürftig, wenn im Vatikan arabische Kaligraphien freigelegt würden. Andererseits bin ich Herrn Atatürk dankbar: Das goldene Mosaik von Maria mit dem Jesuskind auf dem Arm ist wunderschön. Der Raum hat mehrere Etagen, die jeweils rund um den Innenbereich gebaut sind, sodass es eine große Halle in der Mitte gibt und einzelne Balustraden, die immer höher steigen. Ich lasse die Gesamtheit des Raumes auf mich wirken und denke: Wahrlich ein Menschheitsbau! In diesem Haus wurde zu Gott, zu Allah und sicherlich auch zu Jahwe gebetet. Tausende und Abertausende waren vor mir an diesem Ort, haben gestaunt, gefeiert, gesungen, getrauert und um die Erfüllung ihrer Herzenswünsche gebetet; sie haben alle ihre unsichtbaren Spuren hinterlassen. Und für einen Moment kommt es mir so vor, als lüfte sich der Vorhang der Zeit ein wenig, und alle kehrten sie zurück, jetzt, über die Epochen hinweg, als eine einzige Menschheitsfamilie. Vorübergehend sind Grenzen unwichtig. Lange verharre ich an diesem Ort, der so durchscheinend und transparent ist.

Am nächsten Morgen ist Abfahrt Richtung Süden. Rainer sitzt hinter dem Steuer des frischpolierten roten Chevi, ich schaue aus dem Fenster, bin aufgeregt und nerve ihn alle dreißig Sekunden mit ziemlich gleichlautenden Fragen: «Sind wir noch in Europa? Wo fängt Asien an? Sind wir schon in Asien?»

«Nein, wir sind noch in Europa», antwortet er mehrmals.

Dann nähern wir uns der Bosporus-Brücke. Gefühlt dauert es Stunden, bis wir endlich auf ihr fahren. Reifen quietschen. Die Leute kurven wie verrückt, aber Rainer bleibt cool. Vor uns: Hochhäuser mit Blick über das Goldene Horn.

«Nicht gerade ein Augenfang, diese Steindinger», sagt er.

«Aber stell dir vor, was für ein geniales Panorama die vom Küchenfenster aus haben», wende ich ein.

«Stimmt auch wieder.»

Große türkische Fahnen flattern an Masten, man sieht sie überall. Das leuchtende Rot mit Stern und Halbmond hebt sich vor dem tiefblauen Himmel ab.

Rainer zeigt nach vorn: «Schau mal da hinten! Die Berge!»

«Tschüss, Europa», sage ich fast jubelnd.

«Noch nicht!»

«Wie? Noch nicht? Auf der Brücke ist doch die Grenze.»

«Warte noch einen Augenblick ...»

«Jetzt?»

«Ja! Jordana, herzlich willkommen in Asien!»

«…»

«Was ist?»

«Sieht ja genauso aus wie vorher.»

Rainer verdreht die Augen zum Himmel.

Nachdem wir die Brücke überquert haben, wechseln Rainer und ich die Plätze, und es heißt für mich: Autofahren – zum ersten Mal in Asien und zum ersten Mal in einem Chevrolet, einem großen und stabilen Auto, aber gewöhnungsbedürftig. In Deutschland fahre ich nur Kleinwagen oder Kleinbusse, die gut auf der Straße liegen. Jetzt schlängele ich ein wenig hin und her und komme mir vor wie auf einer Eisbahn. Copilot Rainer macht sich schon wieder lustig über mich, diesmal über meine Fahrweise. Er ermutigt mich, Gas zu geben. Na ja, ich habe in den nächsten Tagen genug Zeit, um zu üben. Unsere erste Station ist Ankara, rund fünfhundert Kilometer von Istanbul entfernt.

3

Kommt's auf den Schleier an? Oder das Kopftuch? Oder ist der Schleier gar ein Kopftuch?

Es ist neun Uhr morgens. Die Luft um mich herum ist erfüllt von lauten Rufen und unablässigem Hupen. Ich sitze in Ankara vor einem Bistro in der Sonne, auf einem der Plastikstühle, die hier üblich sind. In der Nähe liegt unser Motel, in dem wir gestern Abend nach unserer Ankunft in der Hauptstadt abgestiegen sind. Es stinkt nach Abgasen, und mitten in diesem lauten Tumult versuche ich meine Laudes zu beten. Es ist spannend, weil ich so unmittelbar in der Welt bin und sie durch ihre unabweisbare Präsenz leicht mit ins Gebet hineinnehmen kann. Nach den Fürbitten hänge ich noch ein kleines Zwiegespräch mit Gott an.

«Hast du gerade gebetet?», fragt Rainer, der sich zu mir setzt. «Du hattest die Augen zu.»

«Ich habe gebetet», bestätige ich, «und dann mit Gott gesprochen.»

«Und worum ging es?»

«Ich habe ihm gesagt, dass ich ihn liebe, habe ihm von unserer Reise vorgeschwärmt und Danke gesagt, dass ich das erleben kann. Wenn mein Herz voll ist, rede ich einfach drauflos, ohne Rücksicht darauf, ob es wichtige Informationen sind oder nicht, freundliche Gedanken oder unfreundliche.»

«Ich führe manchmal Selbstgespräche», gibt Rainer zu bedenken, «da nehme ich auch kein Blatt vor den Mund.»

Interessant. Der jüdische Wiener Neurologe und Psychiater Viktor Frankl (1905–1997) hatte einmal geschrieben: «Gott ist der

Partner deiner intimsten Selbstgespräche.»¹ Laut sage ich: «Im Gegensatz zu reinen Selbstgesprächen ermöglicht der Dialog aber oft ungewöhnliche Wendungen.»

«Ist doch schön, wenn du dich selbst noch überraschen kannst.» Rainer grinst.

«Das sind nicht immer angenehme Überraschungen, um das mal klarzustellen!»

«Zum Beispiel?»

«Natürlich kenne ich Momente, in denen ich mich bei Gott beschwere und ihn manchmal reichlich naiv frage: ‹Wieso hilfst du mir jetzt nicht und wischst dem Kerl, der mich da ärgert, eins aus? Warum lässt du mich nicht gewinnen? Ich tue doch alles, was du willst, mein ganzes Leben habe ich dir geschenkt, warum bekomme ich dann keine bevorzugte Behandlung?› Das Alte Testament ist voll davon, dass man mit Gott schimpft, sich beklagt und mit ihm verhandelt. Es ist menschlich, und Gott versteht das, denke ich. Aber er bittet mich auch, im Namen Jesu darüber hinauszuwachsen. Er sagt mir dann, sinngemäß: ‹Tu jetzt nichts Unüberlegtes. Schlaf drüber. Wenn du mich liebst und mir vertraust, brauchst du keine Genugtuung. Du musst nicht gewinnen. Wozu auch? Du hast doch mich! Du wirst jetzt bitte versuchen, deinen Nächsten zu lieben, weil du schließlich meine Geliebte bist!›»

«Uiiih», sagt Rainer, und dann schweigt er vielsagend.

Mein Blick wandert über mehrere Hochhäuser, dazwischen erspähe ich zwei Tankstellen. Schließlich bekräftige ich das, was ich vorher geäußert habe: «Ich glaube fest daran, dass ich von Gott echte Inputs erhalte, Beruhigungen, Ermutigungen oder Hinweise. Gott ist immer für mich da.»

---

1 Viktor Frankl: Der unbewußte Gott. Psychotherapie und Religion. München 1974, S. 118 f.

«Ich kann nachvollziehen, dass Gott ein Du für dich ist, ein Partner», sagt Rainer, «aber dass er gleichzeitig ein Sein sein soll, habe ich noch nicht kapiert.»

«Im Grunde ist Gott nicht wirklich beschreibbar – so viele Bilder passen auf ihn. Modern ausgedrückt könnte ich behaupten, er ist allgegenwärtig, so wie das Internet, riesig und unüberschaubar, und wenn ich mich einlogge, bin ich drin.»

«Aber wie weiß ich denn, auf welche Website ich gehen muss?»

«Na ja, ich wähle eher meinen Account und stelle meinen Router auf Empfang. Ich fahre meine Antennen aus und lausche, und dann nehme ich ihn wahr. Deswegen bin ich Ordensfrau geworden, weil ich ihn irgendwann so stark empfunden habe, dass ich ihn nicht mehr aus meinem Leben wegdenken konnte.»

«Gibt es einen Gottvater-Account, einen Jesus-Account und einen Account Heiliger Geist?», fragt Rainer amüsiert.

Ich lache: «So habe ich es noch nie betrachtet.» Kurz denke ich darüber nach, dann sage ich: «Die Vorstellung ist aber gar nicht schlecht.»

«Nimmst du Gott so stark wahr wie augenblicklich mich?»

«Ja, genau so, aber nicht dreidimensional und in Farbe, und auch nicht mit Sonnenbrille!»

Rainer grinst erneut, er glaubt, dass er mich jetzt hat: «Und was ist, wenn der Strom ausfällt?»

Eine gute Frage. Ich brauche wieder eine Weile, bis ich antworten kann: «Gott ist in mir drin, er ist nicht draußen. Egal, was passiert, wo ich auch bin, ob auf dem Mond oder in Gefangenschaft, ob ich gerade sterbe oder schon gestorben bin, Gott ist da, unauslöschlich. Ich finde das wunderbar beruhigend.»

«Das nennt man wohl Gottvertrauen …»

«Das habe ich tatsächlich. Das heißt nicht, dass immer alles herrlich und gut ist, dass es mir ständig super geht, aber in mir drin ist auf alle Fälle etwas heil.»

In diesem Moment pfeift Volker: «Aufbruch!»

Rainer und ich erheben uns von unseren Stühlen, noch leicht benommen von dem Gespräch, das so heiter wie ernst war.

«Ferda steht auf unserem Programm», sagt Rainer mit einem leisen Lächeln.

Ferda ist eine Künstlerin, die sich selbst als «türkische Feministin» bezeichnet, und da ich mir darunter nur verschwommen etwas vorstellen kann – ist eine türkische Feministin vielleicht eine Frau, die dem Islam den Rücken gekehrt hat? Oder eine Muslima, die sich weigert, ein Kopftuch zu tragen? –, bin ich besonders gespannt auf unsere Begegnung. Auf dem Weg dorthin – wir haben uns in einem Lokal verabredet – ist schon wieder jede Menge Gottvertrauen gefragt. Es ist eine Mutprobe, in Ankara Auto zu fahren, in diesem dichten Großstadtverkehr.

Nach mehr als einer Stunde Irrfahrt kommen wir endlich an unserem Ziel an. Das Lokal könnte sich auch in der Düsseldorfer Altstadt befinden, ein langer Tresen, Holzstühle stehen auf Tischen, und in der Luft liegt der Geruch von Zigarettenrauch, Körperschweiß und abgestandenem Bier. An diesem Morgen ist es für Gäste geschlossen, aber da Ferda den Besitzer durch ihre Auftritte kennt, dürfen wir die Location nutzen, um unser Interview vor laufender Kamera zu führen.

Ferda sieht toll aus, hat lange dunkle Haare, braune Augen, die Sonnenbrille ist fesch zum Scheitel hochgeschoben. Das schulterfreie Kleid, das sie trägt, ist schick und zugleich ganz lässig. Richtig umwerfend ist aber ihr Lachen, und sie begrüßt uns herzlich mit Küsschen links und Küsschen rechts. Wir sitzen an einem Tisch, bekommen Tee serviert, und sie erzählt ein wenig von sich. Ursprünglich sei sie Kunstlehrerin gewesen, heute unterrichte sie an der Universität in Ankara, Malerei und Tanz seien ihre Fächer, zudem stehe sie als Schauspielerin am Staatstheater auf der Bühne.

Ich bin beeindruckt: «Du machst sehr viel, dabei bist du erst siebenundzwanzig!»

Sie lacht und erklärt: «Ich habe das Gefühl, wenn ich nur eine Sache weglassen würde, könnte ich nicht weiterleben.» Ferda glaubt, dass wir uns nicht zufällig begegnet sind. Als sie erfährt, dass unser Reiseziel Jerusalem ist, erzählt sie von dem Theaterstück, in dem sie gerade mitspielt: *Playing for Time* basiert auf den Erinnerungen der französischen Chansonsängerin Fania Fénelon, die in einem Mädchenorchester in Auschwitz gespielt und überlebt hat.

«Und welche Rolle hast du in dem Stück?», frage ich.

«Am Anfang spiele ich eine jüdische Frau in Auschwitz und singe ein hebräisches Lied. Danach übernehme ich die Rolle einer Mutter eines SS-Offiziers und singe Bert Brechts Lied von der Moldau: ‹Es wechseln die Zeiten. Die riesigen Pläne / Der Mächtigen kommen am Ende zum Halt. / Und gehn sie einher auch wie blutige Hähne / Es wechseln die Zeiten, da hilft kein Gewalt.›» Sie hat sich aufgerichtet und den Text, zwar mit Akzent, aber deutlich verstehbar, auf Deutsch gesungen. Ein Gänsehaut-Moment.

«Als dritte Person stelle ich eine palästinensische Frau dar und singe etwas auf Arabisch», schließt Ferda ihr Rollenrepertoire. «Mit dem Stück soll gezeigt werden, dass Menschen, die äußerlich Feinde sind, ähnliche Wünsche, Ängste und Sorgen haben. Und die unterschiedlichen Gesichter der Religionen sind ebenfalls nichts weiter als Masken.»

Ein interessanter Gedanke. Wie auch immer man Gott und die Welt betrachtet oder für sich definiert – es existiert danach eine tiefere Ebene, auf der Menschen miteinander verbunden sind. Ich bin zum Beispiel als deutsche Christin geboren und erzogen worden, mit allem, was dazugehört. Wäre ich in der Türkei auf die Welt gekommen, wäre ich jetzt eine Muslima und hätte wahrscheinlich einen Mann und viele Kinder. In Israel wäre ich eine Jüdin, vielleicht sogar Soldatin, geworden. Gott hat mich nicht vor die Wahl der «richtigen» Religion gestellt, sie ist mir zugefallen. Aber er stellt mich vor die Wahl, mich für Menschlichkeit zu entscheiden. An dieser Stelle greife ich Ferdas Gedanken auf.

«Du meinst, wenn wir entdecken, dass wir ganz ähnliche Wünsche und Sorgen haben, können wir auch menschlicher miteinander umgehen?»

«Definitiv», ruft Ferda aus. «Wir können für alles eine Lösung finden, wenn wir an die Fähigkeit des Menschen zur Menschlichkeit glauben.»

Mir ist klar, dass ich noch stundenlang über ihre hochinteressanten Kunstprojekte sprechen könnte, aber da ich bislang mit keiner türkischen Frau geredet habe und sie in der Öffentlichkeit weniger wahrnehme als Männer, kehre ich zum eigentlichen Thema unseres Treffens zurück.

«Du sagst, du bist Feministin. Doch wie habe ich mir das vorzustellen – eine Feministin in der Türkei?», frage ich.

Ferda runzelt die Stirn. «Im Grunde nicht anders als eine Feministin in Deutschland. Ich setze mich gegen die Unterdrückung von Frauen ein, unabhängig davon, dass ich in der Türkei aufgewachsen bin. Doch ich weiß, dass in meiner Heimat und in vielen anderen Ländern Frauen Gewalt erleben. Sie werden umgebracht, wenn sie die Ehre der Familie verletzen. Dagegen nichts zu tun wäre falsch, und ich sehe es als meine Aufgabe an, etwas zu unternehmen. Hauptsächlich drücke ich aber meine Gedanken und Gefühle in meiner Kunst aus, als Politikerin eigne ich mich weniger.» Sie lacht, die makellos weißen Zähne strahlen. Dann fährt sie fort: «Letztlich trägt jede Frau den Wunsch nach Unabhängigkeit in sich. Viele Männer werden zum Beispiel unruhig, wenn sie meine Lieder hören. Wenn man ihnen sagt, ihr quält die Frauen, ihr bringt sie um, ihr verbietet ihnen, zur

Schule zu gehen, ihr bewerft sie mit Steinen, wenn sie ihr Kopftuch abnehmen, erfahre ich oft negative Reaktionen. Aber es gibt auch Männer, die mir zustimmen. Diese sagen: ‹Ja, die Frauen bauen das Nest. Mutter sein ist etwas Heiliges. So ist das in der Türkei. Deshalb darf die Frau auch einen Schritt voraus sein.›»

Wir beide stellen fest, dass es grundsätzlich ungerecht ist, Machtansprüche zu stellen, egal, ob sie aus Geschlechtergründen eingefordert werden, aus Gründen der Herkunft oder der Religion.

«Gibt es Tendenzen, dass man die Rechte, die man den Frauen gegeben hat, ihnen wieder wegnehmen will?» Neugierig schaue ich Ferda an.

Sie nickt. «Die Zahl der Frauen, die in der Türkei ermordet werden, hat in der letzten Zeit sprunghaft zugenommen.»

«Hat das etwas mit einer strengeren Ausrichtung des Islams zu tun?» Rainer stellt die Frage.

Jetzt schüttelt Ferda den Kopf. «Nein, das resultiert nicht aus dem Islam. Solche Gewalttaten lassen sich nicht aus dem Koran ableiten. Was aber nicht heißt, dass es trotzdem mit der Religion begründet wird. Letztlich hat das mit einer Zuwanderung von Menschen in Großstädte zu tun, die zuvor in ihren Dörfern nach sehr strengen Traditionen gelebt haben. In manchen Gebieten der Türkei praktiziert man noch die Zwangsehe, sehr junge Mädchen werden da zur Heirat genötigt – das wird ebenfalls mit dem Islam begründet, obwohl eine solche Verheiratung nicht im Koran vorgeschrieben ist. Ich sprach schon von Ehre. Ehre ist das Wichtigste. In den Städten ist das moderne Denken aus der Atatürk-Ära vorherrschend. Atatürk hat Männer und Frauen gleichgestellt, eine seiner Töchter ist Pilotin geworden! Wenn Mädchen und junge Frauen aus den Dörfern in den westlich kultivierten Städten mit jungen Männern Kontakt haben, ist das zum Beispiel etwas, das die Ehre verletzt. In der kleinen Welt, aus der sie stammen, wären solche Begegnungen niemals möglich gewesen. So kommt es zu vielen extremen Reaktionen.»

«In Deutschland wird viel über Ehrenmorde berichtet und diskutiert», bemerkt Rainer. «Es ist einer der Gründe, warum man zögert, die Türkei in die Europäische Union aufzunehmen.»

Ferda antwortet nicht sofort, sondern bestellt noch eine Runde Tee für alle. Ein netter junger Mann bringt lächelnd das Tablett an den Tisch. «Ich verstehe, dass man die Türkei wegen solcher Dinge für rückständig hält, und es ist auch so», sagt sie schließlich, während sie Zucker in das heiße Getränk rührt. «Aber es gibt auch andere Kräfte. Gerade ist zum Beispiel eine Fernsehserie sehr populär, in der ein junges Mädchen namens Fatmagül vergewaltigt wird. Anstatt dem Klischee zu folgen und sich zu verstecken, weil es als Schande gilt, so etwas als Frau zu erleben, setzt sie sich zur Wehr. In einer der Episoden werden die Täter verhaftet und vor Gericht gestellt – was leider in der Realität oft nicht der Fall ist. Fatmagül wiederum macht eine Therapie, die ihr hilft. Die Serie hat große Einschaltquoten, mit ihr wurde ein großes Tabu gebrochen. Immer mehr Frauen wagen es seitdem, ihre Peiniger anzuzeigen.»

Eine Frau schuldig zu sprechen, obwohl sie vergewaltigt wurde, kommt mir sehr bekannt vor. «In Deutschland», erinnere ich mich, «haben die betroffenen Frauen auch einige Zeit gebraucht, bis sie zur Polizei gingen. Sie mussten sich lange anhören, dass sie im Grunde die Tat provoziert hätten, würden sie doch einen Minirock tragen, und bestimmt hätten sie vorher mit dem Typen geflirtet.»

«Siehst du!» Ferda kommt jetzt richtig in Fahrt. «Eine Frau, die sich zu attraktiv kleidet, gilt bei uns manchmal schon als Prostituierte.» Man merkt, wie sehr ihr das Thema am Herzen liegt. «Dabei gibt es Gesetze, die Frauen schützen. Aber Richter müssen das geltende Recht auch anwenden. Und hier hapert es häufig, weil sie gemeinsame Sache mit den Traditionalisten machen. Gesetze allein genügen also nicht – noch nicht. Die Frauen müssen erfahren, dass sie mit ihrem Schicksal nicht allein sind, alle müssen davon ergriffen werden. Dann erst wird sich etwas verändern. Solidarität und Herz sind so wichtig! Und damit komme ich zurück zum Thema Europäische Gemeinschaft ...» Sie holt Luft und macht eine kleine Kunstpause, bevor sie fortfährt: «Die modernen türkischen Frauen wünschen sich, dass nicht nur ständig auf das Thema Menschenrechte verwiesen wird. Sie wünschen sich stattdessen mehr Unterstützung aus dem Ausland, zum Beispiel von Frauen in Deutschland. Wenn diese nicht kommt, werden langfristig womöglich doch die traditionellen Kräfte obsiegen, und dann ist in fünfzig Jahren oder schon früher die Türkei keine Demokratie mehr, sondern ein weiterer fundamentalistischer islamischer Staat.»

Ich denke an die getrennten Männer- und Frauenbereiche in der Moschee in Istanbul, und zu Ferda gewandt sagte ich: «Werden die Frauen nicht schon jetzt in Nischen abgeschoben, selbst in Großstädten wie Istanbul?» Ausführlicher erzähle ich von meinen Beobachtungen in der Moschee.

Ferda kennt das offenbar, denn sie nickt wiederholt. «In der türkischen Gesellschaft befinden sich tatsächlich die demokratischen und konservativen Kräfte im Streit. Sie ringen um die Vorherrschaft. Die Konservativen berufen sich auf Traditionen vor Atatürk, und es gibt viele Imame, die sagen: ‹Die Frau soll am besten zu Hause beten, züchtig und brav sein, weil es dem Propheten so gefällt.› Oder: ‹Wie sollen die Männer sich auf das Gebet konzentrieren, wenn eine Frau vor ihnen sitzt.› Modern ist etwas anderes. Dennoch ist es eine große Gefahr.»

«Auch wenn es Unsinn ist», werfe ich ein. «Mit exakt denselben Argumenten haben manche früheren Kirchenväter bei uns ihre Frauenfeindlichkeit gerechtfertigt.»

«Aber es wird auch etwas dagegen unternommen.» Ferda zwinkert mir zu. «An der Spitze der staatlichen Religionsbehörde steht aktuell eine Frau, Kadriye Avci. Sie heizt den Imamen, die Frauen von den Männern trennen wollen, ganz schön ein, sie ist nämlich ihre Vorgesetzte. Und einige islamische Gelehrte arbeiten daran, frauenfeindliche Texte aus den Überlieferungen zu streichen.»

Ich nehme einen Schluck Tee, seufze. «Tja, dann seid ihr in der Türkei sogar moderner als wir Katholiken.» Dann stelle ich die Frage, die in Deutschland und anderswo in Europa heftigste Debatten ausgelöst hat: «Die vielen Frauen, die jetzt ein Kopftuch tragen, sind das alles Traditionalistinnen? Stehen sie für eine Türkei, die die Moderne hinter sich lassen möchte?» Mir fällt dabei ein, dass Frauen in Deutschland hart dafür gekämpft haben, nicht mehr «unter die Haube» zu müssen.

«Das Kopftuch allein ist noch kein Zeichen für Rückständigkeit», antwortet Ferda. «Ich habe Fotos von dir gesehen, auf denen du mit Schleier zu sehen bist, und der sieht wirklich nicht sehr modern aus. Bist du aber deshalb als rückständig zu bezeichnen?»

Hui, jetzt hat sie einen heiklen Punkt angesprochen. Tatsächlich ist mein Habit mittelalterlich. Und bei kritischer Betrachtung kann diese mittelalterliche Tracht auch mit einer negativen Geschichte verbunden werden, die ich als Person, die darin steckt, nie gutheißen würde. Ich meine die Ketzerverfolgungen, die Inquisition. Vorsichtig sage ich: «Der Schleier ist eine alte Ordenstradition, und wenn ich das Ordenskleid trage, gehört er dazu – als eine Formsache, aber auch als eine Bedingung, ohne dass ich dadurch meine Haltung zum Ausdruck bringe. Aber ich verstehe, was du mir sagen willst. Dabei fällt mir ein, dass ich eine Dominikanerin kenne, die nur das Ordenskleid anzieht und nie den Schleier anlegt. Sie findet ihn rückständig. Es gibt also auch unter uns Feministinnen.»

«Siehst du!» Ferdas Augen glänzen. «Aber derart aktive Frauen sind in der Minderzahl, die meisten passen sich an, so wie auch du. Hier ist es ähnlich: Die Frauen beten lieber freiwillig zu Hause, als um ihren Platz in der Moschee zu kämpfen. Sie passen sich an, weil sie nicht die ganze Zeit Stress haben wollen. Wer also sagt, das Kopftuch sei rückständig, der macht es sich zu leicht. Allerdings definieren die Frauen in der Türkei ihre Emanzipation grundsätzlich etwas anders als in Deutschland.»

«Und wie?»

«Fast alle Frauen stellen Mutterschaft und Familie, ihre Zuständigkeit für häusliche Dinge, nicht grundsätzlich in Frage. Sie bauen das Nest – das sehen nicht nur die Männer so. Sie wissen, dass sie abhängiger von ihren Familien sind als westliche Frauen, und deshalb wünschen sie sich mehr Rechte und Freiheit *innerhalb* dieses Verbandes, vor allem mehr Schutz vor häuslicher Gewalt.»

«Ich verstehe», sage ich. «In der Tat sieht es bei uns anders aus – da wird die traditionelle Geschlechterverteilung mehr und mehr abgeschafft, was aber auch ein interessantes Experiment ist.»

«Es wäre spannend, sehen zu können, wie die Menschheit in tausend Jahren leben wird», sinniert Ferda.

Aber ich möchte noch einmal auf die türkische Situation zurückkommen. «Und was ist mit den Frauen», frage ich, «die von Kopf bis Fuß verhüllt sind? In einem Café habe ich einen Mann gesehen, mehrere tiefverschleierte Frauen saßen um ihn herum. Ihren Tee tranken sie, indem sie das Glas unter dem Tuch zum Mund führten, in der Öffentlichkeit schienen sie auch nichts zu essen. Ist das nicht eine Art von Gefangenschaft?»

«Die eine von diesen Frauen würde vielleicht zugeben, dass sie gefangen ist. Eine andere dir erwidern, dass *du* keine richtige Frau bist, weil du nicht so lebst wie sie. Sie würde dir auch sagen:

‹Und wenn dein Mann dir erlaubt, das zu tun, was du willst, ist auch dein Mann kein richtiger Mann.› Der Niquab, der Gesichtsschleier, ist übrigens selten in der Türkei. An Schulen und staatlichen Einrichtungen ist er verboten. Ich hoffe, dass es so bleibt.»

Ministerpräsident Recep Tayyib Erdoğans Frau Emine hat die Diskussion weiter angefeuert, als sie anfing, ihren Mann mit Kopftuch in der Öffentlichkeit zu begleiten. Im Frühjahr 2012 hat die First Lady eine weitere Hürde genommen, als sie zum ersten Mal an einem Staatsempfang im Parlament teilnahm – mit Kopftuch. «Die Zeiten ändern sich», ließ Erdoğan verlauten, denn bis dahin hatte der Ministerpräsident immer zwei Empfänge geben müssen – einen mit und einen ohne Kopfbedeckung.

Bevor wir das Gespräch beenden, zieht Ferda noch einen Trumpf aus dem Ärmel. «Wusstest du eigentlich, dass es in der Türkei doppelt so viele Frauen in hohen Wirtschaftspositionen gibt wie bei euch? Ihr streitet um die Quote, wir haben Frauen wie Güler Sabanci, eine der mächtigsten und einflussreichsten Unternehmerinnen des Landes. Und eine deutsche Wissenschaftlerin, die hier im Land sehr geschätzt wird, war Annemarie Schimmel. Sie erhielt in Istanbul schon in den 1950er Jahren einen Lehrstuhl an der Uni – in Deutschland war das zu der Zeit gar nicht denkbar. Du siehst also», Ferda streckt sich wie eine Katze auf ihrem Stuhl, «es ist nicht so eindeutig, welches unserer Länder emanzipierter ist ...»

Ich muss lachen. Sie hat recht.

«Bei uns ist die Gleichstellung auch noch längst nicht abgeschlossen», stimme ich zu. «Und dir wünsche ich von ganzem Herzen, dass es in deinem Land damit weiter voran- und nicht zurückgehen wird.»

Ferda zuckt die Achseln. «Man kann das Rad nicht mehr zurückdrehen. Notfalls werden wir auf die Straße gehen, um für unsere Rechte einzutreten.» Sie blickt auf die Uhr. «Ich muss gleich zur Probe», sagt sie. «Aber bevor ich verschwinde, sollten wir unbedingt zusammen singen.»

Rasch holt sie eine Gitarre hervor, die unter dem Tisch liegt. Wahrgenommen hatte ich das Instrument zuvor nicht. Sie packt es aus, und währenddessen überlegen wir, ob wir ein gemeinsames Lied kennen. Nach einigen Vorschlägen ihrerseits, bei denen ich nur den Kopf schütteln konnte, sagt sie: Und wie ist es mit ‹Hava nagila›? Erfreut nicke ich. Zumindest glaube ich, dass es mir aus Mundorgel-Zeiten vertraut ist, und lege los: «*Hava nagila ve nismechah!*» Ferda fängt zu lachen an und fragt mich, was ich denn da singen würde? Mir wird in diesem Moment bewusst, dass ich die hebräischen Worte so ausspreche, wie ich sie phonetisch in Erinnerung habe. Offenbar hat das mit dem richtigen Text nicht viel zu tun, der so viel bedeutet wie: «Lasst uns fröhlich sein, singen und tanzen. Erwachet, Brüder, mit einem glücklichen Herzen!» Also lasse ich Ferda lieber alleine singen. Sie hat eine wunderschöne Stimme. Ich drücke ihr die Daumen, dass sie noch viel für die Frauen in der Türkei und überall auf der Welt erreicht.

4

Trunken vor Liebe zu Gott – Derwische in Konya

Wie groß die Türkei ist, merke ich an den schier endlosen Straßen. Das Land hat ungefähr so viele Einwohner wie die Bundesrepublik, ist aber zweieinhalbmal so groß. Nach unserem Treffen mit Ferda in Ankara fahren wir Kilometer um Kilometer an öden Ebenen, graugelben Bergen und braunen Feldern vorbei. Die Autobahn ist dreispurig, und kaum ein Wagen überholt uns oder kommt uns entgegen. Ein Traum für deutsche Autofahrer! Häuser sind selten. Meistens entdecken wir sie nur dort, wo Straßen sich kreuzen, oft in Kombination mit einer Tankstelle. Es gibt idyllischere Orte, dennoch wirkt alles sehr entspannt auf mich. Vielleicht liegt es an der Hitze. Ein wenig sehnsuchtsvoll werde ich, als wir Kappadokien passieren, ohne anzuhalten zu können. Hier gibt es Höhlenstädte aus der frühchristlichen Geschichte. Aber für Besichtigungen haben wir keine Zeit, der nächste Termin wartet schon.

Die heilige Stadt Konya ist unser Etappenziel, die Stadt des großen persischen Mystikers Mevlana Dschalaluddin Rumi. Von seinen Anhängern wurde der mittelalterliche Gelehrte auch Maulana genannt. Als er in Konya einen Lehrstuhl angeboten bekam, unterrichtete er dort islamische Wissenschaften – und traf im Jahr 1244 den Derwisch Schamsuddin Tabrizi. Die innige Freundschaft der beiden Männer führte zum Reigentanz der Derwische, die sich auf den Sufismus beriefen, eine sehr spirituelle Ausrichtung im Islam. Derwische und Sufis sind gleichzusetzen, beide bezeichnen die Anhänger des Sufismus, die sich früher auch in Ordensgemeinschaften organisiert hatten.

Schon in Istanbul hatte mir Pater Richard erklärt, dass die Türkei stark von dieser ursprünglich sehr universellen Strömung geprägt sei, daher sei der Islam in diesem Staat toleranter als in vielen anderen Ländern (wobei es auch orthodoxe und traditionelle Auslegungen des Sufismus gibt). Er gab mir auch Musik mit Texten von Rumi mit, und nachdem ich einige Lieder auf dem CD-Player im Auto gehört habe, verstehe ich, was er mit «universell» meinte. Da heißt es zum Beispiel in einem Song: «Ich versuchte, IHN zu finden am Kreuz der Christen, aber ER war nicht dort. Ich ging zu den Tempeln der Hindus und zu den alten Pagoden, aber ich konnte nirgendwo eine Spur von IHM finden. Ich ging zur Kaaba in Mekka, aber dort war ER auch nicht ... Ich prüfte mein Herz, und dort verweilte ER, als ich IHN sah. ER ist nirgends sonst zu finden.»[2] Was für eine moderne, meditative Haltung spricht aus diesen Versen! Kein Wunder, dass ich gespannt darauf bin, mehr über den Mystiker und den Sufismus zu erfahren. Konya ist noch immer die Stadt, in der sich alles um Rumi dreht, die Hochburg des Mevlewi-Ordens.

Nach sieben Stunden Fahrtzeit erreichen wir die Provinzhauptstadt, die siebtgrößte Stadt des Landes. Neugierig betrachte ich vom Auto aus – ich sitze hinter dem Steuer – die Menschen. Auffallend viele Frauen mit Kopftuch sehe ich, man scheint hier traditioneller zu sein als in Istanbul oder Ankara. Derwische sehe ich nicht, also Männer in schwingenden weißen Gewändern mit einem dunklen hohen Hut auf dem Kopf, die sich stundenlang auf der Stelle drehen, dabei nicht umfallen und wie schöne Schmetterlinge aussehen. Wahrscheinlich erkenne ich sie in Zivil genauso wenig, wie sie mich als Schwester erkennen, wenn ich keinen Habit trage.

2 Ahura Mohammad Egabal: Mein Bild in deinem Auge. 2 Audio-CDs. Egloffstein

Unübersehbar ist das Grab des Stadtheiligen Rumi – mitten in Konya sticht das grün und türkisfarben gekachelte Gebäude heraus, mit einem Minarett, einem Turm und einem wunderschönen Garten. Fast wie ein Kloster mit Kreuzgang sieht es aus. Hier befand sich einst eine Sufi-Schule, jetzt ist es ein Museum und Mausoleum. Heiligenverehrung in unserem Sinne gibt es im Islam nicht, aber doch sehr verehrte Menschen, Freunde Gottes genannt. Und wenn einmal ein kleines Wunder geschieht an einem dieser Grabmäler, ist es auch in Ordnung. Jedenfalls kann man das Grabmal überall als Amulett kaufen. Und Derwische: auf Schlüsselanhängern, Bildern, als Figuren zum Hinstellen.

Natürlich verfahre ich mich, gerate in einen Kreisverkehr nach dem anderen, nehme falsche Abfahrten. Immer wieder tauchen vor uns kleine Gassen auf, von denen ich nicht weiß, ob ich in sie hineinfahren darf. Mehrfach werde ich angehupt – wahrscheinlich fahre ich zu brav. Irgendwann hupe ich zurück, was guttut. An jeder Ecke scheint ein Fotokopierladen zu sein – oder ist es immer derselbe? Plötzlich befinden wir uns in Gassen, durch die wir definitiv noch nicht gefahren sind, denn in ihnen reiht sich ein Goldschmiede- und Juweliergeschäft ans andere.

«Guck mal, hier kannst du im Auto sitzen und gleichzeitig Schmuck kaufen», ruft Rainer erstaunt aus. «Ein Juwelier-Drive-In – fahr mal langsamer!»

Das mache ich glatt. Mein Copilot ist begeistert, geradezu aus dem Häuschen. «Trägst du eigentlich Schmuck?», fragt er. «Ich habe einen goldenen Ring an deinem Finger gesehen.»

«Den habe ich mir zu meiner ewigen Profess machen lassen.»

«Und was ist das?»

«Das feierliche Versprechen, mein Leben für immer an Gott und meine Schwestern zu binden. Innen im Ring stehen: ‹Suche Gott› und das Datum meiner Profess. ‹Suche Gott› habe ich mir selbst als Lebensmotto ausgesucht. Und es ist übrigens nicht verpflichtend, einen Ring zu tragen, aber ich wollte das gern, damit ich immer vor Augen habe, was ich gelobt habe: Gehorsam, Armut und Keuschheit in Ehelosigkeit – solange ich lebe.»

«Wieso ‹suche›?»

«Weil ich offen bleiben möchte und niemals behaupten will, dass ich Gott schon gefunden habe. Ich suche Gott immer neu, schaue immer wieder genau hin. Und ein solcher Ring ist eine gute Erinnerungsmöglichkeit. Oft betrachte ich ihn, und dann denke ich an mein Versprechen.»

Rainer beobachtet weiterhin vollkommen fasziniert die einzelnen Läden. Er sagt: «Ich hab mal einen Spruch gehört, der mir gut gefiel: ‹Der Kopf ist rund, damit das Denken die Richtung ändern kann.›»

«Genau! Und Gott kann man auch in jeder Richtung finden, behaupte ich, selbst dort, wo man ihn vielleicht gar nicht vermutet.»

«Wo zum Beispiel?»

«Teresa von Ávila, die große Mystikerin und Gottsucherin aus Spanien, hat behauptet, dass Gott hervorragend zwischen den Töpfen in der Küche zu finden sei.»

Rainer lacht. «Dann lass uns doch hier mal zwischen den Goldbergen nachschauen. Oder in dem kleinen Teppichladen da vorne. Denn das ist unsere nächste Station, dort werden wir nämlich einen Sufischüler treffen.»

Das Teppichgeschäft gehört Mehmet Akin, gebürtiger Konyanianer. Er ist um die vierzig, hat eine dunkle Haut, lebendige Augen, kurzes, schwarzes Haar. Natürlich ist eine türkische Teezeremonie zur Begrüßung unausweichlich. Diesmal wird grüner Kräutertee mit frischer Minze gereicht, eine wohltuende Abwechslung nach den vielen schwarzen Tees. Dazu gibt es spezielle Konya-Bonbons, die nach Seife riechen. Es ist der Duft von Bergamotte. Erinnert mich an Earl Grey. Auch die Derwische lutschen diese Bonbons nach ihrem Tanz. Mehmet vermutet, damit sie ihr Gleichgewicht wiederfinden, wenn sie sich so lange gedreht haben. Da sitze ich nun, den dampfenden Tee in der Hand, auf echten und handgewebten Wollteppichen, einer schöner als der andere. Leider reichen weder mein Budget noch meine Gepäckkapazität aus, um eins dieser Schmuckstücke mit nach Hause zu nehmen (und ich habe ja auch Armut gelobt ...).

Seit fünfzehn Jahren besitzt Mehmet den Laden, und ständig fährt er durch die umliegenden Dörfer (er behauptet, es seien Tausende, aber das ist wahrscheinlich orientalische Übertreibung) und reinigt, repariert, restauriert und verkauft Kelims, die traditionellen türkischen Wollteppiche. Jedes Dorf hat ein eigenes Design und eigene Farben, erklärt Mehmet. «Und jedes Muster hat eine Bedeutung – das ist eine Kunst für sich! Will ein junges Dorfmädchen heiraten, fängt es an, einen Kelim zu weben. Das ist seine Art, seine Gedanken der Familie mitzuteilen, so ist die Tradition.» Wer das wohl lesen kann – ein Kelim-Flüsterer?

«Hat dir schon ein Mädchen seine Gedanken mitgeteilt?», fragt Rainer.

«Oh nein, ich warte noch auf meine Prinzessin.» Mehmet lacht. «Ich habe auch kein Problem damit, nur meine Mutter macht Druck. Unbedingt will sie, dass ich mir bald eine Frau nehme, wir diskutieren ständig darüber. Aber sie respektiert, dass ich nicht einfach heiraten möchte, nur, um verheiratet zu sein.»

«Was für eine Frau würdest du mögen», frage ich, «eher eine traditionelle oder eine moderne?»

«Das ist mir egal, auf das Herz kommt es an», sagt Mehmet mit einem breiten Lächeln. Aber auch er nimmt große Unterschiede in der türkischen Gesellschaft wahr. «In Großstädten und in den touristischen Gebieten ist die Gesellschaft sehr westlich orientiert. Auf dem Land ist ein Frauenleben ohne Schleier oder Kopftuch jedoch nicht denkbar.»

«Wenn du sagst, auf das Herz kommt es an», frage ich nach, «ist das nur eine allgemeine Metapher, oder hat es etwas mit deinem Glauben zu tun?»

«Maulana war ein Lehrer der Toleranz», betont Mehmet. «Katholisch, jüdisch, muslimisch – das spielt keine Rolle für mich. Schwarz, weiß, Frau, Mann – egal. Ich schaue darauf, wie Menschen sich verhalten. Wenn sie freundlich und offen sind, finden wir uns. Ich begegne vielen Leuten aus anderen Ländern, sie sind Besucher meiner Stadt, und auch ich reise viel. Wir können von dem, was wir als ‹fremd› wahrnehmen, viel lernen. Ist es nicht wunderbar, den Horizont zu erweitern, damit das Bewusstsein wachsen kann? Der Sufismus ist die Einladung dazu. Maulana sagt: ‹Komm, wer du auch seiest! Wanderer, Anbeter, Liebhaber des Loslassens, komm. Dies ist keine Karawane der Verzweiflung. Auch wenn du deinen Eid tausendmal gebrochen hast, komm nur, und noch einmal: komm.›»

Seit acht Jahren studiert Mehmet den Sufismus, und das ist sehr wichtig für ihn, wie er nun erzählt: «Nach der Toleranz folgt die Liebe. Wenn du Gott liebst, liebst du die Menschen, und umgekehrt. Das steht auch im Koran. Wir sind sieben Milliarden Menschen auf der Welt, und ich habe mich dafür entschieden, sie alle in meinem Herzen zu umarmen.»

Der Mystiker Rumi hat erlebt, dass Liebe die größte Kraft im Universum ist. Und dass alles mit allem in der Schöpfung durch diese Liebe verbunden ist. Der kleinste Wurm und der größte Berg. Der wahre Geliebte aber ist Gott. Über die Welt kommt man zu Gott, lässt sie irgendwann hinter sich – man besitzt nichts mehr und wird von nichts besessen. Ein Weg der Befreiung, ein schwerer Weg. Deshalb haben Derwische auch einen

Lehrer, der sie anleitet. Es gab und gibt in allen Kulturen Lehrer wie Rumi, die wissen: In der Essenz laufen die Religionen auf Liebe hinaus, dann erst treten die Gesetze auf, die Formen, die Unterschiede. Solche Menschen ecken häufig an, und auch die Sufis wurden verfolgt. Die Liebe ist gefährlich für die Mächtigen. Warum? Vielleicht, weil es eine Liebe gibt, die mehr umfasst als unsere «natürliche» Liebe zu unseren Verwandten, Partnern, Kindern, zu unseren Nachbarn oder zu unseren politischen Führern. Eine Liebe, die eben sieben Milliarden Menschen umfassen kann. Eine solche Liebe kann kein Machthaber mehr für sich einspannen, weil sie über alle Einzel- und Sonderinteressen hinausgeht.

Meister Eckhart, ein dominikanischer Mystiker, beschreibt es genauso. «Ich scheine zuweilen den einen Menschen mehr zu lieben als den anderen. Dadurch, dass er häufiger und für längere Zeit unter meine Augen tritt und dann bei mir ist, bietet sich mir dieser mehr dar, und darum vermag ich mich ihm mehr hinzugeben. Ich schenke jedoch einem anderen, den ich nie gesehen habe, dieselbe Gunst. Denn auf diese Weise liebt Gott alle Kreaturen gleich und erfüllt sie mit seinem Sein. Gott hat nur eine Liebe. Mit derselben Liebe, mit der der Vater den Sohn liebt, mit der liebt er mich.»[3] Die Liebe Gottes ist das Vorbild, dem der Lernende versucht, sich anzunähern.

Ich finde es aber keineswegs leicht, das Gebot der Liebe und das der Nächstenliebe zu praktizieren, und ich könnte sicher mehr vollbringen, wenn ich konsequenter das leben würde, was ich glaube. Diese Spannung ist manchmal schwer auszuhalten, denn natürlich bevorzuge ich automatisch die Personen, die ich sowieso schon kenne, und schlage gern den Weg ein, den ich gewohnt bin. Es ist auch nichts einzuwenden gegen diese

---

3 Meister Eckhart: Stille und Ewigkeit. Hamburg 2005, S. 42

kleine Liebe, aber ich möchte sie gern erweitern in diese große Liebe. Wenn ich glücklich bin, ist das einfach. Dann kann ich die ganze Welt umarmen, und es ist leicht, gut zu anderen zu sein und meine Interessen zurückzustellen, weil ich selbst so reich in mir bin. Auch im Verliebtsein berühren sich kleine und große Liebe – es geht ganz um den Einen oder die Eine und zugleich weit darüber hinaus. Liebe ist wahrscheinlich die einzige Kraft, die wächst, wenn man sie teilt. Wenn ich erfüllt bin, sehe ich die Welt als Fülle, entdecke überall das Gute und freue mich darüber. Wenn ich aber unglücklich bin, verliere ich diese Fähigkeit. Leider. Dann schleichen sich Neid und Unzufriedenheit ein, dann kommt das Hadern mit Gott.

Zu den heiligsten Menschen gehören deshalb für mich diejenigen, die lieben können, egal, wie ihr momentaner Zustand ist. Die mit dem zufrieden sind, was sie haben. Und das auch ausstrahlen. Und sich dadurch so reich und beschenkt fühlen, dass immerzu Hoffnung und Ermutigung von ihnen ausgehen. Jesus war so. Er konnte in jedem Menschen den heilen Kern entdecken. Und nicht vorverurteilen. Aber auch anderen Großen der Weltgeschichte, wie etwa Mahatma Gandhi, Martin Luther King oder Mutter Teresa, wird nachgesagt, dass sie so geliebt haben – und die Welt dadurch veränderten. Sie berühren auch meine Sehnsucht, gut zu sein und etwas zu bewegen. Sie erinnern mich daran, dass jeder Mensch von Gott geliebt wird, selbst der, den ich vielleicht gerade nicht leiden kann, weil ich Streit mit ihm habe. Dann wird es in mir ruhiger. Die Liebe «auszudehnen» muss wieder und wieder geübt werden – das fällt nicht vom Himmel. Es erfordert, so wie Mehmet sagt, eine lebenslange Arbeit an sich selbst. Aber die Heiligen zeigen, dass die Liebe eine Macht ist, eine Weltmacht. Und eine, die jedem und jeder zur Verfügung steht, wenn wir es wirklich wollen.

Ein wenig schrecke ich aus meinem Gedankenstrom auf,

denn Mehmet fährt in seinem eigenen fort. «Trotz des intensiven inneren Studiums sind Derwische aber ganz normale Menschen», sagt er, während er einen Schluck Tee nimmt. «Sie laufen nicht herum und geben jedem zu verstehen: ‹Schaut her, ich bin ein Derwisch.› Nein. Sie sind bescheiden, das ist eine große Tugend bei uns. Und sie haben Familien und Kinder. Auch Rumi hatte eine Familie und Kinder.»

«Gibt es Frauen unter den Sufis?», frage ich neugierig. «Und wenn ja, tanzen sie gemeinsam mit den Männern?»

«Es existiert im Westen die Schule von Reshad Feild», antwortet Mehmet, «der Mystiker hat erstmals Frauen zu den Semas, den Tänzen, eingeladen. Hier in Konya sind es allein die Männer, die tanzen. Aber die Vizepräsidentin der internationalen Mevlewi-Stiftung in Konya ist eine Frau. Wenn ihr wollt, stelle ich sie euch vor, sie ist eine Freundin von mir.» Das lassen wir uns nicht zweimal sagen.

Esin Celebi Bayru reist um die Welt, um die Lehre ihres «Großvaters» zu verbreiten, die in ihren Augen zwar islamisch ist, aber allen Menschen gehört. Ich selbst kann es kaum erwarten, sie zu sehen. Sie bezeichnet sich als «Enkelin Rumis» (in der zweiundzwanzigsten Generation), was alle möglichen Phantasien in mir auslöst. Ich stelle sie mir gemäß meinen Vorurteilen, die ich immer noch nicht ganz ablegen kann, als eine religiöse Frau vor, schwarz gekleidet, vielleicht auch in einem weißen Gewand wie die Tänzer, verschleiert und vornehm zurückhaltend.

Doch Esin Celebi Bayru bricht mit all meinen Klischees. Ich bin so überrascht, dass ich aufpassen muss, sie nicht anzustarren. Sie ist Mitte fünfzig, hat einen hellblonden Pagenkopf und trägt keinen Schleier, sondern einen lilafarbenen Schal um den Hals. Sie ist überhaupt sehr elegant und westlich gekleidet und hat blaue Augen! Wäre sie mir auf der Straße begegnet, ich hätte sie für eine deutsche Geschäftsfrau gehalten.

Sie empfängt uns in ihrem Büro im Mevlewi-Institut. Ein einfacher Raum mit Sesseln, weißen Wänden und wenig Deko. Das Institut ähnelt überhaupt einem Tagungshaus und liegt in direkter Nachbarschaft zum Mausoleum. Dorthin führt sie uns auch, nachdem sie sich von ihrem Platz am Schreibtisch erhoben hat. Wunderschön ist der Garten rund um das Grabmal, voller verschiedener Rosenbüsche, mit einladenden gusseisernen Bänken, auf denen wir uns niederlassen. Mehmet verneigt sich vor ihr, küsst ihre Hand. Von wegen Freundin, er behandelt sie fast wie einen Papst! Ich staune nicht schlecht. Mag ja sein, dass Frauen in Konya nicht an den rituellen Tänzen teilnehmen dürfen, aber ich spüre, dass Esin ein tiefer Respekt entgegengebracht wird, und das allein ist schon besonders. Sie ist ruhig und selbstsicher. Vom ersten Moment an spüre ich so etwas wie Frauenverbundenheit, denn was sie ist und was sie tut, ist einfach ungewöhnlich.

«Was ist eigentlich der Unterschied zwischen Islam und Sufismus?», fragt Rainer, um einen Gesprächsanfang zu finden.

«Es gibt keinen», antwortet Esin, «der Sufismus ist ein Teil des Islams.»

«Sie sehen nicht wie eine muslimische Frau aus. Das hat mich überrascht», gestehe ich ihr.

Eine Bemerkung wie diese ist sie wohl gewohnt. Sie lächelt und sagt: «Das hängt natürlich davon ab, was für ein Bild man von einer muslimischen Frau hat. Nicht jede Muslimin ist konservativ gekleidet, und nicht jede konservativ gekleidete Frau ist es auch in ihrem Inneren. Wichtig ist, was sie denkt und fühlt.»

«Aber Sie fühlen sich so wohler ...»

«Im Koran gibt es viele Lektionen. Eine davon ist: Sei angemessen, sei im Einklang. Ich glaube, dass ich auf meine Art und Weise angemessen bin. Ich bevorzuge diese Kleidung, weil ich mich tatsächlich darin wohlfühle. Aber ich würde nie jemanden mit Kopftuch fragen: ‹Warum trägst du ein Kopftuch?› Dazu habe ich kein Recht. Genauso wenig hat ein anderer das Recht, mich zu fragen, warum ich meine Haare offen trage. Wenn das eine Sünde sein soll, dann ist dies wohl meine.»

So ähnlich hätte es wahrscheinlich auch Ferda ausgedrückt: Lebe dein Leben vertrauensvoll und mische dich nicht mit Urteilen in das Leben anderer ein.

«Aber führt das nicht zu Konflikten mit anderen Muslimen, die auf einer konservativen Haltung bestehen?» Rainer bringt auf den Punkt, was ich selbst gern wissen will.

«Der Islam hat viele Formen», erklärt Esin, «in arabischen Ländern ist er ganz anders als in der Türkei oder in Deutschland. Das liegt auch daran, dass der Koran niemanden dazu zwingt, etwas Bestimmtes zu tun. Der heilige Rumi hat gelehrt, dass jeder die Wahrheit anders auffasst. Jeder muss für sich entscheiden, was er für sein Leben will. Es ist wichtig, unsere Unterschiede zu akzeptieren und zu respektieren und die dahinterliegende Einheit zu erkennen.»

Nochmals eine einfache Lektion in Toleranz, die sofort ein bejahendes Echo in mir findet. Anschließend erklärt uns Esin etliche Einzelheiten und Symbole des Derwischtanzes. Weil sie aber bald wahrnimmt, dass wir als Außenstehende nicht ganz nachvollziehen können, worüber sie spricht – wahrscheinlich sieht sie die Fragezeichen in unseren Gesichtern –, lädt sie uns kurzerhand für den Abend ein, an einem Derwisch-Ritual teilzuhaben. Ich empfinde das als eine Ehre und verneige mich beim Abschied vor ihr. Während die Enkelin Rumis zu ihrer Arbeit zurückkehrt, verbringen wir mit Mehmet den Nachmittag auf Basaren.

In der Dunkelheit versammeln wir uns wieder im Garten, doch der hat sich in der Nacht auf geheimnisvolle Weise verwandelt. Ich fühle mich wie in einem Märchen aus *1001 Nacht*: Die Luft ist lau, der Himmel wölbt sich in einem tiefen Dunkelblau über uns, daran hängt ein hell leuchtender Halbmond, der Rosengarten verströmt einen süßen Duft. Das Mausoleum leuchtet (es wird angestrahlt), und wir sitzen auf weißen Marmorbänken um einen runden Platz. Der Tanz (Sema) wurde ursprünglich von Rumi selbst erfunden, damals war alles noch sehr spontan und ungestüm; er tanzte, wenn er trunken vor Liebe war, verliebt in Gott. Nach zweiundzwanzig Generationen ist der Tanz ein hochkompliziertes Ballett geworden, und ich kann nicht annähernd beschreiben, was alles während des Rituals geschieht, weil es so viel ist. Zuerst kommen Männer herbei, setzen sich an die Seite und packen allerlei Instrumente aus, die ich noch nie gesehen habe: lange Flöten (Ney), runde Trommeln (Bendir) und eine Art Gitarre mit dickem Bauch (Oud). Sie beginnen zu spielen. An dieser Stelle ist zu erwähnen, dass die arabische Musik und der Gesang gewöhnungsbedürftig sind – wenigstens für mich. Es liegt wohl an den Vibrationen und den Assoziationen, die sie bei mir auslösen (kaputter Rasenmäher, Entschuldigung). Aber ich merke, dass ich die Viertelsprünge in den Noten mit der Zeit immer harmonischer finde. Es tritt auch ein Sänger auf. Mit geschlossenen Augen intoniert er eine Art Hymne, so klingt es wenigstens für mich. Erhaben und sehnsuchtsvoll. Ich habe Gänsehaut. Jetzt schon.

Dann betreten die Derwische, die Semazen, den runden Tanzplatz. Geführt vom Sheikh Effendi, dem Herrn und Oberhaupt des Ordens, schreiten sie in langer Reihe und mit langsamen Schritten über den Platz, der das Universum symbolisiert. Sie tragen schwarze, lange Mäntel und jene hohen Hüte auf dem Kopf. Der Mantel symbolisiert das alte Leben, der Hut den Grabstein des Eigenwillens, so hatte Esin es zuvor erklärt. Sie ziehen drei Kreise, dann legen sie die Mäntel ab, ihr altes Leben. Jeder von ihnen verneigt sich vor dem Lehrer, und der küsst ihren Nacken (warum, habe ich nicht herausgefunden, vielleicht eine

Art Segen). Sie verbeugen sich auch voreinander – vor dem göttlichen Funken im anderen. Schließlich fangen sie mit den Drehungen an, nicht alle zusammen, sondern einer nach dem anderen, wie ein Schwarm, der ausfliegt. Die Arme sind zunächst noch über dem Herzen gekreuzt, strecken und entfalten sich aber nach oben wie Flügel, die alles umarmen. Die rechte Handfläche öffnet sich zum Himmel, um zu empfangen, und durch das Herz fließt die Energie aus der linken Handfläche wieder hinaus zur Erde. Mit jeder Drehung denken sie den Namen Allahs.

Nach einer Weile scheint der Raum sich mit zu drehen, die Menschen, der Himmel, alles wird in den Tanz hineingezogen, so kommt es mir jedenfalls vor. Es ist hypnotisch. Dabei höre ich, wie die Tanzenden den Atem aus der Kehle stoßen – «Hhhh, Hhhh». Sie haben sich mit der Musik in Trance gedreht, die Köpfe sind geneigt, die Augen geschlossen. Aber sie stolpern kein einziges Mal, obwohl sie nichts sehen. Der Sheikh sitzt unbeweglich auf einem roten Fell, das die Seele Mevlanas symbolisiert. Unglaublich, mit welcher Eleganz und Ausdauer sie das machen. Minutenlang dreht sich jeder um sich selbst, und dabei bewegt sich noch die Gruppe im Kreis. Keiner kommt aus dem Tritt oder muss sich neu ausrichten. Wie auf Kommando bleiben dann alle auf einmal stehen, und sie schauen sogar in die richtige Richtung, nämlich zu ihrem Oberen. Immer wieder verneigen sie sich, auch vor Esin, die am Rande des Platzes auf einem Ehrenplatz sitzt. Nach einer kurzen Pause starten sie neu und wirbeln sich noch tiefer in Trance hinein.

«Ich kann nur tanzen, wenn du, Herr, mich führst», schrieb die Mystikerin Mechthild von Magdeburg in ihrem Buch *Das fließende Licht der Gottheit*, «und falls du willst, dass ich den großen Sprung wage, singe du mir vor; dann springe ich in die Liebe, und aus der Liebe in die Erkenntnis, und aus der Erkenntnis in das Genießen, und aus dem Genuss über alle menschlichen Sinne hinaus – da will ich bleiben, wiewohl ich doch weiter kreise.»[4] Mevlana Dschalaluddin Rumi und Mechthild von Magdeburg waren Zeitgenossinnen, beide wurden im Jahr 1207 geboren. Welten lagen zwischen ihnen, sie konnten nichts voneinander wissen, doch wie ähnlich muss ihre Erfahrung gewesen sein, das begreife ich plötzlich. Nicht muslimisch, nicht christlich, nur in Gottes Umarmung. Einen Augenblick lang kann ich sie beide sehen, im Tanz, in der Ekstase vereint, und sie drehen sich mit all den anderen Derwischen in diesem unendlichen Raum. Es berührt mich sehr.

Wenn Gott mich führt, kann auch ich alles loslassen. Und ich beginne zu lachen, ich weiß nicht, warum, ich kann mich gar nicht beruhigen, obwohl ich zugleich tief beeindruckt und fasziniert bin. Es stört mich nicht und die anderen auch nicht. Ich spüre die Gegenwart Gottes, es lacht aus mir heraus eine Freude, ein ganz inniges Gefühl: So unterschiedlich sind wir und doch eins.

Als ich später in meinem Hotelzimmer den Tanz selbst ausprobiere, stolpere ich sofort und falle auf den Teppich. Ich bleibe auf dem Rücken liegen und lache und lache und lache, und denke an das Sprichwort: «Ein Mädchen macht noch keinen Tanz.»

4 Schwester Mechthild von Magdeburg: Das fließende Licht der Gottheit. Hrsg. von Pater Gall Morell. Regensburg 1869, Teil 1, S. 20

5

Die christliche Urkirche – oder warum Integration ohne Paprikacreme nicht klappt

Erst seit einer Woche bin ich unterwegs, und es kommt mir schon vor wie eine Ewigkeit. Es sind unglaubliche Strecken zu bewältigen, heute werden es sicherlich wieder fünfhundert oder sechshundert Kilometer, aber ich habe trotzdem Urlaubsgefühle, lasse den Arm aus dem Fenster baumeln, fühle mich weit weg von allem und deswegen frei und neugierig. Die Landschaft ist faszinierend, und es macht Spaß, sie stundenlang einfach nur zu betrachten – zum Beispiel diese Hochebene in ungefähr tausend Meter Höhe. Und auf beiden Seiten bis zum Horizont ragen noch höhere Berge hervor.

Die Ebene leuchtet in einem warmen Gelb, darüber spannt sich ein strahlend blauer Himmel, so wolkenlos, wie wir Deutsche es uns nur erträumen können. Ab und zu wird die Einsamkeit von einer Schaf- oder Kuhherde belebt. Rainer fährt, und wir lassen den gestrigen Abend noch einmal Revue passieren.

Mein Copilot hat ihn etwas anders empfunden als ich: «Glaubensmäßig hat mir die Vorführung gestern nicht viel gesagt», meint er. «Ich habe wohl begriffen, dass man seine Seele reinigen kann, man kann sich seinen Kummer von der Seele tanzen, aber warum jetzt gerade diese Form wichtig ist, habe ich nicht nachvollziehen können.»

«Es hat mich sehr in Bann gezogen», halte ich dagegen.

«Ja, es war magisch, aber auch ein bisschen ...» Er sucht nach dem richtigen Wort.

«Inszeniert?», schlage ich vor.

«Genau. In Szene gesetzt. Das wird ja auch oft der Kirche vorgeworfen, dass sie inszeniert. Aber gegen dieses Sufi-Ritual ist ein katholisches Hochamt harmlos.»

«Rituale geben dem Menschen aber Halt. Du hast doch sicher auch welche, am Morgen Zeitung lesen oder abends eine bestimmte Musik auflegen. Wenn Rituale etwas Inneres zum Ausdruck bringen, kann auch ein Hochamt sehr feierlich sein.»

Ein Esel steht mitten in der Landschaft. Wie die meisten dieser Tiere, die ich hier sehe, ist er so mager, dass ich am liebsten mein Essen mit ihm teilen würde. Augenblicklich habe ich aber nichts dabei.

Rainer hakt nach: «Hast du dich als Kind denn nie in der Kirche gelangweilt?»

Jetzt hat er mich. «O doch, sogar furchtbar. Ich habe während der Messe Papierflieger gefaltet, aus dem Pfarrbrief.»

«Hast du ihn auch fliegen lassen?»

«Klar, aber nur ein einziges Mal. Ich find's immer noch mutig, bis heute.»

«Kann ich mir denken!»

Im nächsten Moment richtet er sich kerzengerade im Fahrersitz auf: «Schau mal, da vorne ist der Bär los!»

Am Rande der Autobahn sind Melonenstände aufgetaucht. Eben war noch absolut nichts zu sehen, kein Haus, kein Dorf, und nun ist da plötzlich ein ganzer Markt vor uns, ein lustiges und lautes Gewimmel. Berge von gelben und grünen Melonen türmen sich auf wackeligen Holzkonstruktionen, jede Menge Lastwagen, denn direkt an der Straße beginnen die Felder. Am liebsten würde ich mich in das Treiben stürzen, auch weil ich von der Fahrerei langsam etwas steif werde, ich traue mich dann aber doch nicht. Also halten wir nur kurz bei einem Händler an und suchen uns vier oder fünf kleinere Melonen aus. Ein etwa zehnjähriger Junge nimmt unser Geld entgegen. Er feilscht schon wie die Großen.

Wahrscheinlich nimmt er uns einen viel zu hohen Preis ab, aber der liegt noch immer weit unter dem in Deutschland.

Viele Kinder helfen bei der Arbeit, schleppen die Früchte vom Feld, winken Autos herbei. Trotzdem habe ich nicht das Gefühl von Kindeswohlgefährdung (oder gar Kinderarbeit). Die Jungen und Mädchen strahlen so viel Fröhlichkeit und Selbstbewusstsein aus, dass es Freude macht, sie zu betrachten. Auch typisch: Alt und Jung sind vereint in einer alltäglichen Beschäftigung.

Bei uns sieht man das selten – leider. Erwachsene begeben sich üblicherweise in die Kinderwelt, während die Jüngeren selten mit in die Erwachsenenwelt dürfen. Da heißt es gleich: «Dafür bist du zu klein, das kannst du nicht, das verstehst du nicht, das ist zu gefährlich.» Dabei wollen Kinder am liebsten dort sein, wo die Älteren sind. Sie wollen mithelfen, und das mit großer Lust – zumindest wenn sie es nicht müssen. Kinder suchen die Aufmerksamkeit der Bezugspersonen, und darauf haben sie auch ein Recht. Aber das finden Erwachsene oft lästig. Klar, es dauert erheblich länger, den Boden zusammen mit einem Dreijährigen zu wischen, als allein, und es kann nerven, wenn philosophisch gestimmte Vierjährige einen permanent mit Warum-Fragen löchern. In der Türkei habe ich bislang kaum beobachten können, wie Erwachsene mit Kindern «spielen» – dafür sind alle ständig in Interaktion miteinander, und das Spiel für die Kinder ist eben oft «das Erwachsensein».

Deutschland empfinde ich nicht als kinderfreundlich, obwohl es sehr viele entsprechende Lippenbekenntnisse gibt. Unsere geschäftige Gesellschaft hat meist überhaupt keinen Raum für sie vorgesehen. Ganz schlimm wird von vielen empfunden, wenn Kinder Lärm machen. Deutsche Gerichte sind in den letzten Jahren derart oft mit Klagen wegen «unzumutbarer Beeinträchtigung» durch Kinderlärm aktiv geworden, dass der Gesetzgeber beschlossen hat, derartige Klagen unmöglich zu machen.

Bis dahin wurde Kinderlärm gesetzlich behandelt wie Lärm von Industrieanlagen! Ist das zu fassen? Na, es spricht Bände. Auch das Kinderdorf hat Nachbarn, die sich beschweren, wenn unsere Jungen und Mädchen Fußball spielen und damit ihren heiligen Sonntag oder Feierabend stören. Wie angespannt müssen wir sein, wenn wir beim kleinsten Lärm aus der Haut fahren, und wie entspannt sind die türkischen Eltern mitten im lautesten Krach. Noch kein einziges Mal habe ich den Eindruck gehabt, dass Kinder nicht willkommen sind. Ja, sie werden manchmal weggescheucht, aber sie setzen sich auch über die Erwachsenen hinweg und spielen einfach (etwas leiser) weiter oder verschieben ihr Aktionsfeld um ein paar Meter. Die Kinder wirken stark, und dass man mal herumschreit, gehört anscheinend zum normalen Umgangston – da schreien die Kinder eben zurück. Die Lebendigkeit des Austauschs fällt mir positiv auf.

Kinderarbeit ist in der Türkei ein Thema, das ist mir bewusst. Fast ein Viertel der türkischen Kinder lebt in Armut, so die Initiative «Aktiv gegen Kinderarbeit», vor allem im ärmeren Südosten des Landes. In eine größere Öffentlichkeit rückte das Problem 2011 durch die Fernsehdokumentation *Haselnusskinder von Ordu*. Jede dritte Haselnuss weltweit kommt aus diesem Hochland am Schwarzen Meer, und monatelang arbeiten kurdische Familien gemeinsam mit ihren Kindern als Erntehelfer in dieser Region für umgerechnet 14 Euro Tageslohn, um die Nüsse zu pflücken. Ein WDR-Fernsehteam hatte in den Plantagen viele Kinder angetroffen, sogar Neunjährige, die wie Erwachsene zwölf Stunden täglich Schwerstarbeit verrichten mussten – Nuss-Nougat-Creme haben die «Haselnusskinder» mit Sicherheit noch nie auf ihrem Butterbrot gehabt. Kinderarbeit ist in der Türkei gesetzlich verboten. Zugleich ist es ein Skandal, wie internationale Konzerne Arbeitskräfte in anderen Ländern ausbeuten, nur damit der westliche Kunde seine Ware möglichst billig bekommt – die «Haselnusskinder» sind nur ein Beispiel von vielen. Wollen wir, dass Hunderte Kinder unter primitivsten Bedingungen leben und ohne Schulbildung für einen Hungerlohn schuften, damit unser eigener Nachwuchs sich Nutella aufs Brot schmieren kann? Es gibt fair gehandelte Waren, und wer sich die nicht leisten kann, sollte vielleicht sogar auf unfair gehandelte Dinge verzichten.

Wir verstauen unsere Melonen und fahren weiter. Es ist zum Glück nicht mehr weit bis Antakya, dem nächsten Ziel. Der Name der Stadt hatte mir erst nichts gesagt, von daher hatte ich das absolute Aha-Erlebnis, als ich erfuhr: Antakya ist das alte Antiochia! Wahrscheinlich hätte ich das als Ordensfrau wissen sollen: Antiochia ist ein wahrhaft historischer Ort, die Paulusstadt. Hier wurde die erste Kirche gegründet, die Urkirche. Hier wurden die Christen zum ersten Mal Christen genannt. Hier hat Kirche in ihrem Gemeindewesen angefangen.

Als wir eine gute Stunde später in die Stadt hineinfahren, sieht es nicht gerade «paulusmäßig» aus. Antakya, eine Stadt mit 500 000 Einwohnern, ist zwar voller Geschichte und Kultur von Jahrtausenden, aber die Menschen, die ich auf den Straßen erblicke, sind moderne Türken, die keines meiner inneren Urkirche-Bilder bedienen. Eine christliche Kirche habe ich aber schon gesehen. Eine kleine, mit einem ebenso kleinen Glockenturm, die erste seit Istanbul. Wenig später und allein im Hotelzimmer nehme ich mir Zeit für die Vesper. Gerade habe ich angefangen zu beten – «Herr, eile, mir zu helfen» –, da beginnt der Muezzin zu singen und ruft zum Abendgebet. Es ist gut, dass ich mich zu meinem Gott bekenne und die Türken zu ihrem Gott und wir gemeinsam zu dem einen Gott beten. Ich gehe früh zu Bett.

Antakya liegt im Tal. Christen, Juden, Muslime leben in diesem dicht beieinander, und zwar schon seit Jahrtausenden. So berichtet es uns am nächsten Vormittag Yilmaz Özfirat, der uns an diesem Tag seine Gastfreundschaft schenkt. Weißes gestärktes Hemd und saloppe senffarbene Hose, sein kurzes dunkles Haar ist über der hohen Stirn schon ein wenig gelichtet, ich schätze ihn auf Ende vierzig. Yilmaz ist Gründer und Leiter vom «Chor der Zivilisationen», und seit 2007 ist dieser Chor ein Musterbeispiel für kulturelle Mehrstimmigkeit – und das nicht nur, weil viele Lieder in sechs verschiedenen Sprachen gesungen werden. Auch die ungefähr 150 Mitglieder – alle Männer und Frauen sind übrigens Amateursänger – stammen aus den verschiedensten Volksgruppen und Konfessionen: Es gibt Katholiken, Orthodoxe, Sunniten, Schiiten, Juden, Armenier, Aleviten und Kurden. Gemeinsam gehen sie auf Tournee, singen in Krisengebieten wie Palästina, im Kundus und auf Zypern und verbreiten überall ihre Botschaft: «Es gibt nur einen Gott, dieser ist ein Gott des Friedens, und wir singen zu ihm in allen Zungen.»

Antakya ist der Beweis, dass Multikulti wunderbar funktionieren kann – während bei uns Stimmen laut werden, die Multikulti für gescheitert erklären und die «deutsche Leitkultur» fordern, von der aber niemand so genau sagen kann, wie man sich diese vorzustellen habe. «In vielen Städten, in denen wir Konzerte geben, leben die Religionen nebeneinanderher», sagt Yilmaz. «Sie sind Nachbarn, aber mehr nicht. Hier in Antakya leben wir zusammen.» Ein großer Unterschied, man weiß mehr voneinander. Zum Beispiel nehmen alle Konfessionen während des Ramadans Rücksicht auf die fastenden Nachbarn. Und wenn das Fasten gebrochen wird, bringt man ein kleines Geschenk vorbei. Umgekehrt werden die Christen von Muslimen an Weihnachten beschenkt. Die hohen Feste werden zum Teil gemeinsam gefeiert – hier erfahre ich zum ersten Mal, dass Christen völlig selbstverständlich Moscheen besuchen, Muslime christliche Kirchen. Wobei es nicht überall so harmonisch abläuft wie hier.

Auf dem Weg durch die Stadt, durch den «langen Basar», stellt Yilmaz uns das eine oder andere Chormitglied vor.

«Özgen ist Sattelmacher für Esel», erklärt er. «Özgen ist Muslim, das sieht man an seinem Schnauzbart. Muslime lieben Schnauzbärte. Alle Sättel sind Einzelstücke, und er fertigt sie auf Bestellung.»

Rainer ist beeindruckt: «Sieht nach harter Arbeit aus. Ist dies ein muslimisches Viertel?»

«Nein», sagt Özgen. «Wenn der Christ zum Essen geht, bittet er den jüdischen Nachbarn, auf seinen Laden aufzupassen, und kauft vorher beim muslimischen Händler ein.»

«Wie lange braucht es, um einen solchen Sattel herzustellen?», frage ich neugierig, denn ein solcher ist geradezu ein Kunstwerk, aus schönem Holz, was ungewöhnlich ist, und mit wundervollen Metallbeschlägen versehen.

«Sechs bis sieben Stunden.»

Das ist wenig Zeit. Und noch geringer ist der Preis. Knapp 40 Euro.

Ein christlicher Goldschmied ist das nächste Chormitglied, bei dem wir vorbeischauen; er spielt im Orchester die Gitarre. Die holt er sofort hinter dem Ladentisch hervor, nachdem Yilmaz uns vorgestellt hat, und wir singen spontan ein Lied aus Taizé, der ökumenischen Ordensgemeinschaft in Frankreich, die vor allem durch ihre multikulturelle Ausrichtung bekannt wurde. Taizé ist gerade bei jungen Leuten sehr beliebt, darüber hinaus bei allen, die ein christlich-ökumenisches Miteinander befürworten, und bei Singfreunden sowieso, denn die Gesänge sind einfach, aber zugleich wundervoll harmonisch. Sie werden auf der ganzen Welt gesungen, und so stehen wir in diesem türkischen Laden und intonieren: «Singt dem Herrn ein neues Lied. Lobt, singt ihm alle Zeit.» Ich habe Gänsehaut trotz 40 Grad im Schatten. Draußen bleiben Passanten stehen, lächeln und winken. Die Botschaft kommt offenbar an.

«Das ist normal bei uns», sagt Yilmaz stolz.

Der «lange Basar», der wirklich lang ist, hat auch viele Läden mit Gewürzen, die ihren Duft verströmen – man kann ganz «high» davon werden. Überall stehen Säcke mit farbenfrohen Pulvern. Zum ersten Mal sehe ich Schoten der verschiedensten Affenbrotbäume, die alten Leute kauen sie täglich, weil sie den Cholesterinspiegel senken sollen. Sollte ich vielleicht meinen älteren Mitschwestern mitbringen. Ich darf kosten. Die Schote schmeckt süß und ist hart wie Holz. Mehrmals werden wir auf der Straße angesprochen, wie übrigens in jeder türkischen Stadt, in der wir bisher unterwegs waren. In Konya und Ankara war es genauso:

«Hey, seid ihr aus Deutschland?»

«Ja, und du?»

«Deutschland, da habe ich mal gelebt ... Kommt, lasst uns einen Tee trinken und erzählen.»

Ein Pizzabäcker zeigt uns, wie er Pizza macht, am Ende schenkt er mir eine und weigert sich, Geld anzunehmen: «Nein, nein, nur für Sie, Sie sind unser Gast.» Gut denkbar, dass man sich in diesen Ländern als Reisender durch(fr)essen könnte. So wie im Märchen vom Schlaraffenland, obwohl die Menschen hier wirklich nicht reich sind.

Im Vorüberschlendern bekomme ich an einem Stand ein Stück Brot mit einer köstlichen Paprikacreme angeboten.

«*Merhaba* – guten Tag», grüße ich die Basarhändlerin, und zu Rainer gewandt, sage ich: «Langsam kann ich verstehen, warum das mit der Integration von Ausländern bei uns nicht richtig klappt.»

«Weil wir ihnen keine Paprikacreme anbieten?»

«Weil wir im Grunde nichts von ihnen wissen wollen. Hier gilt die Gastfreundschaft dem Fremden genauso wie dem Freund. Bei uns gilt sie nur dem Freund.»

«Wenn überhaupt.»

«Stimmt.»

Rainer runzelt die Stirn: «Die Türken waren wahrscheinlich geschockt, als sie damals als Gastarbeiter zu uns kamen. Wir haben sie nicht zu uns eingeladen, sondern abgesondert und in billige Baracken gesteckt, sie die niedrigste Arbeit machen lassen. Wir haben sie ‹Ali› gerufen und ‹Kümmeltürke› genannt.»

«Du etwa auch?», frage ich etwas erschrocken nach.

«Nein, natürlich nicht, aber ich habe es immer wieder von anderen gehört. Und danach haben wir jahrzehntelang krakeelt, dass sie uns die Arbeitsplätze wegnehmen.»

«Das machen wir doch immer noch, oder?», sage ich mit viel Ironie.

Ein Viertel der deutschen Bevölkerung stimmte 2010 ausländerfeindlichen Äußerungen zu, die bei näherer Betrachtung allesamt ohne Hand und Fuß sind: «Ausländer leben auf unsere Kosten. Ausländer wollen sich nicht integrieren. Sie sind dümmer als wir. Und kriminell. Und faul. Hier gibt es bald mehr türkische Kinder als Deutsche.» Es beschämt mich tief, wenn ich solche verallgemeinernden Aussagen höre, die in Einzelfällen vielleicht zutreffen mögen, aber völlig zu Unrecht auf alle übertragen werden. Wir sind sogar schon so weit, dass man in Deutschland mit fremdenfeindlichen Büchern zum Millionär werden kann! Das finde ich unmöglich.

Wovor haben wir Angst? Es gibt eine gewisse Neigung zur Abschottung, das gehört zumindest zu meiner kulturellen Sozialisation, nach dem Motto: «Vertrau keinem Fremden.» Oder: «Bei Geld hört die Freundschaft auf.» Das ist etwas, das ganz unbewusst abläuft. Aber Jesus fordert mich auf, die Unbewusstheiten meines Alltags genauer zu betrachten und nicht auf sich beruhen zu lassen: «Was ihr für einen meiner geringsten Brüder getan habt, das habt ihr mir getan» (Mt. 25,40). Das bedeutet, dass ich jedem, der mir begegnet, so gegenübertreten möchte, als wäre es Jesus selbst. Eine radikale Übung, aber ich möchte sie ernst nehmen. Weil sie meine Liebe erweitern kann, über die hinaus, die ich sowieso schon fühle, und darauf kommt es an.

Wenn wir darüber klagen, dass sich bei uns Parallelgesellschaften gebildet haben und Integration gescheitert ist, liegt das auch daran, dass wir die Fremden jahrzehntelang nicht zur Kenntnis genommen haben und von ihrer Kultur nichts wissen wollten. Ein Klima sozialer Kälte kann dazu führen, dass Menschen sich isolieren und empfänglich werden für radikale Ideen, politische oder religiöse. In der Diaspora schließt man sich enger zusammen. (Wer je in den deutschen Vierteln auf Mallorca war, weiß, wie dort die Weißwurst zelebriert wird.) Kein Wunder, dass sich manche Türken bei uns mittlerweile «türkischer als die Türken» verhalten, und manchmal schlägt sich das bei einigen Menschen, vor allem den jungen, auch in einer extremen Ausübung des Islams nieder. Das darf keine Entschuldigung für Radikalisierung oder Feindlichkeit sein. Aber ich vermag jetzt ein bisschen besser nachzuvollziehen, wie das entstehen kann.

Was die «Leitkultur» betrifft: Ich halte nichts davon, dass die einen leiten und die anderen wie die Schafe folgen müssen, wie es der Begriff nahelegt. Wichtig ist, dass jeder Mensch, der in Deutschland lebt, das Grundgesetz akzeptiert! Man muss aber nicht gleich einen Eid darauf leisten, das müssen wir Deutsche schließlich ebenso wenig. Die gemeinsame Sprache ist wichtig – in der wir dann aber bitte unterschiedliche Meinungen und Lebensweisen ausdrücken sollen.

Johann Wolfgang von Goethe, der Geheimrat, ist ein gutes Vorbild, wie wir mit dem und den Fremden umgehen können. Der Freiherr hatte selbst einen türkischen Hauptmann namens Sadok Selim unter seinen Vorfahren. Ob das aber der Grund dafür war, dass er so intensiv den Dialog zwischen Abendland und Morgenland suchte, ist nicht bekannt. Er las die Bibel *und* den Koran. Am Islam faszinierte Goethe die unbedingte Ergebenheit an Gott, der kompromisslose Monotheismus. Wäre er kein Christ, hätte er nichts dagegen, ein «Muselmann» zu sein, soll er sogar gesagt haben. 1819 wurde der *West-östliche Divan* veröffentlicht, in dem er der arabischen Kultur und besonders der Sufi-Poesie eine tiefe Verneigung bezeugte: «Wer sich selbst und andere kennt, / Wird auch hier erkennen: / Orient und Okzident / Sind nicht mehr zu trennen.»[5] Der in Damaskus geborene und seit 1971 in Deutschland lebende Dichter Rafik Schami appellierte in einem *Tagesschau*-Interview im August 2007 zum Thema Integration, dass es doch mehr Deutsche wie Goethe geben möge: «Goethe hatte etwas Anti-Provinzielles. Der alte Meister hat das Leben durchschaut und sein Herz und Hirn gegenüber dem Fremden aufgeschlossen. Er liebte andere Kulturen und hat nicht schlecht davon profitiert. Er blieb ein Deutscher, dazu ein Geheimrat, aber in seinem Herzen wohnte die Welt. Heute wünsche ich mir mehr solche Intellektuelle unter den Deutschen.»

Johannes sagt, um es biblisch zu fassen, in der Offenbarung von Jesus: «Ich stehe vor der Tür und klopfe an. Wer meine Stimme hört und die Tür öffnet, bei dem werde ich eintreten, und wir werden Mahl halten, ich mit ihm und er mit mir.» Die Evangelien sind voller Geschichten über das Miteinander-Essen und die Gastfreundschaft, die Jesus, überall, wo er hinging, erfahren hat. Ich begreife erst auf dieser Reise, dass das nicht (nur) daran lag, dass er ein besonderer Mensch war, sondern auch daran, dass Gastfreundschaft in den Ländern des Nahen Ostens anders gelebt wird als bei uns.

Seit meiner Reise nehme ich mehr Kontakt zu meinen ausländischen Mitbürgern auf, ich benutze die wenigen türkischen

---

5 Johann Wolfgang von Goethe: West-östlicher Divan. Frankfurt am Main 1949, S. 267

Wörter, die ich gelernt habe, und lächele häufiger auf der Straße Fremde an. Ich erlebe interessante Reaktionen, vor allem von Frauen, die ein Kopftuch tragen, manchmal geradezu Ungläubigkeit: Was? Eine Deutsche lächelt mich an, einfach so? In den allermeisten Fällen bekomme ich aber (nach kurzem Zögern) ein strahlendes Lächeln zurück. Lächeln steigert die Bereitschaft, sich auf Neues einzulassen. Ich kann es jedem wärmstens empfehlen, und es gibt nicht nur meinem Nächsten etwas, sondern macht auch mich froh!

Am späten Nachmittag treffen wir Yilmaz wieder, der sich zwischenzeitlich ausgeklinkt hatte, und gemeinsam machen wir uns auf den Weg zur ersten christlichen Kirche der Welt. Die St.-Petrus-Grotte ist in den Felsen geschlagen und liegt hoch über der Stadt. Olivenbäume spenden Schatten, und ein wenig Wind streicht über die Haut, was bei der Hitze eine Erleichterung ist. Mehrere Touristengruppen sind angereist, eine führt sogar ein großes Kreuz mit sich (es ist wie im Film). Sie verschwinden im Inneren der Kirche, verlassen sie wieder, singen ein paar Liedchen, machen Fotos und ziehen weiter. Gesamtdauer des Besuchs: circa zehn Minuten. Was für ein Glück, dass ich mehr Zeit habe und den Ort auf mich wirken lassen kann. Als wir schließlich in die Kirche hineingehen, bin ich voller Erwartung. Der erste Raum ist eine Höhle mit einem Felsenaltar und einem großen, in Stein gehauenen Stuhl.

«Wenn ich solche Orte betrete», sage ich, «ist mir ganz feierlich zumute. Das ist Kirchengeschichte, das ist meine Geschichte.»

Rainer zeigt nach vorn und fragt: «Was ist das für ein Stuhl?»

«Das ist der Priesterstuhl», behaupte ich voller Überzeugung, «da haben bestimmt schon viele Generationen ehrwürdiger Priester gesessen, vielleicht sogar Paulus selbst!» Und schon sitze ich drauf. Yilmaz hat mir schmunzelnd zugeschaut.

«Aber das ist noch nicht die Urkirche», korrigiert er mich. «Die ist nebenan. Erst viel später wurde diese große Höhle für Versammlungen genutzt.»

Wir gehen nun in die Urkirche, eine Höhle, in der kaum fünf Menschen Platz haben.

«Das ist alles?», fragt Rainer ungläubig.

«Das ist alles», sagt Yilmaz.

Im ersten Moment bin ich enttäuscht, aber dann lasse ich mich auf den Raum ein, auf die inneren Bilder, die in mir aufsteigen. Hier haben Petrus und Paulus über Jesus gesprochen. Immer in der Angst, entdeckt zu werden – deshalb hat die Höhle auch einen versteckten Ausgang, wie so viele der frühen christlichen Versammlungsorte. Hier haben sie gesessen und das Brot gebrochen und das Gedächtnis Jesu hochgehalten. Was für eine unglaubliche Strahlkraft ist ausgegangen von diesen wenigen Menschen, an diesem unscheinbaren Ort, abseits der Stadt, geheim. Aber so hat Kirche angefangen, klein und von Verfolgern bedroht.

Yilmaz unterbricht meine Zeitreise und sagt: «Das hier sieht klein aus im Vergleich zu einer Kirche wie dem Kölner Dom. Aber für mich ist es so groß wie die ganze Welt!»

Wie konnte es geschehen, dass aus Verfolgten Verfolger wurden, die im Namen Jesu so viele Menschen zwangsweise getauft haben? Wie konnte diese Weltkirche mit dem riesigen Petersdom entstehen, mit all der Pracht und dem Prunk? Nein, ich bin ungerecht. Es gibt eine Menge Schandflecke in der Geschichte meiner Kirche, die Kreuzzüge gehören dazu, auf deren Route wir ja aktuell die ganze Zeit fahren. Aber es ist genauso Gutes und Heiliges von der Kirche ausgegangen.

Hier, in der Urkirche, bin ich als Jordana eher zu Hause als in einer Kirche aus Marmor und Gold. Das spüre ich in diesem Moment ganz tief. Ich sitze im Staub auf dem Boden und bin angekommen. Ich fühle mich Gott nahe. Dieser Ort strahlt die Energie des Anfangs aus – bis heute.

Und natürlich lädt er mich ein, darüber nachzudenken, wie es bei mir angefangen hat. Ja, wann habe ich Gott zum ersten Mal wahrgenommen? Ich kann mich daran erinnern, dass ich als kleines Kind, vielleicht zwei Jahre alt, aus einem Fenster im ersten Stock purzelte. Mir passierte nichts. In meiner Erinnerung haben Engel mich hinuntergetragen und beschützt. Dadurch bin ich in dem Bewusstsein groß geworden, dass es etwas, nein, jemanden, gibt, der immer da ist und seine Hand über mich (oder unter mich) hält. Das hat mich geprägt. Ich kann mich an Kindermessen erinnern, wo ich Jesus in der Hostie gern mit nach Hause genommen hätte und sogar die eine oder andere heimlich festhielt, um ihn noch ein bisschen länger bei mir zu haben. Das war die kindliche Welt. Jesus und ich waren ein gutes Team. Als ich aufwuchs, wurde Gott mir immer mehr ein Gesprächspartner – das schon erwähnte du an meiner Seite.

Irgendwann in der Jugend überfiel mich der Gedanke, dass ein Leben im Kloster vielleicht etwas für mich sein könnte, damit dieses Dreamteam voll zur Entfaltung käme. Der Gedanke tauchte auf, tauchte wieder ab, und dann folgte das innerliche Streitgespräch mit mir selbst. Armut? Gehorsam? Ehelosigkeit? Nein, danke! Ich dachte: Kannst du, Gott, nicht jemand anderen berufen? (Er hörte nicht zu.) In der Bibel sind Berufungsgeschichten meistens ein wenig mit Gegenwehr verbunden. Da ruft Gott, einmal, zweimal und auch ein drittes Mal, bevor der Mensch das macht, was er machen soll. Wenn Gott einen dreimal beim Namen ruft, heißt das Berufung, und dann folgt meist ein Auftrag – wie bei Petrus am See nach der Auferstehung: «Weide meine Schafe.» Bei mir musste Gott wahrscheinlich dreißig- oder dreihundertmal rufen, denn die Stimmen in mir konnten sich einfach nicht einigen. Ich wollte ja Familie haben, und unbedingt Kinder. Meine beste Freundin und ich wollten aber vorher noch Schauspielerinnen werden. Doch am Ende lief es so, wie es immer läuft mit Gott: Ich verspüre etwas, höre den Ruf, ich wehre mich dagegen, und zum Schluss akzeptiere ich es. Das sage ich auch Frauen, die sich für das Ordensleben interessieren: Da muss innerlich etwas nicht zum Schweigen kommen, selbst wenn der Kopf sich dagegen wehrt. Das Herz muss anfangen zu denken: Was wäre, wenn ... Und es muss kribbeln bei dem Gedanken, verbunden mit Angst. Schließlich muss man gehen, denn alles andere wird sich erst entfalten, wenn man den ersten Schritt gewagt hat. Dazwischen können allerdings Jahre liegen. Der erste Schritt erfordert Mut, der Rest ergibt sich fast von selbst.

Bis heute weiß ich allerdings nicht, wie ich es fertiggebracht habe, tatsächlich meine ganzen Sachen zu verschenken, als es so weit war. Meine «Ente» zum Beispiel, mein vielgeliebtes Auto, mit dem ich so viele tolle Touren gemacht hatte. Mit offenem Verdeck beim Transportieren von Ikea-Regalen. Oder im Sommer cool mit hochgeklappten Fenstern, Ellbogen raus und lauter Musik an der Ampel warten und einem Porschefahrer lachend in die Augen sehen. Der sich natürlich bemüßigt fühlte, extra hochtourig zu starten, während ich meinen 2CV ebenfalls aufheulen ließ, der aber eher gemütlich Fahrt aufnahm.

Dennoch: Ich habe es getan. Die Berufung hat mir Stärke gegeben. Meine Abschiedsfete stand unter dem Motto: «Grell, grässlich, gruselig.» Ich habe geheult, als ich Lebewohl von meinen Freunden genommen habe (damals dachte ich noch, es sei für immer und ich würde hinter Klostermauern einfach verschwinden). Aber immer, wenn ich etwas unternehme, das ich im Herzen als richtig empfinde, erfahre ich, dass eine Trennung oder ein Verzicht zwar traurig sein kann, doch der Aufbruch ins Neue lässt mich den Schmerz aushalten. Vielleicht hatte ja auch

Abraham eine Träne in den Augen, als er aus Haran loszog, und ihm war wehmütig ums Herz. Aber er ist gegangen, das zählt. Und so habe auch ich mich auf den Weg gemacht, und ich habe diese Entscheidung nie bereut.

Es ist ein schönes Gefühl, in der Stadt der Anfänge über die eigenen zu reflektieren. Es hat mir Kraft gegeben. Jetzt geht die Sonne unter, und wir fahren zurück ins Zentrum von Antakya. Der Muezzin ruft, mal wieder. Wir nehmen an einer Probe des «Chors der Zivilisationen» teil, die in einer Kirche stattfindet. Ich bekomme eine Mappe mit einem Register in die Hand gedrückt, in dem die Lieder durch ein Kreuz, einen siebenarmigen Leuchter oder einen Halbmond gekennzeichnet sind, sodass man ihre jeweilige Herkunft sofort nachvollziehen kann. Ich sehe Frauen mit und ohne Kopftuch. Lehrer, Händler, Ärzte, sogar einen Imam. Für den Friedensnobelpreis ist der Chor vorgeschlagen worden, und ich wünsche ihm, dass er ihn irgendwann auch bekommt. Jetzt singen wir erst einmal aus voller Brust: «Halleluja!» Musik verbindet – Menschen untereinander und Gott mit den Menschen. Ja, da berühren sich Himmel und Erde.

6

«Weg mit Bashar!» – Endstation Flücht-
lingslager

Faszinierend ist das Leben auf der Straße. Da wird gekocht, gebacken, gesessen und Tee getrunken, große Gläser mit irgendeiner scharfen roten Paste werden feilgeboten, dazwischen spielen Kinder. Es wundert mich nicht, dass von den Germanen über die Goten, Franken und so weiter alle mitteleuropäischen Völker versucht haben, durch Wanderung oder Krieg, wie sollte es anders sein, ans Mittelmeer zu gelangen. Das warme Klima ist so lebensfreundlich, alles wächst fast von allein, und in den Häusern hält es niemand aus. Klar, da kommt man leichter ins Gespräch, als wenn jeder in seinen vier Wänden sitzt, und sicher ist es leichter, zu einem Haus zu gehen, bei dem alle Türen offen stehen und wahrscheinlich sowieso jemand vor dem Eingang sitzt, als zu klingeln und darauf zu warten, dass jemand aufmacht. Ich kann mir gut vorstellen, dass auf diese Weise mit den Jahrhunderten eine andere Mentalität entsteht, ein anderes zwischenmenschliches «Klima». Dies noch als Nachklapp zum Thema Integration und Gastfreundschaft.

Doch jetzt ziehen wir weiter. Adana steht auf dem Programm. Hier steht die größte Moschee der Türkei, 1998 wurde sie eröffnet. Sie ist tatsächlich beeindruckend groß. Schneeweiß steht die Sabanci-Zentralmoschee mitten in einem herrlichen Park und wirkt wie ein Märchenschloss. Ganz erhaben. Wie das Grabmausoleum Taj Mahal, das ich von Bildern kenne, nur mit sechs und nicht vier Minaretten wie in Indien. Leider haben wir keine

Zeit für einen Besuch, denn wir sind verabredet mit Sevket Sevinc, Flötenbauer und Friseur.

Sevket Sevinc ist ein stattlicher Herr, fast einen Kopf größer als ich, mit einem dichten Schnauzbart, in dem sich ein paar graue Haare zeigen. Er hat kräftige Augenbrauen, aber lichtes Haar, was seinem Gesicht eine besonders interessante Note gibt. Sofort fällt mir seine in sich selbst ruhende Ausstrahlung auf, ich schätze ihn auf Mitte fünfzig. In seiner Kombination aus Friseurladen und Werkstatt herrscht ein kreatives Chaos. Die Wände sind dunkelrosa gestrichen und vollgestellt mit Regalen, die wiederum vollgestopft mit Sachen sind.

Im Werkstattbereich fertigt Sevket wunderbare Nayflöten. Es sind Instrumente, die aus der Anfangszeit des Islams bekannt sind oder sogar noch davor. Die Längsflöten haben neun Töne, sechs Löcher vorne, drei hinten. Und ein Mundstück, in das man hineinbläst. Alles, was Sevket braucht, ist Schilfrohr (davon hat er einen ganzen Eimer voll in seiner Werkstatt stehen), einen Bunsenbrenner auf einer großen Gasflasche, einen elektrischen Bohrer (deutsche Wertarbeit, wie er betont), eine runde Feile, mit der er das Innere des Rohrs glättet, Metallringe und Plastikmundstücke. Daraus zaubert er in weniger als einer Stunde eine neue Flöte – und schenkt sie mir (ich wage es kaum zu schreiben). Ich spiele gern und auch nicht einmal schlecht Blockflöte und freue mich nun sehr über dieses Instrument. Leider bekomme ich fast keinen Ton heraus, nur ein kurzes «Pffhh», und dabei bleibt es auch. Die Nay habe ich schon in Konya gehört. In der Derwisch-Musik ist sie immer dabei, sie wird «göttlicher Atem» genannt, weil sie so sehnsuchtsvoll klingt.

Sevket erzählt mir, warum: «Ali, der Schwiegersohn des Propheten, erfuhr eines Tages ein göttliches Geheimnis, das er auf keinen Fall weitersagen durfte. Es wuchs aber in ihm, und es wuchs, bis es so groß in ihm wurde, dass es zu groß für ihn war –

und Ali fast platzte. Um sich Erleichterung zu verschaffen, vertraute er das Geheimnis einem Schilfrohr an. Aber nicht mit Worten, um nichts zu verraten. Er hauchte nur: ‹Huu, Huu!› Das Schilfrohr nahm das Geheimnis auf, und darin ist es bis heute. Daher erzählt der Ton der Schilfflöte mit seinem ‹Huu, Huu!› vom Geheimnis Gottes ...»

Während ich weiterhin versuche, der Flöte Töne zu entlocken, bekommt Rainer im Salonbereich eine landesübliche Rasur mit allem Drum und Dran: mit (türkischem) Schnauzbart und einem kleinen Bartrest in der Mitte des Kinns.

«Jetzt siehst du aus wie ich.» Sevket lacht, als er fertig ist, und es stimmt. Er und Rainer sehen sich ähnlich, wenngleich Sevkets Schnauzbart erheblich länger ist als der von meinem Copiloten. Aber Bärte machen Leute. Türkische Friseure zupfen übrigens alle Haare aus, die aus einem Gesicht so wachsen können – Ohrenhaare, Nasenhaare, zuzüglich der Härchen rund um die Augen. Mit einem gezwirbelten Faden. Rainer schreit ganz schön, als Sevket ihm damit zu Leibe rückt. Aber hinterher sieht er toll aus, sehr männlich und gleichzeitig glatt wie ein Baby.

Danach führt uns Sevket zu einer entlegenen Stelle oberhalb der Stadt, ein Freund von ihm begleitet uns. Vor uns erstreckt sich ein malerischer See bis zum Horizont. Hier lassen wir uns nieder, der Freund spielt auf der Nay, Sevket selbst auf einer Rahmentrommel, während die Sonne sich neigt und den Himmel rot verfärbt. Wäre dieser Anblick ein Kalenderblatt gewesen, ich hätte es furchtbar kitschig gefunden.

Der klagende Ton der Flöte stimmt uns ein auf die nächste Etappe. Denn am Tag darauf brechen wir von Adana aus auf Richtung syrische Grenze. Eigentlich hatten wir bis zum Schluss gehofft, Syrien mit dem Auto durchqueren zu können, um so in den Libanon zu gelangen. Es ist nur eine kurze Strecke, nicht mehr als 180 Kilometer. Aber als wir in Yayladağı ankommen, der

südlichsten Kreisstadt der Türkei, erfahren wir, dass der Grenz-
übergang geschlossen wurde und nun schwer bewacht wird.
Augenblicklich komme ich mir vor wie eine unfreiwillige Krisen-
berichterstatterin. Ich merke, das ist nicht meine Welt, es macht
mich nervös. Ich interessiere mich für Politik, niemals aber
würde ich mich als einen politischen Menschen bezeichnen.

Dennoch: In aller Heimlichkeit wollen wir einen Informan-
ten in einem Park am Rande der Stadt treffen, der, als wir dort
eintreffen, eher einem größeren verwahrlosten Garten gleicht.
Der Mann, so wurde uns gesagt, schmuggelt kleine Kameras und
Mobiltelefone nach Syrien, damit die Menschen die Unruhen
in ihrem Land festhalten können. Die Bilder werden anschließend ins Internet gestellt, damit die Weltöffentlichkeit davon
erfährt. Unser Informant schmuggelt die Kameras auch wieder
heraus.

Bei unserer Ankunft sehen wir Soldaten und Polzisten, die
direkt gegenüber vom Park postiert sind. Männer bewachen mit
Maschinenpistolen im Arm ein Haus. Aus diesem Grund lassen
wir unser Filmequipment vorsichtshalber im Auto und decken
alles mit schwarzen Tüchern zu. Der Informant möchte, als wir
ihm begegnen, sowieso nicht vor einer laufenden Kamera sprechen. Ich kann das gut verstehen. Zu viel steht für ihn auf dem
Spiel, wenn er erkannt wird. Aber er vermittelt uns nach ein
paar Telefonaten einen Kontakt zu jemandem in einem kleinen
Ort in der Nähe, einem syrischen Flüchtling, der bereit ist, mit
uns darüber zu reden, wie die Lage in seiner Heimat aussieht.
Die ganze Zeit über liegt Spannung in der Luft, es ist fast eine
gespenstische Situation – ich habe Phantasien, wie wir verhaftet, verschleppt, befragt werden und nur gegen Lösegeld und
diplomatische Verhandlungen wieder freikommen. Ich bin froh,
als wir aus dem Park wieder raus sind.

Wir fahren ungefähr dreißig Kilometer zurück Richtung

Antakya, biegen aber vorher in die Berge ab, zu unserem Treffpunkt. Die Landschaft ist sehr karg, nur Steine und Felsen, kaum Vegetation. Als wir das Dorf des syrischen Flüchtlings erreicht haben, können wir direkt auf eine Militärstation an der syrischen Grenze schauen. Nicht weit von ihr entfernt machen wir ein Interview mit dem geflohenen Muhammad Abdallah, genannt Mahmet, in dem Haus von Verwandten von ihm. Mahmet kam im März 2011, kurz nachdem die Unruhen anfingen, mit seiner Frau, seinem Sohn und seiner zweijährigen Tochter in die Türkei. Zuerst wohnten sie hier in diesem Bergdorf, danach fanden sie Unterkunft in einem Lager. In seiner Heimatstadt Latakia – der einzigen syrischen Großstadt am Mittelmeer – war Mahmet Raumdekorateur, und natürlich hat auch er für mehr Demokratie in seiner Heimat demonstriert. Aber das Regime habe sie überrascht, sagt er. «Soldaten in Zivil mischten sich unter die Demonstranten, eröffneten das Feuer, töteten viele alte Menschen, junge, ohne Unterschied.» Mahmet erzählt auch, wie die Geheimdienste Menschen rekrutieren – entweder mit Geld oder mit Drohungen. Man wusste bald nicht mehr, wem man was anvertrauen konnte, überall gab es Denunzianten, und viele «alte Rechnungen» wurden beglichen. Innerhalb von Monaten zerfiel ein Miteinander: «Ich bin dreißig Jahre alt, aber ich habe es nie erlebt, dass wir gedacht haben: Das ist ein Alevit, das ist ein Sunnit, das war kein Problem in Syrien. Aber das Assad-Regime hat Unterschiede geschaffen, und die Unterschiede bringen den Unfrieden.»

Jetzt, während ich das Buch schreibe, hat sich die Lage weiter zugespitzt, und es ist deutlich geworden, dass nicht nur das alevitische Assad-Regime gezielt gegen Sunniten vorgeht, sondern auch umgekehrt. Religiöse Differenzen kochen wieder hoch, und die Kampfparteien bedienen sich ihrer. Die Aleviten sind im Nahen Osten als Glaubensgemeinschaft umstritten, sie

leben eine liberale und tolerante Form des Islams, die Gleichberechtigung von Mann und Frau. Orthodoxe Muslime nennen sie «Ungläubige», daher erleben sie in Ländern mit sunniti-
scher Mehrheit häufig Diskriminierung oder Verfolgung – auch
in der Türkei, von wo aus viele Aleviten nach Deutschland ausgewandert oder geflohen sind – es leben ungefähr eine halbe Million türkische Aleviten bei uns, was kaum bekannt ist. In Syrien
ist eine alevitische Minderheit seit Jahrzehnten an der Macht,
doch diese Macht hat sie nicht im Sinne von Toleranz und Libe-
ralismus ausgeübt. Mittlerweile unterstützen auch Sunniten aus
dem Ausland die Aufständischen, so der Nahost-Experte Michael
Lüders am 28. Juni 2012 im *Deutschlandfunk*: «Das, was ursprünglich angefangen hat als eine Volkserhebung vor allem ärmerer
Sunniten gegen das Regime, wird mittlerweile überlagert von
sunnitischen Milizen, die für Saudi-Arabien, für Katar arbeiten
und von der Türkei aus agieren … Dieser Krieg wird sehr lange
werden, sehr blutig sein, und es wird immer wieder zu furchtba-
ren Massakern kommen von alevitischen Extremisten an Sunniten und umgekehrt.»

Mahmet berichtet uns, dass verletzte Demonstranten in syrischen Krankenhäusern nicht behandelt werden dürfen: «Einen
Freund von uns haben sie in ein Kühlfach für Leichen gelegt,
obwohl er noch lebte.» Was er erzählt, erschüttert mich so, dass
mir die Tränen kommen. Ich kann fühlen, wie schrecklich seine
Erinnerungen sind und dass sie ihn quälen. Beim Sprechen hält
er die ganze Zeit beide Hände vor sich, als wolle er etwas Schlimmes abwehren. Plötzlich zückt er sein Handy heraus und will uns
etwas zeigen. Zuerst sehe ich mehrere Aufnahmen von einem
Mädchen mit dunklen Ringellocken – seine kleine Tochter, die
augenblicklich nicht hier ist.

Dann sagt Rainer auf einmal: «Jordana, nein, schau nicht
hin!»

Ich tue es trotzdem. Es ist ein Foto von einem jungen Mann, etwa fünfunddreißig Jahre alt, mit Kopfschuss. Danach ein weiteres Bild von einem anderen Mann, der tot auf der Erde liegt, in einer Blutlache.

«Das passierte auf der Flucht, kurz vor der türkischen Grenze», sagt Mahmet. «Sie wurden von syrischen Soldaten erschossen. Alle kommen zu Fuß hierher. Syrische Militäreinheiten sind an der Grenze und warten auf die Flüchtlinge.»

Ich hatte die Situation in Syrien als ernst eingestuft, aber was ich jetzt höre und sehe, ist grauenvoll, ich habe nicht damit gerechnet. Auch Rainer ist verstummt. Unsere Gesichter sind versteinert, und wir wissen nicht, was wir sagen oder wie wir reagieren können. Wir sind hilflos. Auch Mahmet schaut auf seine Hände und schweigt. Durch das offene Fenster strömt das Licht des Nachmittags, draußen singen Zikaden, wir hören Kinder lachen und spielen. Mahmet hebt den Kopf: «Wenigstens sind wir am Leben, meine Familie ist hier, und wir haben Verwandte, die uns helfen, auch wenn wir im Lager übernachten müssen.»

Fast dankbar greift Rainer den Gesprächsfaden auf. «Kannst du etwas über das Lager erzählen?», bittet er. «Wie viele Leute leben da? Wie ist es organisiert?»

«Es liegt am Stadtrand von Yayladağı, eine gute Dreiviertelstunde von der syrischen Grenze entfernt. Es ist eines von mehreren, die seit den Unruhen in der Türkei errichtet wurden. Hier hilft man uns. Es leben achttausend Menschen dort, aber von Tag zu Tag werden es mehr.» Mahmet unterbricht kurz das Gespräch, eine der Frauen in dem Haus seines Verwandten bringt seinen Sohn Mohammed. Mahmet nimmt den Kleinen auf den Schoß, er ist ungefähr ein halbes Jahr alt. Sofort strahlt der Junge mich an. Auch Mahmet lächelt. Dann fährt er fort: «Es ist schwierig im Lager, wir dürfen uns nicht wirklich frei bewegen. Jeder denkt die ganze Zeit an die Heimat und wie es denen, die zurückbleiben mussten, wohl ergeht. Fast alle haben noch viele Verwandte in Syrien, doch die meisten haben keinerlei Verbindung zu ihnen und sorgen sich sehr. Wir können nicht anrufen. Wir kennen die Vorgänge nur so, wie sie im Fernsehen zu sehen sind. Doch jeder weiß, dass es immer schlimmer wird, dass das Morden an Zivilisten mehr und mehr zunimmt.»

Einmal am Tag dürfen die Flüchtlinge das Lager verlassen – dann sucht er dieses kleine Dorf auf. Die Familie hält in der Not zusammen.

«Können wir etwas tun?», frage ich. «Wie können andere Länder Syrien helfen?»

Mahmet schüttelt den Kopf. «Nichts kann uns helfen. Das Regime muss weg, dann wird alles besser werden. Das müssen wir alleine schaffen, und das werden wir. Wir werden Gerechtigkeit finden. Wir werden frei sein!»

Es ist mir ein Bedürfnis, ihm gute Wünsche mit auf den Weg zu geben und ihm zu sagen, dass ich für ihn bete. Damals, im September 2011, glaubten wir noch, der Konflikt in Syrien werde vielleicht in wenigen Monaten zu Ende sein. Mahmet lud uns noch ein, ihn unbedingt in seiner Heimat zu besuchen, wenn alles vorbei ist.

Nach zwanzig Monaten Krieg spricht die UNO im Oktober 2012 von 30 000 Toten in Syrien, darunter zunehmend, wie Mahmet es prophezeit hatte, Zivilisten. Fast 300 000 Menschen sind aus ihrer Heimat geflohen. Abgesehen von Saudi-Arabien und Katar hört man von iranischen Truppen, Taliban-Kämpfern aus Pakistan, Söldnern aus aller Herren Länder, auch von westlichen Soldaten, die mitmischen, perfekt getarnt. Kofi Annan, der ehemalige Generalsekretär der Vereinten Nationen, hat als politischer Vermittler das Handtuch geschmissen, weil niemand, wie er im August 2012 im *Spiegel* bekundete, ihn in seinen Friedensbemühungen wirklich unterstützt habe. Während das syrische Volk leide, könne sich die Welt nicht darüber einigen, wie dieses Leiden zu beenden sei. «Ohne ernsten, entschlossenen und vereinten internationalen Druck, auch von den Mächten der Region, ist es mir wie auch jedem anderen unmöglich, an erster Stelle die syrische Regierung – und auch die Opposition – zu zwingen, mit den nötigen Schritten für einen politischen Prozess zu beginnen», sagte der Mann, der für seine sanfte Diplomatie berühmt ist. Die Medienberichte sind bestimmt durch Kriegsandrohungen von allen Seiten: Amerika droht Assad, Assad droht der Türkei, Israel dem Iran, der Iran Israel, Russland warnt Amerika; der Einsatz von Atomwaffen, von chemischen Waffen steht im Raum. In all diesen Tumult mischte sich die leise Stimme von Papst Benedikt bei seinem Libanonbesuch im September 2012. Waffenexporte in den Nahen Osten, so sagte er, seien eine schwere Sünde. Aus ganzem Herzen stimme ich ihm zu.

Ich habe noch immer das kleine Zimmer vor Augen, in dem wir Mahmet trafen, sehe den kleinen Mohammed vor mir. Wenn dieses Buch erscheint, wird er zwei Jahre alt sein, wahrscheinlich immer noch heimatlos.

.

Wir sind uns einig: Wir wollen uns das Flüchtlingslager anschauen, in dem Mahmet mit seiner Familie untergekommen ist. Er selbst möchte uns nicht begleiten. Er will nicht auffallen, indem er mit einem deutschen Fernsehteam unterwegs ist. Eine Drehgenehmigung erhalten wir zwar nicht, doch Volker entscheidet, wir sollten versuchen, unerlaubt ein paar Bilder zu machen. Noch eine heimlich-unheimliche Aktion, wie ich sie nicht gerade bevorzuge.

Wir fahren also zurück nach Yayladağı, wo das Lager in einer Schule untergebracht sein soll. Rainer sieht es zuerst: «Das könnte es sein, dort, wo die blaue Folie außen herumgeht.» Konzentriert und angespannt fährt er fast im Schritttempo an einem hohen Metallzaun entlang, der sich scheinbar endlos zieht. Die Straße ist menschenleer.

«Wieso müssen die das Gelände denn mit einer Plane umgeben?», frage ich. «Warum dürfen die Menschen nicht rausgucken?»

Rainer wirft mir einen kurzen Blick zu. «Wahrscheinlich geht es eher darum, dass niemand hineinschaut.»

Das Lager befindet sich auf dem Gelände einer großen Schule. Wir steigen aus und schlendern so unbefangen wie möglich an den Zaun heran. Innerlich klopft mir das Herz bis zum Hals. Sofort haben uns Kinder bemerkt, schieben die Plane etwas zur Seite, sodass ein Schlitz entsteht. «*Merhaba, Merhaba!*», rufen sie. «Guten Tag, guten Tag!» Wir sehen große Hallen, einen Spielplatz, und durch den Zaun dringen Küchengerüche. Die Kinder lachen und singen: «Weg mit Bashar! Weg mit Bashar!», so jedenfalls wird es uns übersetzt.

Rainer ist ein wenig fassungslos. «Das einzig Positive ist», sagt er, «dass es den Kindern hier wahrscheinlich besser geht als zu Hause. Für sie ist das hier vielleicht wie eine Art Ferienheim. Aber dass Bashar Assad böse ist und dass er tot sein soll, das wissen sie schon.» Er schüttelt den Kopf.

«Sie machen doch nur nach, was ihnen vorgelebt beziehungsweise vorgesagt wird», wende ich ein. «Sie wissen gar nicht, was es bedeutet, tot zu sein.»

Mit Hilfe unserer Übersetzerin Ayhan frage ich die Jungen und Mädchen, ob sie glücklich sind. Sie nicken eindeutig mit dem Kopf. Kinder können sich mit den unbeschreiblichsten Situationen arrangieren, viel besser als Erwachsene. Trotzdem fühle ich mich nicht wohl dabei, sie eingesperrt zu sehen. Sie dürfen nicht raus, und wir dürfen nicht rein. Ich atme tief durch, denn es schüttelt mich.

«Wie gut geht es uns zu Hause!», rufe ich aus. «Ich kann schlafen gehen, ohne dass da Leute mit Maschinengewehren herumstehen, ohne dass ich Angst um meine Familie haben muss, dass meine Angehörigen erschossen werden, wenn sie friedlich demonstrieren. Ich kann sagen, was ich will. Mir geht dieses Lager echt unter die Haut ...»

«Lager gibt es auch bei uns in Deutschland», wirft Rainer ein.

«Meinst du die Asylbewerberheime?»

«Genau.» Dann fügt er noch hinzu: «Willkommen im Wahnsinn der Normalität.»

Nachdenklich steigen wir wieder in die Autos. Für uns geht es weiter. Für Mahmet und tausend andere ist hier Endstation. Wer weiß, für wie lange. Das tut weh.

Wir fahren nach Mersin, dort soll es eine Fähre in den Libanon geben, so hörten wir, allerdings fahre sie nur einmal in der Woche und vergangene Woche überhaupt nicht, da sei sie defekt gewesen. Ob sie inzwischen repariert wurde, kann uns niemand sagen.

Zum Glück finden wir ein wunderbares Hotel direkt am Mittelmeer. Ein wenig Ruhe und Nichtstun sind wohltuend, und der Pool erfrischt unsere Gemüter. Von allen fällt der Stress der ersten Drehetappe ab. Ich sitze im Liegestuhl und lasse die Erlebnisse nachwirken, es ist unser letzter Tag in der Türkei. Was für ein schönes, kulturell reiches Land habe ich gesehen, wenn auch nur einen Bruchteil davon – gigantische Städte, hohe Berge, Küsten, Hochplateaus. Wie viel Freundlichkeit ist mir entgegengebracht worden, und wie viele Türen haben sich vor mir geöffnet – das nehme ich mit. Aber die Türkei ist auch ein Land mit Brüchen, mit weniger freundlichen Gesichtern, in dem die Frauen unterdrückt, in dem Presse- und Religionsfreiheit nicht ernst genommen, in dem Menschenrechte oder die Rechte von Kindern verletzt werden.

Religiösen Fanatismus habe ich nicht erlebt. Allerdings eine starke Präsenz von alten Traditionen, die im Konflikt stehen mit westlicher Lebensart. Die Türkei ist der einzige Staat, der eine muslimische Demokratie ist. Muslimisch und laizistisch. Für andere islamische Staaten kann das Signal und Vorbild sein, sich demokratischen Strukturen zu nähern, für westliche Länder eine Chance, die allgegenwärtige Angst vor dem Islam zu mindern. Als Brücke zwischen Ost und West vermag dieses Land eine wichtige Vermittlerrolle zu spielen. Und was die Aufnahme in die Europäische Gemeinschaft betrifft, so bin ich mittlerweile dafür. Trotz aller Probleme, die noch zu lösen sind. Aber ein Familienmitglied – und in einer Gemeinschaft ist man ein Familienmitglied, auch in einer politischen – kann man schon mal beiseitenehmen und Klartext reden: «So geht es nicht weiter, ändere was!» Jemand, den man aber an der Tür betteln lässt, um in die Familie aufgenommen zu werden, wird sich für guten Ratschlag nicht bereit zeigen.

7

Im Land der Zedern und der Bombeneinschläge

«Seine Schenkel sind Marmorsäulen, auf Sockeln von Feingold. / Seine Gestalt ist wie der Libanon, / erlesen wie Zedern. Sein Mund ist voll Süße; / alles ist Wonne an ihm. / Das ist mein Geliebter, / ja, das ist mein Freund, / ihr Töchter Jerusalems.» Das Hohelied Salomons ist eines der schönsten biblischen Bücher. Ein Wechselgesang von zwei Menschen, die leidenschaftlich ineinander verliebt sind und sich gegenseitig (um genau zu sein: ihre Körper) mit den schönsten poetischen Bildern preisen. So erotisch, dass es bis ins 19. Jahrhundert in vielen Bibeln als einziger Text noch auf Lateinisch stand, während der Rest schon längst ins Deutsche übersetzt worden war – wahrscheinlich eine frühe Form von Jugendschutz.

Und will man auch uns schützen? Denn so leicht gelingt es uns nicht, ins Land der Zedern zu kommen. Zwar ist die Fähre, die in Mersin nach Tripoli ablegt, mittlerweile wieder instandgesetzt, und wir bekommen auch noch Tickets für die Überfahrt, aber unser Auto braucht zusätzlich einen Zollstempel – und dieser ist schon mit dem zuständigen Mitarbeiter nach Hause gegangen. Unbedingt, so geben wir dem Aufsichtsbeamten zu verstehen, muss dieser Mann erreicht und zurückgeholt werden, er muss uns noch heute die Ausreiseerlaubnis erteilen. Das klappt am Ende auch, jedoch haben die anderen Passagiere auf der bis auf den letzten Platz ausgebuchten Fähre zwei volle Stunden wegen uns warten müssen. Dank Ayhans Charme bekommen wir sogar noch Schlafkabinen – vorher waren sie alle scheinbar vergeben gewesen. Da die Überfahrt vierzehn Stunden dauert, ist das sehr angenehm.

Die etwa drei Quadratmeter große Kabine (ist es wirklich so viel?) beinhaltet vier Betten, jeweils zwei im Doppelstock, eine Toilette, eine Duschkabine sowie ein Waschbecken. Ein Fenster oder ein Bullauge sucht man vergeblich. Für Menschen mit Platzangst ist das kein guter Ort, aber zum Glück leide ich nicht darunter. Auf Deck steigt während der Überfahrt eine große feucht-fröhliche Party, dafür bin ich jedoch zu müde – ich lege mich früh in die Koje und lasse mich vom Wellengang und dem entfernten Gelächter in den Schlaf schaukeln, denke noch kurz daran, dass wir irgendwann Zypern passieren werden.

Um fünf Uhr morgens werde ich geweckt, auf keinen Fall soll der Sonnenaufgang verpasst werden, nach dem Motto: «Neues Land, neues Glück!» Eine sehr verschlafene Jordana blinzelt in die Kamera, als ich an Deck erscheine. Die Hafenstadt Tripoli kommt erst einige Stunden später in Sicht: ein Meer aus weißen Hochhäusern, gebaut auf einer Landzunge, die ins Mittelmeer hineinragt. Gebannt betrachte ich das Treiben des Frachthafens, je mehr wir uns ihm nähern. Es ist laut, es wird geschrien, gehupt und abgeladen. Der Hafen wirkt sehr schmutzig und ist wahrlich keine Augenweide. Neben uns entdeckte ich kleinere Boote, alle versehen mit der rotweißen Flagge, auf der eine grüne Zeder zu sehen ist, das Wahrzeichen des Libanon. Hinter der Stadtsilhouette erhebt sich eine malerische Bergkette, und nur vierzig Kilometer dahinter beginnt schon Syrien.

Mittlerweile ist es zehn Uhr vormittags. Von Bord dürfen wir nicht gehen, weil noch etwas geregelt werden muss, was, das erfahren wir nicht. Eine Stunde vergeht, zwei Stunden. Nichts tut sich, und auch die Luft steht schon. Seit zwei Stunden steht Bence am Hafenbecken und erwartet uns – er spricht Französisch, Arabisch und Hebräisch und wird auf unserer kommenden Etappe unser Übersetzer und Guide sein. Ayhan bleibt im Team, wird aber mehr organisatorische Aufgaben übernehmen. Wir winken ihm zu, mehr Kommunikation ist nicht möglich. Gegen Mittag dürfen wir die Fähre endlich verlassen, nur um weiter zu warten, dieses Mal in der prallen Sonne am Zoll. Zum Glück haben wir noch ein wenig Wasser dabei (warm soll es ja sowieso am bekömmlichsten sein), das wir geschwisterlich teilen. Und nicht zum ersten Mal bin ich froh, dass ich mich auf dieser Reise gegen den Schwesternhabit entschieden habe. Mein Gehirn fühlt sich an, als würde es sich in der Hitze unter der Schädeldecke immer mehr ausdehnen – unter dem Schleier würde es sich wahrscheinlich in Popcorn verwandeln!

Um dreizehn Uhr haben wir alle Papiere zusammen und dürfen durch den Zoll. Die Stadt fühlt sich an wie eine Sauna gerade nach dem Aufguss, die Luftfeuchtigkeit liegt schätzungsweise bei 70 Prozent. Meine Kleider sind feucht und kleben an meinem Körper. Da wir gerade bei Zahlen sind – gefühlte 80 Prozent der hier fahrenden Autos sind deutsche Fabrikate. Bei uns würde man Oldtimer dazu sagen, wenn man optimistisch gestimmt wäre; Pessimisten würden wahrscheinlich von Schrottkarren sprechen. Etliche Modelle stammen aus den siebziger oder achtziger Jahren. Das alte Eisen auf Rädern fährt hier aber putzmunter durch die Gegend, teilweise noch mit dem weißen «D»-Aufkleber versehen, manchmal für *Ein Herz für Kinder* werbend oder bedruckt mit vollständigen Adressen irgendwelcher Firmen und durchweg vierstelligen Postleitzahlen. Ob die ehemaligen Besitzer wohl ahnen, dass ihre alten Autos im Libanon noch etliche Kilometer machen? Ich habe direkt Lust, mal eine der Telefonnummern zu wählen und zu sagen: «Hallo, Herr Meier. Ich stehe gerade hinter Ihrem Transporter in Tripoli an der Ampel! Liefern Sie immer noch diese Spitzenrohre für Sanitäranlagen?»

Etliche der fahrbaren Untersetzer sehen «zusammengebastelt» aus, haben weder Rücklichter noch Spiegel und weisen erhebliche Unfallschäden auf – eingedellte Kotflügel sind noch das wenigste.

Ich sitze neben Bence im Auto, und er fährt. Er hat die Gelassenheit der Araber, was dazu führt, dass ich mich bei ihm auf Anhieb sicher fühle. Er sieht gut aus, schlank, kurzes lockiges Haar, dunkler Dreitagebart. So manch junge Frau wird sich im Lauf der nächsten Tage nach ihm umdrehen (natürlich nur die moderneren Araberinnen). Jetzt konzentriert er sich auf die Autoschlange vor ihm, und ich frage, mit zweifelndem Blick auf die Karosserien um uns herum, ob es hier einen TÜV gibt.

«Schon», antwortet er etwas vage und hupt, «aber ob ein Auto zwei Liter Öl auf hundert Kilometern braucht oder dreißig, interessiert im Grunde niemanden. Hauptsache, es fährt.»

Der hiesige TÜV schaut wahrscheinlich nach, ob alle Fenster drin sind, ob sich vier Reifen unter der Karosserie befinden, die Scheinwerfer angehen und – ganz wichtig – die Hupe funktioniert, denn ohne die kommt man hier nicht weit. Nach längerem Hinsehen entdecke ich aber auch viele Luxuskarossen, vor allem die mit dem Stern, weiterhin BMW, Audi sowie amerikanische Fabrikate.

«Gerade teure deutsche Autos sind bei Hisbollah-Funktionären sehr beliebt», klärt Bence mich auf, der meinen Blick verfolgt hat. «Und gelegentliche Bombenangriffe, wie die von israelischer Seite im Jahr 2006, lassen die Nachfrage steigen und kurbeln den Markt an, weil natürlich etliche Autos durch die Kämpfe zerstört werden.»

Bence hat einen trockenen Humor, der mir gefällt. Ernst erzählt er mir nun aber den Hintergrund der Auseinandersetzungen. Die ewigen Unruhen und Scharmützel zwischen den Konfliktparteien Hisbollah und Israel, so erfahre ich, waren im sogenannten

33-Tage-Krieg explodiert und führten dazu, dass die israelische Luftwaffe die meisten Radiosender, Brücken und sämtliche Infrastrukturen im Land zerstörte – und wahrscheinlich auch die letzten Sympathien, die manche Libanesen, vor allem die christlichen Maroniten, für das mächtige Nachbarland Israel noch gehabt hatten. Laut Aussage der UNO hatte aber die Hisbollah den Anlass für den Kriegsausbruch geliefert, was sie jedoch bis heute abstreitet. Wie auch immer: Der Verkehr jedenfalls hat sich wohl der Situation angepasst, denn den kann ich nur als kämpferisch bezeichnen. Wobei jede Form von Strategie fehlt. Jeder fährt einfach drauflos, dabei möglichst viel hupend. Der libanesische Regisseur Pierre Dawalibi, mit dem ich leider erst nach meiner Reise Gespräche über seine Heimat führe, wird mir berichten, dass die Zahl der Verkehrsunfälle im Libanon jedes Jahr um dreizehn Prozent steigt. Verkehrsregeln scheinen etwas für Schwächlinge zu sein. Ampeln gibt es erst seit wenigen Jahren, sie funktionieren aber nicht. Und wenn doch, so hält sich keiner an die Signale. Motorroller fahren sowieso am liebsten gegen die Fahrtrichtung. Abenteuerlich!

Faszinierend sind wiederum die Autoersatzteilmärkte, die Bence uns zeigt, ganze Straßenzüge, in denen Händler «Alles-rund-ums-Auto» anbieten: einzelne Kotflügel, Motorhauben, Türen, Heckklappen, Reifen, Sitze. Einfach alles! Mein Eindruck, dass die Autos zusammengebastelt sind, war also ein Volltreffer. Ich stelle mir das ungefähr so vor: Man kommt zu diesen Märkten und kauft dort ein wie beim Fleischer: «Zwanzig Kilo Mercedes, fünf Kilo Opel und ein Pfund Ford.» Und der Autohändler erwidert: «Darf's auch ein wenig mehr sein?»

Tripoli ist nur eine Zwischenstation für uns, unsere Basis werden wir in Beirut einrichten und von dort immer wieder losfahren, um unsere Interviewpartner zu treffen. Doch bevor wir uns Richtung Hauptstadt aufmachen, wollen wir unbedingt etwas essen. An einer Ausfallstraße finden wir schnell ein Lokal. Während der Wartezeit im Restaurant fällt mir gegenüber ein riesiger Parkplatz auf – nicht der erste. Parkplätze sind hier anscheinend freie Gelände zwischen Häuserblöcken, die nach dem «Tetris-Prinzip» zugeparkt werden. Die Autos stehen dabei nicht wie bei uns ordentlich in Reih und Glied, sondern jedes freie Plätzchen wird besetzt, oft quer und so eng, wie es eben geht. Mich wundert, dass man die Wagen nicht noch in die Höhe stapelt. Libanesische Fahrer lassen den Schlüssel beim Parkplatzwärter, der die Wagen zurück, nach vorne oder zur Seite rangiert, wenn eines der hinteren Fahrzeuge hinaus möchte, was im Prinzip ständig der Fall ist. Ich bin beeindruckt, der Platz ist wirklich effektiv genutzt. Bei uns in Deutschland wäre das nicht möglich. Wir betrachten unsere fahrbaren Untersetzer quasi als Erweiterung unseres Körpers, und wehe, da geht jemand Fremdes dran!

Das erste Essen im Libanon ist umwerfend. Der Kellner bringt uns Schälchen mit verschiedenen Soßen, eingelegtes Gemüse, frische Möhren mit Zitrone überträufelt, Joghurt, Brot, Reisgerichte, Salat und vieles mehr. Während ich alles probiere, denke ich über meine ersten Eindrücke nach – sie sind eher enttäuschend. Wahrscheinlich waren meine Erwartungen zu hochgesteckt, oder die Hitze ist mir aufs Gemüt geschlagen. Obwohl ich damit gerechnet habe, bin ich betroffen von den Kriegsschäden, die überall deutlich zu sehen sind: kreisrunde Serien von Einschusslöchern in Häuserwänden, ganze Gebäude zerstört nach Bombeneinschlägen, die nicht wieder aufgebaut wurden.

Dass Deutschland in Trümmern lag, habe ich nicht erlebt, weil ich noch nicht geboren war. Ich erinnere mich an die Bunker, in denen man (verbotenerweise) spielen konnte, ohne wirklich zu begreifen, was sie gewesen waren. Sicherlich kann man die Spuren des Zweiten Weltkriegs noch heute in jeder Stadt sehen: Stehen ziemlich hässliche Neubauten zwischen alten Gebäuden, kann man davon ausgehen, dass die neuen Gebäude Bombenlücken ausfüllen. Dennoch werden die beiden Weltkriege, die Deutschland zu verantworten hat, zu Geschichtsdaten. Die Generation, die den Ersten Weltkrieg miterlebt hat, ist ausgestorben, aber auch die Menschen, die den Zweiten Weltkrieg aus eigener Erfahrung kennen, werden immer weniger. Im Fernsehen kann man zwar fast jeden Tag Dokumentationen über diese Zeit sehen, dennoch ist Krieg zum Glück nicht in unserem Alltag präsent.

Das ist im Libanon anders. Vom Auto aus hatte ich an jeder Straßenecke schwerbewaffnete Soldaten gesehen. Bence hatte erzählt, dass es regelmäßig zu Straßenkämpfen in Tripoli komme, meist Sunniten gegen Schiiten, zwei islamische Glaubensrichtungen, bei denen Menschen ihr Leben verlieren, alles noch Folgen des Bürgerkriegs, der 1975 eskalierte, ein Machtkampf, der insgesamt fünfzehn Jahre andauerte und kein klares Ergebnis hatte. Da sollen sich sogar Christen untereinander bekämpft haben. An vielen zerschossenen Häuserwänden entdecke ich Plakate von «Märtyrern», deren Tod Auseinandersetzungen entweder anheizt oder neue entstehen lässt. Heute, ein Jahr später, führt der Konflikt in Syrien junge Männer aus Tripoli erneut in die Schlacht, in einer Art Spiegelung der innersyrischen Konflikte machen Sunniten (die in Tripoli in der Mehrheit sind) Jagd auf die alevitische Minderheit in der Stadt. Präsident Bashar al-Assad ist ja, wie gesagt, Alevit. Rauchwolken verdunkeln dann die umkämpften Viertel, die von der libanesischen Armee abgeriegelt werden, mehr kann sie nicht tun. Der Verkehr wird umgeleitet, und an der Strandpromenade treffen sich Familien zum Abendessen. Das sind die zwei Gesichter des Libanon, von Anfang an erlebe ich das Land so, als sei ich mitten in einem Kippbild. Es gibt eine schöne und kultivierte Seite, direkt hinter der nächsten Ecke zeigen sich aber die Spuren von Bombardements und Massakern.

Wir fahren weiter. Siebzig Kilometer sind es bis Beirut, das früher, vor dem Bürgerkrieg, «Paris des Ostens» genannt wurde. Es galt als die westlichste Stadt in der arabischen Welt, und bis heute ist der französische Einfluss sehr stark. Während wir uns am späten Nachmittag durch die Vororte Richtung Zentrum bewegen, kann ich nicht nachvollziehen, wie es zu dieser Bezeichnung gekommen ist. Die Gebäude sind noch zerbombter als in Tripoli, und man benötigt schon viel Phantasie, um hinter den Ruinen mit Einschusslöchern wie Pockennarben die ehemals schöne Architektur zu sehen. Direkt neben den Kriegsruinen befinden sich Baustellen, Wolkenkratzer, Schuttberge, Müll. Obwohl die Stadt reich sein soll, wie Bence erzählt, sieht es an einigen Stellen aus, als wären wir in einem Entwicklungsland.

Auf dem Weg in die Hauptstadt habe ich in einigen Dörfern Kirchen gesehen und mich gefreut – von Gotteshäusern habe ich in den letzten Wochen nicht viele entdecken können. Lange Zeit stellten Christen die Bevölkerungsmehrheit im Libanon und regierten das Land. Sie sind schon hier seit Jesu Zeiten, unterteilt in unzählige Gruppen, die ich zum Teil gar nicht kenne: Maroniten, griechische und syrische Orthodoxe, Katholiken, evangelische Christen, Melkiten, Chaldäer, Armenier. Ihre Entstehung geht meistens auf Abspaltungen zwischen dem vierten und achten Jahrhundert zurück, als es zu theologischen Auseinandersetzungen kam, die sich hauptsächlich darum drehten, wer Jesus gewesen sei – Gott, Mensch oder eine Art Doppel- oder Dreifachwesen. Fragen wurden gestellt: Wie kann der Sohn Gottes als Mensch sterben, ohne aufzuhören, Gott zu sein? War Jesus ein realer Mensch, oder hat er «nur» menschliche Gestalt angenommen? Wie kann ein Mensch einen anderen Menschen «erlösen»? Waren die Schmerzen von Jesus und sein Tod am Kreuz echt, oder konnte er als Gott Schmerz und Tod gar nicht erleiden? Ausdrücklich spricht Jesus von sich nur als «Menschensohn», er widerspricht aber auch nicht, als Petrus ihn «Messias» nennt – was hat das alles zu bedeuten? Anstatt diese spannenden Fragen in einem lebendigen Austausch zu erforschen, führten sie zur Trennung der Christenheit und sogar zur Verfolgung bestimmter Glaubensvorstellungen, die man als ketzerisch brandmarkte. Der Theologe und Orientalist Martin Tamcke beschreibt ihre Situation in seinem 2010 erschienenen Aufsatz «Das orientalische Christentum und seine Vielfalt»: «Die orientalischen Christen blicken auf eine wechselvolle Geschichte zurück. Neben Zeiten gewaltsamer Auseinandersetzung und Diskriminierung mit Muslimen gab es aber auch solche friedlicher Koexistenz (auch mit Juden), die zur Blüte aller Kulturen führten. Ohne diese Symbiose wäre der Orient nicht das, was er ist: ein wahres Schatzhaus für die Kulturgeschichte der Menschheit.»[6]

Der multireligiöse Frieden ist leider schon länger bedroht. Aufgrund von Pogromen, Massakern und Verfolgungen in den letzten zwei Jahrhunderten räumten mehr und mehr Christen die Nahost-Region, es kam zu großen Auswanderungswellen aus den arabischen Ländern – auch im Libanon, wo Christen und Muslime während des Bürgerkriegs um die Vorherrschaft rangen. Heute ist nur noch rund ein Drittel der Libanesen christlichen Glaubens, und das wirft neue Probleme auf. Denn alle Ämter – vom Präsidenten bis zum Bürgermeister – sind nach Konfessionen aufgeteilt, und die Hälfte wird von Christen besetzt. Proporzsystem wird das genannt, nur entspricht die Machtverteilung eben nicht mehr dem tatsächlichen Verhältnis der Bevölkerungsgruppen im Land. Seit 1932 hat es keine Volkszählung mehr gegeben, offenbar aus gutem Grund. Alle Minderheiten – auch die christlichen – verfolgen eher egoistische Inter-

6 Erschienen in: *Wort und Antwort*. Dominikanische Zeitschrift für Glauben und Gesellschaft. Heft 4. 2010, S. 155 ff.

essen und schließen entsprechende Koalitionen, die auch immer mal wieder wechseln. In diesem Land lag wahrscheinlich jeder schon mit jedem im Clinch – so kommt es mir zumindest vor.

Die Militärpräsenz wird zu einem permanenten Bild, überall gibt es Kontrollen, auch auf dem Weg in die Hauptstadt. Die Checkpoints sind meist erkennbar durch ein «getarntes» Häuschen mit Netzüberzug, vor dem Soldaten mit Maschinengewehren stehen, Autos anhalten und sich die Pässe zeigen lassen. Hat man Glück, wird man durchgewunken, wenn nicht, muss man zu weiteren Kontrollen an die Seite fahren. Immer wieder stieg an diesen Checkpoints eine diffuse Angst in mir auf. Was, wenn die Männer unsere Pässe behalten oder unser Auto auseinandernehmen? Tatsächlich sind das aber nur wilde Phantasien, denn die Soldaten winken uns stets freundlich oder eher gelangweilt weiter. Erst nach ein paar Tagen kommt mir die Idee, dass meine Befürchtungen wahrscheinlich mit alten, plötzlich wach gewordenen Erinnerungen an Fahrten durch die «Ostzone» zu tun haben. Die Schikanen an der deutsch-deutschen Grenze, vor allem durch überpenible Kontrolleure, sind mir noch sehr präsent. Jede Flasche Coca-Cola musste man verstecken. Eine Ausgabe des *stern* konnte Anlass für Schikanen sein – zum Beispiel stundenlanges Warten. Jede Tüte Gummibärchen war potenziell ein Grund für Drohgebärden, und jederzeit konnte man zurückgeschickt werden, auch ohne Begründung.

Die Libanesen empfinden die Checkpoints ganz anders, wie Bence erklärt, für sie bedeuten die Kontrollen die Gewissheit, dass jemand auf sie aufpasst, dass nicht Terroristen bis zum Dach vollgepackt mit Sprengstoff ungehindert in die Städte fahren. Die libanesische Armee scheint aber keine wirkliche Macht im Land zu sein, sie ist eher da, das Schlimmste zu verhindern.

Als wir in der Innenstadt von Beirut ankommen, ist es, als hätten wir eine unsichtbare Linie passiert. Rainer sitzt auf dem

Rücksitz und pfeift durch die Zähne. «Wow, jetzt sind wir aber in einer anderen Welt, oder? Die Straßen sind nicht nur intakt, sondern auch großzügig angelegt und tipptopp sauber.»

«Könnte auch die Kö sein», stimme ich ihm zu, «nur dass es in Düsseldorf kein Mittelmeer gibt.»

«Aber an der französischen Südküste», erwidert Rainer. «Schau mal, eine Cartier-Boutique. Und Dior!»

Luxusmeilen kenne ich nicht so viele, doch der Prunk ist nicht zu übersehen. Alle Gebäude sehen neu und teuer aus, haben Marmor- oder Glasfassaden, davor plätschern Brunnen.

«Eben noch Ruinen und Staub, jetzt der Tanz um das goldene Kalb», bemerke ich trocken.

Ich habe Armut gelobt, ich besitze kein Eigentum. Was ich verdiene oder geschenkt bekomme, gehört allen in unserer Gemeinschaft. Wir sind quasi kommunistisch – im eigentlichen Sinn des lateinischen Wortes: «*Communio*» bedeutet nämlich «Gemeinschaft». Die Einkommen berufstätiger Schwestern geben anderen die Freiheit, unentgeltlich zu arbeiten. Uns ist es wichtig, dass sich einige von uns in Diensten engagieren können, die nicht entlohnt werden. Was dem Orden gehört, kann ich nutzen. Ich bezahle keine Miete, und ich muss mich nicht um die Kosten für ein Auto kümmern; der Konvent hat Fahrzeuge, die in einer Art Car-Sharing zur Verfügung stehen. Als Erziehungsleiterin nutze ich einen Computer und habe sogar ein iPhone – als Dienstgerät. Ich habe ein eigenes Zimmer, die «Klosterzelle» in der Klausur, jenen abgeschlossenen Bereich, in dem nur wir Schwestern leben. Alle übrigen Räume sind Gemeinschaftsräume, und dort können wir auch Gäste und Freunde empfangen. In der Tasche habe ich etwas «Bedarfsgeld», für das, was ich gerade zum Leben brauche (auf der Reise komme ich gut damit aus). Somit bin ich nicht buchstäblich arm, im Gegenteil: Die Dinge, die mir zur Verfügung gestellt werden, einschließlich des Zimmers, in dem ich lebe, sind schön, und das Essen, das ich esse, ist von guter Qualität und reichlich. Das wird manchmal kritisiert: Wir Schwestern seien ja nicht bettelarm, heißt es dann, so könne man von einem Armutsgelübde wohl kaum sprechen. Stimmt. Was das materielle Leben betrifft, war im Mittelalter das Leben in einem Kloster sicherlich sehr viel entbehrungsreicher; heute schlafen wir jedenfalls nicht mehr auf Strohsäcken.

Keineswegs bin ich von einem Wunsch nach Askese geprägt – solche Menschen waren selbst in Klöstern stets eine kleine Minderheit. Armut zu geloben bedeutet für mich, immer wieder zu überprüfen, ob ich etwas wirklich benötige oder nicht; es ist eine Auseinandersetzung mit dem Thema Sein und Haben. Den Impuls, etwas haben zu wollen, finde ich menschlich. Ich selbst habe ihn auf dieser Reise schon gespürt. Stichwort: Wollteppich in Konya! Ja, er sähe wundervoll in meinem Zimmer aus, ich hätte eine Erinnerung an diese Tour immer vor Augen (beziehungsweise unter den Füßen) gehabt. Aber brauche ich das? Die Antwort ist meistens: nein. Erstaunlich, oder? Ich habe gelobt, mit einem einfachen Leben zufrieden zu sein, und Verzicht ist Teil meines Alltags. Ehrlich gesagt, tut es mir gut. Gewiss gönne ich mir hin und wieder ein Eis, ein Abendessen mit Freunden oder ein schönes Buch. Aber das genügt. Als ich vor wenigen Monaten innerhalb des Kinderdorfs umzog, war für meine Sachen kein Lkw nötig. Ein paar Schubkarren reichten. Das fühlte sich leicht und unbeschwert an!

Wie sorgenvoll erscheinen mir hingegen Menschen, die materiell reich sind. Je mehr sie besitzen, desto mehr scheinen sie zu fürchten, es wieder zu verlieren. Mal abgesehen davon, dass sie nie sicher sein können, ob andere sie um ihrer selbst willen mögen oder nur, weil sie betucht sind. Hab und Gut beschäftigt die Menschen und bindet sie, denn man muss das Eigentum organisieren, pflegen und schützen. Ich bin froh, dass ich das nicht muss. Diese Reise zum Beispiel ist Luxus für mich. Aber hätte sie nicht geklappt, wäre es auch gut gewesen. Mein Leben wäre deswegen nicht weniger erfüllt.

Die ersten Armutsgelübde richteten sich übrigens gegen Kirchenfürsten und Päpste, die in Saus und Braus lebten, und zwar auf Kosten der Armen. Menschen wie Franz von Assisi und Dominikus wollten in ihrer Radikalität nach dem Vorbild von Jesus leben, und es gab viele, die es ihnen nachtaten. So entstanden die Bettelorden. Das war revolutionär und in den Augen der damaligen Kirchenfürsten gefährlich. Aber auch Jesus, der Sohn Gottes, hatte keinen Palast gehabt, aß nicht von goldenen Tellern, und er würde heute sicherlich keinen Porsche fahren. Er war besitzlos, ging zu Fuß und freute sich über das, was die Menschen ihm gaben. Er lehrte, dass Haben nicht wesentlich sei, sondern vom Eigentlichen ablenke, vom Sein, von Gott, von innerer Lebensfülle. Daher sagt er im Matthäusevangelium: «Ein Reicher wird nur schwer in das Himmelreich kommen.» Im Gleichnis vom reichen Mann und dem armen Lazarus nennt er den Grund dafür: Selbstsucht und mangelndes Mitgefühl. Der Reiche lässt den Armen vor seiner Tür liegen, hungernd und von Wunden übersät, er selbst lebt aber alle Tage seines Daseins in Pomp und Prunk.

Das Gleichnis erzählt weiter, dass der Reiche in die Hölle kommt, Lazarus aber im Schoße Abrahams zur Ruhe gebettet wird. Ich glaube nicht, dass es so einfach ist oder dass ausgleichende Gerechtigkeit erst im Himmel stattfinden wird. Ich bin überzeugt, dass wir den Himmel auf Erden selbst erschaffen müssen – als Reiche und Arme, denn ich kenne auch Menschen mit viel Geld, die damit Gutes tun.

In dem österreichischen Dokumentarfilm *We Feed the World – Essen global* (2005) wird sichtbar, wie gedankenlos wir zum Beispiel mit Nahrung umgehen. Tonnen um Tonnen von Essen landen auf dem Müll, und auch das Kinderdorf bekommt von den umliegenden Supermärkten immer wieder Obst und Gemüse geschenkt, das sonst weggeworfen würde: Sobald eine winzige Macke den Apfel verunziert, wird er aus der Theke genommen, weil niemand ihn mehr kaufen will. Je stärker wir auf Wachstum setzen – für mich das goldene Kalb der westlichen Kultur –, desto gewaltiger wird die Ausbeutung an anderen Orten in der Welt, so, wie es mir auch der Film über die türkischen Haselnusskinder gezeigt hat.

Mutter Teresa hat einmal gesagt: «Gott hat den Menschen geschaffen, nicht die Armut», und sie meinte damit: Wir sind es, die Armut erschaffen, indem wir die ungerechte Verteilung der Güter dieser Welt zulassen. Wir sind es, die unser persönliches Haben-Wollen über die Bedürfnisse aller stellen. Wir sehen nicht, was die Konsequenzen unseres Lebensstils für andere sind, weil die Tür zwischen uns und Lazarus geschlossen ist. Wir haben die Slums und Elendsviertel nicht vor Augen oder die Kinder, die sich aus dem Müll ernähren. Wir bekommen nicht hautnah mit, was unser Wohlstand diejenige kostet, die ihn ermöglichen. Sonst könnten wir nicht so leben, als wäre das alles normal.

Wie kann die Not der Welt uns nahe kommen, so nahe, dass wir bereit sind, die Tür wieder zu öffnen, unseren Lebensstil zu ändern, Verzicht zu leisten, selbst ein bisschen ärmer zu werden? Ich glaube: nur durch das Erlernen eines globalen Mitgefühls und zugleich durch die Wertschätzung für ein maßvolles Dasein. Das Armutsgelübde weist mich auf diese Dimensionen hin, mit dem vorhandenen Wohlstand verantwortungsvoll und genügsam umzugehen. Keinen Strom zu vergeuden. Wasser zu sparen. Fair einzukaufen. Nie würde ich in einem Billigladen eine Jeans für zehn Euro erstehen, weil ich weiß, dass irgendwo in der Welt eine bettelarme Näherin für fünfzig Cent Tageslohn diese Jeans genäht hat, um ihre Kinder durchzubringen. Ich höre oft: «Aber wir müssen doch billig kaufen, wir leben von Sozialhilfe.» Diese Rechnung geht nicht auf. Billige Sachen gehen schnell kaputt, und dann muss man neue billige Sachen kaufen. Am Ende kommt es aufs Gleiche raus. Mir ist klar, dass mein Verzicht nur ein Tropfen auf einem heißen Stein ist. Aber selbst mit einem kleinen Tropfen will ich Verantwortung tragen und derer gedenken, die es nicht so gut haben. Die Hölle ist, wenn man nur für sich selbst lebt und die anderen nicht mehr wahrnehmen kann.

Was macht mich reich? Was ist wirkliche Fülle? Viktor Frankl, von dem ich während meines Studiums viel gelernt und den ich schon erwähnt habe, sagte in seinem Buch *Das Leiden am sinnlosen Leben*, wahrer Reichtum bestünde darin, eine Erfüllung im Leben zu finden. Dabei ist er nicht überzeugt, dass es diesen Sinn einfach so gibt – jeder Mensch muss ihn selbst entdecken. Als er nach Auschwitz überstellt wurde – der jüdische Arzt war Häftling in mehreren Konzentrationslagern der Nazis –, musste er mit ansehen, wie Mithäftlinge Selbstmord begingen. Sie liefen in den elektrischen Zaun, weil sie die Hoffnung verloren hatten, dass es jemals besser würde. Da versprach er sich, seinen Lebenssinn nie aufzugeben. Immer wenn es unerträglich wurde, dachte er an seine Frau, von der er hoffte, sie würde draußen auf ihn warten. Und er stellte sich vor, wie er als Professor seinen Studenten über all das Erlebte aus psychologischer Sicht berichten würde. Im Konzentrationslager Theresienstadt schrieb er handschriftlich auf einen Zettel: «Es gibt nichts auf der Welt, das einen Menschen so sehr befähigt, äußere Schwierigkeiten oder innere Beschwerden zu überwinden, als das Bewusstsein, eine Aufgabe im Leben zu haben.»[7] Als Viktor Frankl befreit wurde, wartete niemand auf ihn, seine ganze Familie war ausge-

7 Siehe: www.viktorfrankl.at / Theresienstadt2.jpg

löscht. Selbst in dieser Situation gab er nicht auf. Das Bewusstsein, anderen Menschen mit seinen Therapien helfen zu können, füllte sein Leben von nun an mit Bedeutung. Ich bewundere diesen Mann zutiefst, der angesichts grauenvoller Erfahrungen den Schluss zog, jeder Mensch habe einen «Willen zum Sinn».

Die wohl interessanteste Beobachtung machte er, nachdem der Krieg längst vorbei war. Als der materielle Wohlstand in den Nachkriegsjahren wuchs, sah er eine wachsende innere Leere sich ausbreiten. Er erklärte das so: «Im Gegensatz zum Tier sagen dem Menschen keine Instinkte und Triebe, was er tun muss. Und im Gegensatz zu früheren Zeiten sagen ihm heute keine Traditionen mehr, was er tun soll. Weder wissend, was er tun muss, noch wissend, was er soll, weiß er eigentlich auch nicht mehr recht, was er eigentlich will.»[8] Die Folge lag in seinen Augen auf der Hand: Entweder tun Menschen fortan, was alle anderen machen – dann wird Konsum eine Ersatzbefriedigung für fehlenden Lebenssinn und Shoppen gehen ein Antidepressivum. Besitz muss die «tödliche Langeweile» beseitigen, die nach Frankl das deutlichste Symptom eines existenziellen Vakuums ist. Wahrscheinlich lassen wir uns deshalb so gern von schlechten Fernsehprogrammen berieseln: Hauptsache, wir sind beschäftigt, egal, wie, nur damit wir nicht in Kontakt kommen mit der leeren Stelle in unserem Inneren, mit den wirklichen Fragen und unserer Hilflosigkeit bei dem Gedanken, dass wir keine Ahnung haben, in welche Richtung wir gehen sollen. Oder was wir mit Lazarus tun sollen, der vor unserer Tür liegt.

Genügsamkeit ist ein wunderbar ausgeglichener und sorgenfreier Zustand. Meiner Meinung nach tritt er ein, wenn ich innerlich genährt werde, durch einen Beruf, der mich erfüllt, die

---

8 Frankl, Viktor: Der Mensch vor der Frage nach dem Sinn. Eine Auswahl aus
    dem Gesamtwerk. München 1985, S. 15

tiefen und freundschaftlichen Begegnungen, die ich habe, neue Erfahrungen, die meinen Horizont erweitern, durch den Frieden in der Natur, die Schönheit der Musik, durch einen Vogelgesang am Morgen. Das spirituelle Leben bereichert mich, die Exerzitien, in denen ich innere Themen mit einem geistlichen Begleiter anschauen und Dinge in mir verändern und wachsen lassen kann. Reich machen mich die Gemeinschaft und das Vertrauen, das mein Orden in mich setzt, das die Kinder in mich setzen – all das schafft eine Erfüllung in meinem Leben, den kein Luxus mir geben kann.

Meine Beziehung mit Gott ist aber der größte Reichtum für mich, und der spirituelle Sinn des Armutsgelübdes ist es, mein Inneres leer und frei zu machen von äußeren Wünschen. Die Stille, die dann eintritt, ist in kostbaren Momenten eine Frucht des Gebets. Oder sie geschieht einfach so. Und wenn ich leer von meinem Eigenen bin, von meinen Plänen und meiner Selbstsucht, da kann Gott in mich einströmen und den Raum füllen. Das ist die Seligkeit derer, die arm sind vor Gott, von der Jesus spricht. Wenn ich aus dem Weg trete, kann Gott in mir wirken, wie es Meister Eckhart in seiner Predigt *Von der Erneuerung des Geistes* ausdrückt: «Aber mit Gott sollst du dich niemals begnügen, denn von Gott kannst du nie genug haben: Je mehr Gottes du hast, je mehr begehrst du seiner; denn könntest du dich mit Gott begnügen, sodass Gott vom Genug betroffen würde, so wäre Gott nicht Gott.»[9]

Aber zurück nach Beirut. Als wir nach dem Einchecken und Auspacken zu Fuß zum Meer wandern, ist es später Abend. An der Strandpromenade herrscht reger Betrieb. Wir treffen Spa-

9 Meister Eckharts mystische Schriften. Aus dem Mittelhochdeutschen in unsere Sprache übertragen von Gustav Landauer. Berlin 1903, S. 152

ziergänger und Jogger, überall sitzen die Menschen zusammen. Auch hier sind die Kinder dabei – Väter tragen ihre Kleinen stolz auf den Armen, Horden von Rabauken toben über die Promenade und werden mal beköstigt, mal ausgeschimpft. Wie die wohl morgen aus dem Bett kommen werden, wenn sie zur Schule gehen müssen?

Wir drehen nur eine kleine Runde und verabschieden uns dann von dem bunten Treiben am Meer – ich mit einem Lächeln auf den Lippen. Unser Hotel liegt nur einen Straßenzug vom Wasser entfernt. Es verfügt über Appartements, die man auch für längere Zeit mieten kann. Und eine solche Unterkunft «für länger» habe ich bekommen, mit einer kleinen Küche, einem Wohnzimmer und einem Bad. Ein tolles Gefühl, nachdem bisher jeden Tag ein neues Bett auf mich gewartet hat. Glücklich schlafe ich ein – trotz einer lauten Klimaanlage. Ein gutes Zeichen.

8

Angela Merkel als Eigentümerin von Berlin-Mitte? Häuserkampf im Libanon

Am nächsten Vormittag schaue ich aus dem Fenster meines Appartements im achten Stock. Was ich sehe, kommt mir schon seltsam vertraut vor: ein zerbombtes altes Haus, unmittelbar daneben ein Hochhaus im Rohbau sowie ein supermodernes Gebäude, das, wie man mir erzählt hat, von Leuten aus Saudi-Arabien bewohnt wird. Sie müssen reich sein, so luxuriös, wie das Ganze erscheint. Zwischen der Ruine und der Baustelle kann ich das stille blaue Mittelmeer sehen.

Es klopft an der Tür: «Jordana, wir müssen los», ruft Rainer.

Wenig später sind wir wieder unterwegs. Mein Copilot steuert den Chevi, aber selbst er, der leidenschaftlich gern hinter dem Steuer sitzt, findet es auf Libanons Straßen stressig. «Verglichen mit dem Verkehr in diesem Land, sind die Städte in der Türkei verkehrsberuhigte Zonen», schimpft er, als ein Mopedfahrer quer über den Weg schießt und durch diese Aktion mindestens fünf Autofahrer in Kollisionsgefahr bringt.

«Langsam gewöhne ich mich dran», erwidere ich und entdecke wahrhaftig etwas wie orientalische Gelassenheit an mir. «Nur die permanente Überdosis an Autoabgasen finde ich schwierig.»

Wir bewegen uns in den Nordosten der Stadt. Der fünfzehn Jahre während Bürgerkrieg hat die Religionen voneinander getrennt, die Viertel von Beirut sind unter den Konfessionen aufgeteilt. Im hauptsächlich von Christen bewohnten Stadtteil Achrafieh haben wir uns mit Zeid Hamdan verabredet, gebürtiger Beiruter, Sänger und Musiker. Wir treffen ihn vor einem Café. Er kommt mit einem breiten Lachen auf uns zu, wilde dunkle Locken, der übliche Dreitagebart bei Künstlern. Nach freudigem Händeschütteln führt er uns gut gelaunt durch seine Welt: *Let's go!* Wir biegen in eine kleinere Nebenstraße ab, und Zeid zeigt stolz auf mehrstöckige Häuser mit schönen Bogenfenstern, Erkern und umlaufenden Balkonen.

Rainer spricht aus, was ich denke: «Sieht französisch aus.»

«Gut beobachtet», sagt Zeid und erklärt: «Die meisten Häuser sind um 1940 gebaut worden oder noch früher. Sie stammen aus der französischen Kolonialzeit. Viele Libanesen sprechen ja auch Französisch und Arabisch. Aber was ich eigentlich sagen will: Achrafieh ist eine eigene Welt, viele Künstler leben hier, das Viertel ist fast wie ein Dorf in der Stadt. Jeder kennt jeden, die Leute sind sich nahe. Leider wurden in den letzten Jahren Hunderte der historischen Gebäude abgerissen. Und die, die noch stehen, deren Tage sind gezählt. Sie sollen abgerissen werden.»

Es stimmt: Die meisten Fassaden bräuchten dringend einen Anstrich, etliche Häuser benötigen eine grundlegende Sanierung. Kein Kabel ist ordentlich verlegt, die Leitungen werden an den Gebäuden entlanggeführt und bilden Strippenknäuel an den Ecken – für einen deutschen Elektriker wäre das ein Albtraum. Aber deshalb gleich abreißen? Das leuchtet mir nicht ein.

«Bei uns wäre so etwas ein Politikum, es würde einen Volksaufstand geben, würde man all diese schönen Häuser Planierraupen überlassen.» Rainer spricht mir aus dem Herzen, er sieht richtig ärgerlich aus.

Zeid reibt vielsagend Daumen und Zeigefinger aneinander: «*Money, money*, mein Freund! Das alte Beirut wurde zerbombt, das neue soll wie Phönix aus der Asche steigen und ein boomender Wirtschaftsplatz im Nahen Osten sein. Bald wird es hier nur noch riesige Malls, Fitness-Clubs und Popcorn-Läden geben. Dann werde ich wie die meisten meine Miete nicht mehr bezahlen können, und Achrafieh wird ein Reservat für Superreiche.»

«Eine Schande», so nennt es die Bürgerinitiative «Save Beirut Heritage», die für den Erhalt alter Häuser (und jeder Menge antiker Ruinen aus der Römerzeit) kämpft. Bislang konnte sie 250 Gebäude vor dem Abriss bewahren – immerhin. Bei einem Abstecher in ein kleines Internet-Café bringt Zeid uns mit Omar zusammen, einem guten Bekannten, der sich regelmäßig auf der Facebook-Seite der Initiative herumtreibt. Die Mitglieder warnen sich dort gegenseitig, wenn irgendwo alte Häuser eingerüstet werden oder Bauarbeiten beginnen. Sie kontrollieren dann, ob die Arbeiten legal sind. Häufig scheint hier im wahrsten Sinn des Wortes «Raubbau» betrieben zu werden, wie Omar mich aufklärt:

«Das historische Erbe Beiruts und die ganzen alten Häuser werden seit den neunziger Jahren systematisch zerstört. Dafür verantwortlich ist Solidere, das größte Bauunternehmen im Land. Es ist ein offenes Geheimnis, dass unser einstiger Premierminister Rafik al-Hariri, der 2005 bei einem Bombenattentat ums Leben kam, de facto Eigentümer von Solidere war. Dem Bauriesen gehört die gesamte Innenstadt von Beirut. Aber anstatt den zerstörten Stadtkern wieder aufzubauen, so, wie man es uns versprochen hatte, wurde eine gigantische Geldmaschinerie in Gang gesetzt: Das Herz von Beirut ist dadurch seelenlos geworden, die Stadt mutiert zu einer leeren Fassade, und wir können nur wenig dagegen machen.»

«Wäre es zu teuer, die alten Stadtteile zu sanieren, oder was steckt dahinter?» Und auch Omar reibt die Finger aneinander, wie zuvor schon Zeid, nachdem Rainer die Frage gestellt hat. «Es geht um maximalen Gewinn. Hochhäuser bringen mehr Einnahmen als dreistöckige Wohnhäuser. Aber das hat fatale Konsequenzen: Anstatt die Wunden zu heilen, denkt man allein daran, dass die Bewohner durch die alten Häuser daran erinnert werden könnten, was Beirut einst gewesen war. Man will aber nur eins: das kollektive Gedächtnis systematisch planieren und auslöschen. Aber etwas Gefährlicheres kann man gar nicht machen. In Deutschland hat das Schweigen über die Nazizeit doch auch zu Protesten geführt, oder?»

«Das ist wahr», stimme ich zu. «Aber jetzt werden die Erinnerungen an die Schrecken des Krieges bewahrt, und das ist vielleicht eine Garantie dafür, dass Menschen nicht erneut das Gleiche tun.»

«Und ähnlich denke ich auch», bekräftigt mich Omar. «Im Libanon flammen aber nicht nur die Konflikte immer wieder auf, sondern man hat auch einen großen Deckel auf die Vergangenheit gelegt. Nichts wird aufgearbeitet. Durch die Zerstörung der historischen Wurzeln, einschließlich der antiken Ruinen, wissen wir überhaupt nicht, wer wir sind. Und wer nicht weiß, wer er ist, bleibt kleben an Sektierern, wird Anhänger feudaler Führer. So entsteht etwas Totalitäres.»

«Setzen denn feudale Führer die Menschen im Libanon unter Druck?»

«Es gibt Clans und Familien, die seit Jahrhunderten große Teile unseres Landes beherrschen», klärt Omar uns auf. «Die Hariri-Familie ist nur eine von vielen. Seit Generationen unterhält sie intensive Beziehungen zum saudischen Königshaus – Saad al-Hariri, der Sohn des ermordeten Präsidenten, hat sogar die saudische Staatsbürgerschaft. Die Saudis sind die größten Investoren im Land, Libanesen jedenfalls können sich die Luxusappartements an der Corniche, der Strandpromenade, nicht leisten.»

Die enge Verbindung der sunnitischen Hariris mit Saudi-Arabien ist eines von vielen Beispielen dafür, wie libanesische Herrscherfamilien mit ausländischen Mächten verstrickt sind, die auf diese Weise automatisch Einfluss auf das kleine, aber geopolitisch extrem wichtige Land mit Zugang zum Mittelmeer nehmen. Entsprechend sind die libanesischen Schiiten eng mit Syrien und dem Iran verbunden, ebenso wie die libanesischen Christen – vor allem die Maroniten – mit Frankreich.

«Saad al-Hariri ist im Grunde nur eine Schachfigur der Golfstaaten und damit indirekt auch westlicher Interessen», fährt Omar mit spürbarer Wut fort. «Aber das ist nicht allein seine Schuld, sondern er hat diese Rolle sozusagen geerbt. Man kann ihn nicht losgelöst von Solidere sehen. Diese Baufirma setzt Hausbesitzer unter Druck, kauft Gebäude für wenig Geld von Leuten, die finanzielle Probleme haben. Zurzeit wird die gesamte Mittelmeerküste in Privateigentum verwandelt. Das ist illegal. Trotzdem gibt es keine Schwierigkeiten, egal, was sie machen. Es existieren keine starken Gesetze wie in Deutschland, die sie daran hindern könnten.»

Es ist schwer, mir die Situation in Beirut genau vorzustellen. Wie würde Deutschland aussehen, wäre Kanzlerin Angela Merkel (über Strohmänner) die Eigentümerin von Berlin-Mitte, inklusive Reichstag, Brandenburger Tor und Museumsinsel? Wenn sie alles abreißen (natürlich, ohne die Bevölkerung zu fragen), stattdessen nur noch moderne Betonklötze errichten ließe und die entstandenen Nobelappartements «Unter den Linden» an politische Freunde aus dem Ausland verkaufen würde? Undenkbar bei uns (wenigstens nahezu) – im Libanon normal.

Um mehr über die libanesische Gesellschaft zu erfahren, empfiehlt mir Omar einen Film: die 2009 produzierte Dokumentation *The Lebanon I dream of*. Hier erzählen fünfundvierzig Künstler, Journalisten, Aktivisten, Anwälte, Ärzte und Unternehmer von ihrem Alltag: Sie entwerfen das Bild eines uneinigen Volkes, das von mächtigen Riesen beherrscht wird, die diese Schwäche ausnutzen. Mit dem Regisseur, dem schon erwähnten Pierre Dawalibi, nehme ich im Anschluss an die Reise Kontakt auf, wir führen ein paar längere Skype-Telefonate, während deren er mir noch einiges verdeutlicht. Dass die Libanesen sich nicht als *ein Volk* sehen, macht es schwach und öffnet der Korruption Tür und Tor, davon ist er überzeugt, und er erzählt mir ein alltägliches Beispiel dafür:

«Ich wollte in Beirut meine Eheschließung anmelden und brauchte dazu eine Bescheinigung vom Amt. Ich machte den Fehler, zwischen meine Unterlagen nicht ein paar Scheine zu stecken, was dazu führte, dass der zuständige Beamte, als ich sein Büro betrat, mich weder grüßte noch ansah, noch mit mir redete. Er ließ mich vor seinem Tisch stehen, als sei ich ein Bettler. Als ich ihn fragte, was los sei, bellte er mich an, er hätte keine Zeit, er sei beschäftigt. Als ich ihn fragte, wann er meine Angelegenheit erledigen könne und wann ich wiederkommen solle, schrie er, ich solle verschwinden. Da bin ich ausgeflippt und habe zurückgebrüllt. Wir hatten eine heftige Auseinandersetzung, bei der wir uns fast prügelten. Weil er aber vom Gesetz her verpflichtet ist, seine Arbeit zu tun, und ich einen Riesenaufstand gemacht habe, wurde er innerhalb weniger Tage versetzt. Jetzt lässt er woanders die Menschen nach seiner Pfeife tanzen. So ist es überall im Libanon. Und wer hat schon die Kraft, für seine Rechte zu kämpfen, wenn selbst die Staatsangestellten sich nicht an sie halten? Die allerwenigsten.»

Im Internetcafé denke ich laut: Abgesehen von einem friedlichen Aufstand 2005, der den fünfzehn Jahre währenden Aufenthalt syrischer Truppen im Land beendete, gab und gibt es also kein «einig Vaterland» unter dem Banner der Zeder. Es ist somit kaum möglich, gemeinsam etwas zu erreichen, oder?

Zeid und Omar bestätigen das. «Die einzelnen Gruppierungen bleiben weitgehend isoliert – auf Befehl der jeweiligen Führer», beklagt Zeid. «Man verteilt die Posten unter sich, man redet übereinander anstatt miteinander.» Und Omar fügt hinzu: «Jeder macht seine eigenen Regeln, zur Not mit der Waffe in der Hand.»

Die Bilder und Plakate von Märtyrern haben wir ja schon überall gesehen. Mir schwirrt der Kopf angesichts einer solch verwirrenden Lebenssituation. In mir steigt ein Gefühl von großer Wertschätzung für mein Heimatland auf, denn ich erlebe die meist korrekte und freundliche Behandlung in unseren Ämtern als eine Selbstverständlichkeit. Meine Ausweise und Anmeldungen bekomme ich ohne Schmiergeld und oft sehr schnell, ab jetzt werde ich das als etwas Außerordentliches betrachten ...

Wir verabschieden uns von Omar und schlendern weiter. Zeid gewährt uns einen Einblick in sein Privatleben, lädt uns in seine Altbauwohnung ein, die auch am Prenzlauer Berg liegen könnte. Hier ist das dritte Jahrtausend noch nicht eingezogen, von Glitzer keine Spur: dafür hohe Decken, Fenster mit grünen Holzläden, ein großer Raum, der als Studio und Proberaum dient, diesmal fliederfarben gestrichen. Der Boden ist von alten Fliesen bedeckt, überall stehen Lampen im Retro-Stil. Mit einem Wort: gemütlich. Während Zeid Tee kocht, machen wir es uns in seiner Couchecke bequem. Als wir alle beisammensitzen, fragt Rainer: «Es muss schwierig sein, als Künstler in diesem Land zu leben. Stimmt es, dass du wegen eines Songs im Gefängnis gelandet bist? Was ist passiert, war der Text zu kritisch?»

«Eigentlich nicht», antwortet Zeid und rührt in seinem Teeglas. «Es ist eher ein lustiger Song. Er heißt ‹General Suleiman›.»

«Ist nicht wahr», ruft Rainer aus, «den kenne ich sogar.» Und er fängt an, im Reggae-Rhythmus zu wippen: «*Generaaaaal Suleiman, you're a miracle man!* Das ist wirklich ein Gute-Laune-Song, und es gibt ein lustiges Video dazu.»

Zeid ist entzückt, dass ein Deutscher sein Lied kennt. Ich muss passen, also schauen wir gemeinsam das Video auf YouTube an: Fröhliche junge Leute tanzen auf der Straße und fordern General Michel Suleiman auf, die Waffen niederzulegen und nach Hause zu gehen. Ein mindestens siebzigjähriger Arnold-Schwarzenegger-Opa lässt dazu seine (immer noch beeindruckenden) Muskeln spielen. Wie symbolisch!

Rainer singt mit, und auch ich falle bald automatisch in das sich wiederholende *Go home* ein. Zeid lacht über unsere Performance, dann klappt er den Laptop wieder zu. «Ich habe das Lied geschrieben, bevor Michel Suleiman unser Präsident wurde», sagte er. «Damals war er noch Generalstabschef der libanesischen Streitkräfte gewesen. Man behauptete, ich hätte ihn beleidigt – und buchtete mich ein. Dabei habe ich ihn überhaupt nicht angegriffen, wenn man richtig zuhört.»

Sollte ich richtig gehört haben, sollen *alle* nach Hause gehen, die für die augenblickliche Misere der Nation verantwortlich sind: die geldgierigen Bauspekulanten, die korrupten Politiker, Waffenhändler, ausländischen Geheimdienstler, die einflussnehmenden Nachbarländer und Drogendealer. Es ist eine recht umfassende Aufzählung, scheint mir.

«Und wie lange hast du dafür gesessen?», frage ich besorgt nach.

«Oh, nur einen Tag», antwortet Zeid amüsiert. «Du musst dir vorstellen, dass mich zuvor kaum jemand kannte. Manchmal kam nur ein Dutzend Fans zu meinen Konzerten, na ja, vielleicht waren es auch fünfhundert. Aber jetzt standen auf einmal dreitausend Leute vor dem Gefängnis – dem Internet sei Dank –, und sie demonstrierten so lange, bis man mich wieder auf freien Fuß setzte.»

«Dann bist du seitdem also eine Berühmtheit in Beirut?», frage ich im Tonfall eines begeisterten Fans.

«*Unglaublich* berühmt», versichert mir Zeid mit gönnerhaft wichtiger Miene.

«Ich möchte sofort ein Autogramm», bitte ich bescheiden, und wir prusten beide los. Wir albern noch ein wenig herum, er spielt den Superstar, ich den anhimmelnden Groupie.

Ich finde den Song vor allem pazifistisch, und das sage ich schließlich auch.

«Ich bin überzeugt von Ideen wie Frieden, Toleranz und Liebe, das stimmt», pflichtet er mir bei. «Ich versuche, Politik und Religion aus der Musik herauszuhalten, das ist aber fast unmöglich in einer Weltgegend, in der jeder Stein vor Politik und Religion nur so trieft. So können selbst universelle Ideen im Libanon sehr politisch und religiös sein.»

«Bist du denn ein religiöser Mensch?», fragt Rainer.

«Kommt darauf an, wie du Religion definierst», erwidert Zeid nach kurzem Zögern. «Eine spirituelle Ausrichtung habe ich schon.»

«Und was bedeutet das genau?»

Zeid macht wieder eine kleine Pause. Nachdenklich fährt er dann fort: «Ich glaube, dass wir alle miteinander verbunden sind. Wenn ich etwas tue, hat es Auswirkungen auf andere, vielleicht nur in meiner Nachbarschaft, vielleicht aber auch am anderen Ende der Welt. Deshalb bin ich vorsichtig in meinen Handlungen und bemühe mich, die Konsequenzen im Auge zu behalten und weder mir noch anderen zu schaden.»

Er lässt seinen Blick durch das Zimmer wandern. Da hängen ein paar Bilder an der Wand, die an Paul Klee erinnern. Zeid streicht sich die Locken aus der Stirn: «An Religionen glaube ich streng genommen nicht. Ich lese die heiligen Bücher und respektiere vieles von dem, was in ihnen steht. Aber mein Leben würde ich nicht nach ihnen ausrichten. Wer nur den Buchstaben folgt, erschafft früher oder später Barrieren. So haben die Buchreligionen in meinen Augen Tür und Tor zwischen den Kulturen eher verschlossen, anstatt eine Quelle der Öffnung zu sein. Darin kann ich nichts Gutes entdecken. Geschichtlich betrachtet waren Religionen am Anfang oft brillant und reformerisch, aber auf lange Sicht kam immer mehr Ignoranz hervor, oft auch Extremismus.»

«Genauso ist es.» Ich seufze aus tiefstem Herzen. Fundamentalisten legen die heiligen Schriften gern kompromisslos wörtlich aus, was einer Lebensführung Jahrhunderte oder Jahrtausende später natürlich nicht gerecht werden kann – ob nun christlich, islamisch oder jüdisch. Fundamentalisten wollen das Rad zurückdrehen, etwa, was die Gleichstellung von Mann und Frau betrifft. Die christlichen Kreationisten sind der Meinung, dass wir und die Affen nicht von gemeinsamen Vorfahren abstammen können, sondern dass alles von Gott so geschaffen wurde, wie es jetzt ist. Als wäre eine jahrmillionenlange Evolution nicht ebenso durchdrungen von göttlicher Liebe wie eine Schöpfung, in der alles – Hex-Hex – in ein paar Tagen entstanden ist.

Die Evolutionslehre hat die bis zur Mitte des 19. Jahrhunderts vorherrschenden Vorstellungen des Schöpfungsgeschehens gründlich auf den Kopf gestellt, in einer Weise, die ich kaum mehr nachvollziehen kann, weil diese Auffassungen mittlerweile zum Allgemeinwissen gehören. Was für ein Schock musste es aber am Anfang gewesen sein, zu entdecken, dass der Mensch, der sich selbst als «Krone der Schöpfung» weit über die primitive Tierwelt erhoben sah, mit den Tieren nicht nur verwandt, sondern sogar von ihnen abstammen sollte! Igitt! Die Evolutionsforscher nahmen dem Menschen seine Idee von einer direkten göttlichen Schöpfung und der biologischen Natur ihren heiligen Plan. Das war eine Kränkung und schafft bis heute große Unsicherheit. Fundamentalisten greifen auf das zurück, was sich anscheinend bewährt hat, auf das, was schon immer so war, selbst wenn es Rückschritt oder Stillstand bedeutet.

Pierre Teilhard de Chardin, ein französischer Jesuit, versuchte als Erster, christliche Theologie mit der Evolutionstheorie in Einklang zu bringen – den Kreationisten zum Trotz. Er dachte nach vorn. In seinem 1955 erschienenen Buch *Der Mensch im Kosmos* beschreibt er, dass Evolution und Schöpfung sich nicht ausschließen, weil Schöpfung bis heute geschieht und dafür sorgt, dass die Menschen auf Dauer zusammenwachsen werden, denn das ist der tiefere Sinn des Schöpfungsgeschehens: «Die Bewegung kommt nicht zum Stehen. Vom Okzident bis zum Orient arbeitet die Evolution nun auf einem reicheren und komplizierteren Tätigkeitsfeld; mit der Gesamtheit aller Geister errichtet sie den *Geist.* – Über Nationen und Rassen hinaus in die unvermeidliche und schon begonnene Zusammenfassung der Menschheit.»[10]

Die Entwicklung der Arten ist für Teilhard de Chardin der erste Teil des Schöpfungsgeschehens. Der zweite Teil, der *Geist* der Zukunft, entsteht seiner Ansicht nach durch die Kraft der Liebe: «Genügt nicht vielleicht die Vorstellung, unsere Liebeskraft könne sich entwickeln, bis sie schließlich die Gesamtheit der Menschen und der Erde umschlingt?»[11] Eine schöne Vorstellung, wie ich finde. Wobei Vorstellung allein nicht genügt. Da trägt eben jeder von uns seinen Teil der Verantwortung.

Was mir an Teilhard de Chardin besonders gefällt, ist, dass er ein Optimist gewesen ist. Seine Idee von der globalen Liebe hat er nach den beiden Weltkriegen entwickelt, trotz und im Angesicht der Gräuel, die geschehen waren. Als Christ und als Menschenforscher ruft er die Völker dazu auf, sich vom Ich

10 Pierre Teilhard de Chardin: Der Mensch im Kosmos. München 2006, S. 287
11 Ebenda, S. 274

zum Wir aufzumachen, also nicht nur an sich selbst zu denken, an die eigene Familie, den eigenen Stamm oder das eigene Volk, sondern alle im Blick zu haben. Zu sehen, dass mein Tun immer Auswirkungen auf andere hat – dass der Kaffee oder die Jeans, billig gekauft, woanders Armut produziert und Menschen schadet.

Ich finde die Vorstellung einer Schöpfung, die immer noch geschieht, tröstlich, denn das bedeutet, dass wir in der Lage sind, uns von Ungerechtigkeit und Gewalt in der Welt loszusagen. Nichts ist fertig, alles ist möglich. Wenn Schöpfung geschieht, dann sind wir Mitschöpfer, dazu aufgerufen, beizutragen zu einem besseren Ganzen. Wir können aufhören, andere für unsere Misere verantwortlich zu machen oder dem Teufel oder gar Gott die Schuld in die Schuhe zu schieben, wenn die Dinge auf Erden wieder mal aus dem Ruder laufen. Das nämlich tun Fundamentalisten gern. Fundamentalisten haben Angst, und Angst hat mit Druck und Enge zu tun, und daraus entstehen ebensolche Überzeugungen und Gedankenwelten. Sie sind überzeugt, dass alles gut laufen würde, wenn die «Sünder» (die grundsätzlich die anderen sind) aufhören würden zu sündigen und alle die Regeln und Gesetze buchstäblich befolgen. Fundamentalisten glauben auch, alles wäre Friede, Freude, Eierkuchen, wäre der «Satan» (der ebenfalls immer der andere ist) besiegt. Dafür werden die unheiligen Religionskriege ausgerufen, und man nennt einander «Sheitan» (das arabische Wort für «Teufel») oder «Achse des Bösen». Aber die Welt ist nicht schwarzweiß. Es gibt eine ganze Menge dazwischen. Wer dieses Dazwischen gelten lassen kann, ist ein freier Geist, und freie Geister können die Welt verwandeln. Menschen, die lieben, sind freie Menschen, die auch dem Gegenüber seine Freiheit lassen – und ihn oder sie dadurch zum Guten bewegen. Nur wirkliche Liebe schafft Toleranz und Frieden, in mir selbst und im Globalen. Nur wenn ich mich selbst gernhabe, kann ich auch andere so annehmen, wie sie sind, und habe Strahlkraft.

Ich blicke mich in der Retro-Wohnung um, ohne ein genaues Ziel zu fixieren. Insgesamt empfinde ich Zeids Gedanken als sehr den meinen verwandt. Beide betonen wir die Verantwortung des Einzelnen, die eine kritische Auseinandersetzung mit den heiligen Schriften erlaubt und sogar verlangt. Die Bibel ist nur durch diesen freien und heiligen Geist zu verstehen. Alles andere würde Gott klein machen. Ist es eigentlich eine westliche Eigenart, alles in Frage zu stellen und alles verstehen zu wollen?

«Wie westlich ist Beirut?», frage ich.

«Zuerst ist die Stadt einmal beides», antwortet er. «Westlich und arabisch. Arabische Kultur mit zensierten Liebesszenen im Fernsehen und arabisches Familienleben mit absoluter Loyalität dem eigenen Clan gegenüber, aber auch Humanismus und Toleranz, die Unabhängigkeit eines selbstgewählten Lebensentwurfs mit allen Freiheiten bis hin zu wilden Sexpartys und Alkoholexzessen in den angesagten Clubs der Stadt.»

«Letzteres ist so gar nicht mein Lebensstil», wende ich ein.

«Es ist der Tanz ums goldene Kalb, der so etwas hervorbringt», erwidert Zeid und greift damit ein Bild auf, das mir auch schon im Kopf herumging. «Kaufen und Narrenfreiheit für die einen, Gekauft-Werden und Rechtlosigkeit für die anderen – zum Beispiel für die Palästinenser im Libanon oder die Flüchtlinge, die aus dem Irak oder asiatischen Ländern zu uns kommen. Sie leben nicht viel besser als Sklaven, doch niemanden interessiert es. Das ist inakzeptabel. Menschen- und Bürgerrechte sind eine westliche Idee, und, wie ich finde, eine gute.»

Finde ich auch. Der Arabische Frühling ist auch in Beirut durch die Gassen geweht wie ein belebender Wind. Alles ist in Bewegung gekommen, und Zeid ist voller Hoffnung: Es gibt eine Jugend im Libanon, erzählt er, die mit Kriegsherren, Drogen-

und Waffenhändlern, mit korrupten Politikern und Geheimagenten Schluss machen will. Diese Generation will nach langen blutigen Jahren ein unbeschriebenes Blatt sein. Zeid sagt: «Ich selbst möchte ein Vorbild sein. Als Künstler und als Mensch möchte ich zeigen, dass man seine Träume auch hier verwirklichen kann. Viele junge Libanesen verlassen das Land, weil sie, obwohl sie gut ausgebildet sind, aufgrund der konfessionellen Quoten keine angemessene Anstellung finden. Es ist wirklich nicht leicht. Aber es lohnt sich, zu bleiben und dem Land eine Chance zu geben.»

Die Leidenschaft, mit der Zeid seine Ansichten vertritt, beeindruckt mich. Und ich kann seinen Traum von einem vereinten Libanon, in dem alle an einem Strang ziehen, nur zu gut verstehen, unter dem Banner der heiligen Zeder.

«In Deutschland sind die Mauern gefallen», sagt er. «Bei uns gibt es noch viel zu tun, damit sie eines Tages auch einstürzen können.»

9

Ein Museum der Angst? Begegnung mit der Hisbollah

Am nächsten Tag bläst der Wind uns rauer um die Nase, als wir im Stadtzentrum, an der ehemaligen «Green Line», einige Aufnahmen machen wollen. Die Demarkationslinie mitten in Beirut war eine Art Todesstreifen, der während des Bürgerkriegs die Stadt teilte, im Westen die Muslime, im Osten die Libanesische Front, eine Koalition überwiegend aus Christen. Die Green Line trennte aber nicht nur Muslime und Christen, sondern auch alle anderen religiösen Gruppen. Aus diesem Grund waren die Kämpfe zwischen den einzelnen Parteien an diesem Streifen am heftigsten, und viele der zerschossenen und vernarbten Gebäude stehen bis heute leer. Als Sabine sie mit ihrer Kamera einfangen will, kommt ein freundlicher Herr vorbei, der uns warnt: «Das ganze Gebiet gehört seit 2008 der Hisbollah, Sie sollten hier besser nicht filmen.»

«Was ist denn 2008 passiert?», erkundige ich mich.

«Es gab eine Regierungskrise. Wieder einmal. Die Hisbollah sollte ihr abgeschirmtes Kommunikationsnetz abschalten, sie verhält sich ja wie ein Staat im Staat! Ihr Gegenargument: All das sei nötig, um Israel zu bekämpfen. Der sunnitische Führer Hisham Kabbani bezeichnete die Hisbollah daraufhin als eine ‹Bande von bewaffneten Gesetzlosen›, der schiitische Führer Hassan Nasrallah verstand dies als Kriegserklärung der libanesischen Regierung gegen die legitime Widerstandsbewegung und warf Sunniten und Drusen vor, sie seien von der CIA und dem Mossad gesteuert, dem israelischen Geheimdienst. Die Straßenschlachten folgten auf dem Fuß; sie dauerten nur ein paar Tage, aber die Hisbollah besetzte mehrere Viertel in West- und Südbeirut. Noch immer kontrolliert sie diese Gebiete, auch den Flughafen. Wir sprechen seither von einer neuen Green Line in Beirut. Die Hisbollah hat ja stets behauptet, dass Israel der Feind ist. Warum schießt sie aber dann auf die eigenen Landsleute?»

Ich bin verwirrt von den vielen Informationen und versuche sie zu verdauen. Der Herr, der uns nur warnen wollte, verabschiedet sich schnell und geht weiter seiner Wege. Ich versuche mir vorzustellen, wie hier geschossen und gekämpft wurde. Wie Scharfschützen in den Hochhäusern saßen, Panzer durch die Straßen fuhren, Tote in ihnen lagen. Schreckliche Bilder.

Wenige Minuten später fährt ein Motorrad vor, kein freundlicher, sondern ein wütender Mann steigt ab – irgendjemand muss ihn darüber informiert haben, dass wir an der Demarkationslinie drehen. Er streitet sich lautstark und unüberhörbar mit Bence: Der Mann auf dem Motorrad will unsere Drehgenehmigung sehen, die wir nicht haben. Er untersagt uns, weitere Bilder aufzunehmen. Ich bewundere den Übersetzer, der bemüht ist, den aufgebrachten Fahrer zu beruhigen – was ihm allerdings nicht gelingt. Wir stehen dabei, halten uns raus, versuchen die Aufmerksamkeit keinesfalls auf uns zu ziehen. Der Wütende rast wieder davon, droht, «weitere Erkundigungen einzuholen». Ich finde die Situation beängstigend und frage Bence, was denn los sei.

«Ach, das war nur einer der Hisbollah-Rambos», erklärt er. «Ein Zivilaufpasser. Die fahren den ganzen Tag herum und überprüfen, ob alles in Ordnung ist.»

«War denn etwas nicht in Ordnung?»

«Die schiitischen Hisbollah-Leute mögen Journalisten nicht besonders.» Und nach einer kleinen Pause fügt Bence lakonisch hinzu: «Haben schlechte Erfahrungen mit den Medien gemacht.»

Was immer Rambo noch an diesem Tag vorhatte, uns traf er nicht mehr an der Green Line an. Wir machten uns schnell aus dem Staub.

Tags darauf haben wir einen offiziellen Besuchs- und Drehtermin bei der libanesischen Organisation Hisbollah, dem Staat im Staat, wie wir gehört haben. Von Beirut aus fahren wir rund vierzig Kilometer nach Süden, biegen irgendwann links in die Berge ab und gelangen auf ungefähr zweitausend Meter Höhe. Das Panorama ist umwerfend, aber es ist kühl geworden. Doch nicht nur wegen der Höhe. Hier oben, in Mleeta, hat die Hisbollah auf der höchsten Bergkuppe der Gegend ein Kriegsmuseum gebaut. Auf dem Platz vor dem Eingang stehen viele Busse und Menschengruppen.

«Scheint ein beliebter Ausflugsort zu sein», bemerkt Rainer ironisch. «Siehst du die Schulklasse da?»

Ich kann es kaum glauben und betrachte die Kinder, die sich vor dem Eingang des Museums sammeln. Bisher habe ich die Hisbollah nur mit Attentaten, Autobomben und Raketenangriffen in Verbindung gebracht, und die gestrige Konfrontation hat mein mulmiges Gefühl verstärkt.

Über die «Partei Gottes», wie sie sich nennt, gibt es unterschiedlichste Meinungen und viele Gerüchte. Sie begann als paramilitärische Miliz, entstanden in einer Zeit, als Israel 1982 in den Südlibanon einmarschierte: Es hatte Übergriffe der Palästinensischen Befreiungsorganisation PLO, die sich seit den siebziger Jahren im Libanon mit bewaffneten Untergrundkämpfern festgesetzt hatte, auf israelische Zivilisten gegeben. Unterstützt vom Iran und von Syrien, kämpften sie gegen die Israelis, aber auch gegen die soziale und politische Benachteiligung der Schiiten im Libanon – zumindest im Vergleich zu Christen und Sunniten. Ursprünglich sollte die iranische Revolution in den Libanon exportiert werden, das klappte aber nicht. 1989 wurde die Errichtung eines islamischen Staats wieder aus dem Parteiprogramm gestrichen. Die Abschaffung des konfessionellen Systems ist jedoch bis heute wichtiges Parteiziel, direkt nach der Vertreibung der Israelis aus dem Land, die 2006 den Libanon zum zweiten Mal besetzten und ihn so heftig bombardierten, dass sogar die internationale Gemeinschaft protestierte. Die Grünen in Deutschland forderten, sämtliche Waffenlieferungen an Israel einzustellen – was bis heute leider nicht passiert ist.

Die israelischen Soldaten zogen zwar wieder ab, aber es blieb eine strittige Region übrig, die Israel seit den sechziger Jahren beansprucht, seit der Besetzung der Golanhöhen 1967. Es ist das Shebaa-Gebiet, das einst vierzehn Bauernhöfe umfasste, an der Grenze zwischen Libanon, Syrien und Israel gelegen. Hier zeigt sich die ganze Absurdität der Lage im Kleinen: Die Region liegt in der Nähe des libanesischen Dorfes Shebaa, Israel sieht sie als ihr eigenes Land an, die UN sagt, es sei syrisch. Syrien wiederum behauptet, es habe das Gebiet dem Libanon geschenkt, rückt aber keine Schenkungsurkunde heraus. Die Hisbollah führt derweil den Kampf fort, und das kann ewig so weitergehen. Seit 1992 sitzt die Hisbollah im libanesischen Parlament und stellt Minister, während sie zugleich Teile des Landes militärisch und politisch regiert, und zwar unabhängig und gegen den Willen der eigenen Regierung.

Wieder einmal versuche ich die Situation auf die deutsche Realität zu übertragen: Es ist, als würde Verteidigungsminister Thomas de Maizière eine Privatarmee unterhalten, mit der er – zum Beispiel – Bayern eigenmächtig besetzt hält. Hätte ihn dann Kanzlerin Merkel aufgefordert, die Waffen abzugeben, würde er einfach die Ohren auf Durchzug stellen. Und da seine Privatarmee besser bewaffnet wäre als die Bundeswehr, könnte auch niemand etwas dagegen unternehmen. Unvorstellbar! Ich reiße mich los von meinen Phantasien und sehe, dass die ersten Kinder den Eingang passiert haben.

«Der Hisbollah wird Waffenschmuggel im großen Stil vorgeworfen», sage ich leicht bissig. «Ist doch genau der richtige Stoff für Kinder in diesem Alter!»

«Wahrscheinlich spannender als Supermann!» Rainer zwinkert mir zu. Ich glaube, wir haben beide ein bisschen Angst vor dem Museum, und überspielen es mit Ironie.

Seit 1992 ist der schiitische muslimische Geistliche Hassan Nasrallah Chef der Hisbollah, es ist sein Gesicht, das wir auf unzähligen Plakaten sehen – von seinen Anhängern wird er fast kultisch verehrt. Die sunnitischen Muslime im Land lehnen ihn ab. Sie werfen der Hisbollah vor, 1995 ihren Führer Rafik al-Hariri umgebracht zu haben, was sie abstreitet. Die Hisbollah hat einen starken Rückhalt im Land, denn der Abzug der israelischen Truppen 2006 aus dem Libanon, nach vielen zivilen Opfern, wurde von der «Partei Gottes» als ihr großer Sieg gefeiert – und auch so wahrgenommen. Die libanesische Armee hingegen schreibt auf ihrer Webseite die Überwindung des «israelischen Feindes» sich selbst zu – von der Hisbollah ist dort nicht die Rede.

Rainer ist aus dem Chevi ausgestiegen und vertritt sich die Beine. Er kommt zum Beifahrerfenster und sagt mit einem etwas schiefen Lächeln: «Scheint wirklich ein Hisbollah-Freizeitpark zu sein, ich kann da drinnen einen Süßigkeiten-Verkaufsstand erkennen.»

Ich seufze und lege den Sicherheitsgurt ab. «Na dann! Rein ins Vergnügen.»

Während wir das Auto abschließen und langsam zum Eingang hinübergehen, rekapituliere ich noch einmal, was ich heute Morgen im Internet gelesen habe: Zurzeit ist die Hisbollah eine der stärksten Parteien in der antiwestlichen und prosyrischen

Koalition «8. März», gemeinsam mit der Bruderorganisation Amal, den christlichen Maroniten und Drusen. Dem gegenüber steht die prowestliche und antisyrische Koalition «14. März» mit dem schon genannten Sunnitenführer Saad al-Hariri und drei christlichen Parteien. Was immer man über das libanesische Parlament sagen kann – es ist zumindest nicht in einer Richtung hin religiös zusammengesetzt: Christen, Muslime und Drusen koalieren gemeinsam.

Das westliche Ausland betrachtet die Hisbollah oft als eine Terrorgruppe, die mit Al-Qaida in einem Atemzug genannt wird; für den EU-Rat ist sie es mal, mal wieder nicht. Für manche Staaten ist sie des Terrors allein verdächtig, ohne dass es bislang bewiesen werden konnte. Im Libanon gilt sie als Schutzmacht, in arabischen Ländern als legitime Widerstandsbewegung. In Deutschland wird sie als islamistische Gruppe vom Verfassungsschutz (nur) beobachtet.

In diesem Moment kommt mir vom Eingang her Bence entgegen und unterbricht meine Gedanken. Er lächelt mich an und zeigt auf mein Kreuz. Dann macht er eine Geste. Ich blicke fragend zu Rainer hinüber.

«Ich glaube, Bence meint, dass du das Kreuz besser unter der Jacke tragen solltest», klärt er mich auf.

Das kann ja heiter werden.

Nachdem ich das getan habe, wandern wir durch die Museumsanlage. Überall steht kaputtes Kriegsgerät herum. Es sind Trophäen, Erinnerungen an gewonnene Schlachten. Rainer führt mich an einem Betonbeet aufrecht stehender leerer Granatenhülsen vorbei, die sauber mit Steinen umfasst und mit Blumen bepflanzt sind, und sagt mit übertriebener Geste: «Herzlich willkommen im militärischen Zengarten der Hisbollah.»

Ich muss mir das Lachen verkneifen. «Und da drüben sind ein Kino und dein Kiosk mit Süßigkeiten», merke ich an, während

wir zugleich ein riesiges Sammelsurium von vor sich hin rosten-
den Kanonen und zerstörten israelischen Merkava-Panzern in
der Mitte der Anlage betrachten.

«Lach jetzt nicht, da vorn in dem Baum sitzt eine uniformierte
Schaufensterpuppe», zischt Rainer wenig später zwischen den
Zähnen hervor, «das Gewehr im Anschlag!»

Unsere Stimmung droht ins Komische zu kippen. Das
Museum ist ein so unwirklicher, ein so absurder Ort. Doch
dann sehe ich in einem Tarnnetz einen Haufen grüner Helme,
und schlagartig wird mir bewusst, dass dies kein Spielplatz ist.
Abrupt bleibe ich stehen.

«Sind die Helme von israelischen Soldaten grün?», frage ich
Rainer betroffen.

Er runzelt die Stirn, versucht sich zu erinnern. «Ich denke
schon. Und freiwillig hergegeben haben sie die sicher nicht.»

Mich fröstelt.

Der Leiter des Centers tritt jetzt auf uns zu, ein kräftiger
Mann in Jeans und T-Shirt. Er sieht gar nicht so aus, wie ich mir
einen Terroristen vorstelle. «Herzlich willkommen, Rainer und
Jordana», sagt er lächelnd und schüttelt uns die Hand. «Willkommen in Mleeta, einer touristischen Sehenswürdigkeit, die an
die Kämpfe zwischen 1985 und 2000 erinnert. Es kommen Menschen aus aller Welt hierher, um Informationen und ein klare-
res Bild von der Widerstandsbewegung im Libanon zu erhalten.»

Klingt auswendig gelernt. Hatte ich nicht heute Morgen auf
einer deutschen Internetplattform gelesen, dass auch die Hisbollah im Jahr 2006 wahllos israelische Ballungszentren beschossen
hat? Und jetzt steht dieser Mittzwanziger vor mir und hält seine
kleine Ansprache.

Wir nicken freundlich und lassen uns von Rami Hasan führen. Zuerst schauen wir einen Propagandafilm an. Er beginnt
mit einer 3D-Animation des Museums. Die Türen der Anlage

öffnen sich, und Hassan Nasrallah erklärt uns über Lautsprecher den Ort und die Kriege gegen Israel. Danach werden die Bilder krasser, Bomben explodieren, Granaten werden abgefeuert, Rauch steigt auf, es knallt und dröhnt. Am Schluss schreit Nasrallah den Zuschauer an: «Wenn ihr unsere Städte bombardiert, dann bombardieren wir eure! Wenn ihr unsere Flughäfen bombardiert, bombardieren wir die eurigen! Wenn ihr unsere Fabriken angreift, machen wir eure dem Erdboden gleich!» Es ist nicht die Aussage, sondern der Tonfall, den ich kaum aushalte. Ein Schreien, das in den Ohren wehtut, dabei der Zeigefinger, der unaufhörlich auf- und niedergeht. Aber dieser Film ist kein Rückblick, keine deutsche *Wochenschau* aus den dreißiger Jahren, sondern für die Menschen von heute gedacht. Im Internet kann man sich viele öffentliche Reden von Hassan Nasrallah anschauen, er hat die Fähigkeit, Menschenmassen zu vereinigen. Sie jubeln bei seinem Anblick, skandieren jeden einzelnen Satz, den er vorgibt, bis alle wie in Trance sind – ein Leib, ein Jubel, aufgegangen im Kampf gegen den gemeinsamen Feind.

Wer mit der erregten Masse verschmilzt, geht vollkommen in ihr auf und spürt nicht den leisesten Widerstand gegen das, was sie unternimmt – so hat der bulgarische Nobelpreisträger Elias Canetti es selbst erlebt und beschrieben. Seine «Massenerfahrung» während einer Arbeiterdemonstration in den zwanziger Jahren beeindruckte ihn so, dass er sein Leben lang über die Faszination der Masse nachdachte – natürlich auch angesichts der hypnotischen Wirkungen der Nazi-Propaganda auf das deutsche Volk. Sein 1960 erschienenes Hauptwerk *Masse und Macht* beginnt mit dem Satz: «Nichts fürchtet der Mensch mehr als die Berührung durch Unbekanntes.» Und er beschreibt jede Form von Massendemonstrationen und Massenbewegungen als einen Versuch, dieser tiefen und grundlegenden Furcht vor einem «Griff aus dem Dunkel» zu entkommen. Massen können Wunderbares vollbringen – sie können ein Land befreien. Massen können Furchtbares anrichten – nämlich jeden, der sich ihnen entgegenstellt, vernichten.

Was geht im Libanon vor sich? Was bewegt die Massen, oder wohin werden sie bewegt? In diesem Land haben viele Menschen um ihr Leben gekämpft und es verloren. Der Krater in der Mitte der Anlage ist ein Bombenkrater, wie Rami uns aufklärt. Das Schwierigste an dieser Museumsanlage sei gewesen, das umliegende Gebiet von Minen zu befreien, sodass Besucher sich sicher bewegen können. Ich beginne an Leib und Seele zu spüren, dass ich zum ersten Mal im Leben in einem richtigen Krisengebiet bin.

Trotz Angst packe ich den Stier bei den Hörnern und frage Rami, nachdem wir wieder im Freien sind: «Ist diese Anlage eine neue Strategie, um das schlechte Image der Hisbollah aufzupolieren?»

Rami lacht zu meiner Überraschung und sagt: «An diesem Ort erzählen wir *unsere* Geschichte, und wenn du Richterin sein willst, solltest du dir beide Seiten anhören. Viele westliche Journalisten tun das nicht. Sie sind davon überzeugt, dass wir ausschließlich Leute sind, die mit Maschinengewehren durch die Gegend laufen oder Unschuldige entführen. Aber so ist es nicht. Wir gründen Schulen, kümmern uns um die Waisen, bauen Krankenhäuser. Unser Fußballteam hat dreimal hintereinander die Meisterschaft im Land gewonnen. Und wir graben auch immer noch die Streubomben aus der Erde, die die Israelis 2006 im Süden des Landes abgeworfen haben. Es liegen noch über eine Million Bomben in unseren Äckern, an Straßenrändern, auf dem Weg zur Schule. Noch immer sterben jede Woche Menschen, weil sie auf eine solche Bombe treten.»

«Das tut mir leid, Rami.»

Er nickt und sagt: «Alles, worum wir bitten, ist: Hört uns an, kommt vorbei, besucht uns, trinkt einen Kaffee mit uns, habt keine Angst, eure Religion zu zeigen, fragt nach. Dann werdet ihr Wahrheit finden.»

«Vor dem Eingang habe ich auf Rat unseres Begleiters beschlossen, mein Kreuz unter der Kleidung zu verstecken», kontere ich weiterhin mutig, «und du sagst mir, ich kann meine Religion zeigen. Gestern wurden wir von einem Hisbollah-Aufpasser in Beirut bedroht. Was ist nun wahr?»

«Ich verstehe dich», antwortet Rami und schmunzelt. «Ich habe gesehen, wie du dein Kreuz unter die Kleidung geschoben hast. Du kommst schon an diesen Ort mit negativen Bildern im Kopf, so wie die meisten.»

Gemeinsam gehen wir weiter. Ich denke darüber nach, dass Rami meine Frage nicht beantwortet hat. Ist er nur hier, um uns mit Propaganda zu versorgen? Er zeigt uns jetzt in die Erde gegrabene Stollen, in denen die Kämpfer sich verschanzen konnten. Es sind gruselige und trostlose Schächte. Rami hat wohl selbst gemerkt, dass er mir eine Antwort schuldig geblieben ist, denn er sagt: «Du musst dich nicht fürchten. Die Hisbollah ist verbündet mit einer christlichen Partei. Uns interessiert nicht, ob jemand Muslim oder Christ ist. Wir sind Libanesen, die Moscheen und Kirchen stehen in vielen Dörfern direkt nebeneinander. Das ist normal bei uns. Du wirst überrascht sein, aber ich habe christliche Freunde, und ich war schon oft mit ihnen in der Kirche. Sie respektieren meine Religion und ich die ihre.»

«Worum betest du, wenn du betest?», fragt Rainer.

«Um ein gutes Leben, um ein Leben in Frieden. Aber wenn du zu jeder Stunde damit rechnen musst, zu sterben, dann betest du auch darum, dass es den Gegner treffen möge und nicht dich und deine Familie. Du betest um die Kraft, gegen den Feind zu kämpfen und ihn zu besiegen.»

Rami hat in seinem jungen Leben drei Kriege erlebt: den Sieben-Tage-Krieg von 1993, die Operation «Früchte des Zorns» 1996 und den «Julikrieg» von 2006. Er erzählt: «Das Dorf, in dem ich aufgewachsen bin, ist völlig zerstört worden, genauso viele Nachbardörfer. Jedes Kind, das du hier siehst, hat Bombardements erlebt. Die Israelis haben nicht unterschieden zwischen militärischen und zivilen Zielen – der gesamte Süden war das Ziel. Stell dir vor, du kommst in dein Heimatdorf und findest dort nichts mehr davon vor, es ist ausradiert, nur nacktes Feld, Schmutz und Felsen. Wie würdest du dich fühlen?»

Zum ersten Mal sehe ich den Menschen hinter dem Propagandisten, einen verletzten kleinen Jungen, der vor rauchenden Trümmern steht und die Welt nicht mehr versteht. Ich möchte ihn in den Arm nehmen und beschützen, aber das geht ja nicht. Nach einer kleinen Pause stelle ich die Gegenfrage: «Hat die Hisbollah nicht auch wahllos zivile Ziele bombardiert?»

«Das haben wir nicht getan. Das sind alles Lügen, die über uns erzählt werden.»

Ich zucke die Schultern. Dazu ist nichts weiter zu sagen, und nachprüfen kann ich es nicht.

Rainer wechselt das Thema: «Ich könnte so nicht leben. Musst du nicht ständig daran denken, dass die Kämpfe wieder von vorne losgehen?»

Rami hebt die Hände in einer fast verzweifelten Geste: «Wo soll ich denn sonst leben? Soll ich mein Land verlassen? Wir müssen hier irgendwie klarkommen, und wir müssen unseren Kindern sagen, dass sie keine Angst haben sollen. Nur so haben sie eine Chance, normal aufzuwachsen. Wir erzählen ihnen, dass der Krieg vorbei ist.»

«Ich habe aber gelesen, dass Kinder gezielt antisemitisch erzogen werden», wende ich aufmüpfig ein.

«Unglücklicherweise hat Israel die Unterstützung vieler westlicher Länder, die gern ignorieren, was dieses Land uns antut oder den Palästinensern.» Rami schaut ruhig auf seine Hände. «Wir haben Israel nicht angegriffen. Dennoch sind wir bereit, uns jederzeit zu verteidigen, und die Menschen hier sehen das genauso.»

«Ich komme aus einer Generation, die Krieg gar nicht kennt.» Rainer zeigt auf die Panzer und Granaten um uns herum. «Ich finde diesen Ort beängstigend. Ihr macht eine Show daraus. Das verstehe ich nicht.»

Rami legt seine Hand auf eine große Granathülse. «Grundsätzlich sind alle Waffen in der Welt nichts Positives. Aber ich verbinde damit, dass sie uns gerettet und uns geholfen haben, uns zu verteidigen. Sie waren eine Reaktion auf die Waffen, die gegen uns gerichtet wurden. Die Palästinenser sitzen seit Jahrzehnten in Lagern, weil sie sich nicht verteidigen konnten. Wir wollen nicht, dass uns das auch passiert. Daher verbinde ich nicht Angst mit diesem Center, sondern Sicherheit. Innerhalb eines Jahres hatten wir eine Million Besucher. Du nennst es Show, ich nenne es politische Arbeit für die Interessen der Araber.»

Allein im Libanon leben bis zu einer halben Million Palästinenser. Ihre Zukunft ist ungewiss. Israel wird von den Arabern aller umliegenden Staaten als ein Fremdkörper in der Region betrachtet. Und dass es so ist, bestätigt mir auch Rami: «Wenn die westlichen Verbündeten Israel endlich stoppen würden, wäre der Frieden bald da. Aber das ist eine Sache, über die Politiker zu entscheiden haben. Persönlich kann ich nur sagen: Zu viele unserer Kinder sind bei Bombenangriffen gestorben. Das Beste wäre, die Israelis würden einfach verschwinden! Wenn ein Krebsgeschwür einen Körper angreift, dann sollte man es entfernen.»

Er sagt es mit einem Schulterzucken. Es ist das Credo vieler Araber: «Israel muss verschwinden. Es muss vernichtet werden.» Hier wird es zum ersten Mal ausgesprochen, und ich werde es noch mehrfach hören. Ich habe es gewusst, dass ich es hören werde, es schockiert mich trotzdem. Dieser Krieg hat sich längst verselbständigt – in den Köpfen und ohne Zweifel am eigenen Recht. Alle wünschen sich Frieden, aber der andere muss den ersten Schritt machen. Das ist festgemauert wie die Granaten in diesem Beton. Und es ist schon so viel Schlimmes passiert, Erinnerungen, die weitergegeben wurden von den Großeltern zu den Eltern zu den Kindern, sodass der Hass alltäglich und selbstverständlich geworden ist wie die Luft, die man atmet. Vielleicht müssen sich Angst und Schmerz in Hass verwandeln, damit man weiterleben kann? Natürlich findet auch Rami Töten nicht gut. Aber die Kinder bekommen durch das Museum die Botschaft mit auf den Weg, dass Kriege Befreiungskriege sind, Befreiungskriege gegen eine größere und böse Macht. Man lernt früh, wer der Feind ist.

Rami verabschiedet uns freundlich. Ich sage ihm, dass ich mich bei ihm persönlich beschweren werde, sollte die Hisbollah uns auf unserer Weiterreise Probleme machen. Er lacht, dann klingelt sein Handy, und er dreht sich um. Schweigsam kehren wir zum Auto zurück. Ich bin zu aufgewühlt, um etwas zu sagen. Während der Fahrt zurück in die Ebene habe ich Zeit, nachzudenken. Über Krieg und Gewalt. Und wo sie beginnt.

Der indische Philosoph Jiddu Krishnamurti (der aber sehr europäisch denkt) formuliert in seinem 1979 veröffentlichten Buch *Fragen und Antworten* einen provokanten Gedanken. Angesichts der Kriege und gewaltsamen Auseinandersetzungen weltweit stellte er die Frage: «Unterscheidet sich das von dem, was in unserem Inneren vor sich geht? Auch wir sind gewaltsam, voller Eitelkeit, sehr unehrlich und setzen uns für verschiedene Gelegenheit immer andere Masken auf.»[12]

12 Jiddu Krishnamurti: Fragen und Antworten und sein Gespräch mit Prof. David Bohm über das Erwachen der Intelligenz. München 1988, S. 41 – 43

Im Kleinen kennen das die meisten von uns. Es fängt mit einem Vergleich an – der andere ist besser als ich, die ist hübscher, warum erhält einer mehr Anerkennung als ich. Es folgt eine Bewertung, und die eigene Zufriedenheit lässt augenblicklich nach. Dann beginnt das Machtspiel, um der «Gerechtigkeit» nachzuhelfen. Wenn ich befürchte, dass mich der andere aussticht oder nicht respektiert, muss ich die Zähne zeigen und beweisen, dass man mich nicht kleinkriegt. Und vielleicht muss ich Dinge tun, die dem anderen zeigen, dass ich über ihm bin. Nur vorsichtshalber. Nur als Drohgebärde. (Im Großen nennt man das Wettrüsten.) Und schließlich kann es sein, dass ich mich provoziert fühle – oder der andere tatsächlich meine Grenzen überschreitet. Da stellt sich der Nachbar auf meinen Parkplatz, also stelle ich mein Auto vor seiner Einfahrt ab. Und das kann eskalieren. Oder auch nicht. Selbst das «Wettrüsten» in der Adventszeit, wo es an immer mehr Häusern immer mehr Lichterketten gibt, weil man ja mithalten muss, ist nicht frei von einem solchen Krieg im Kleinen. Mit dem Kleinkrieg fängt es an. Und davon kann auch ich mich nicht frei machen, denn auch ich möchte meinen Ärger ab und zu gern zurückgeben.

Eines meiner Lieblingsgebete ist: «Herr, mach mich zum Werkzeug deines Friedens.» Denn ich weiß um die «Selbstautomatik» in mir. Ich wäre sicherlich gewaltbereit, wollte jemand einem der Kinder im Kinderdorf etwas antun. Ich hätte den Impuls zuzuschlagen, um meine «Familie» zu schützen. Es heißt aber auch: «Du sollst nicht töten.» Und zutiefst glaube ich daran, dass das Fünfte Gebot ein elementar wichtiges Gebot ist. Jesus selbst hat sich lieber töten lassen, als mit Gegenwehr zu reagieren. Und dieses «Opfer» hat eine so durchschlagende Wirkung gehabt, dass es mich bis heute prägt. Ich bin sicher: Liebe ist stärker als der erste scheinbare Sieg.

In einem Deeskalationskurs zur Frage: «Wie begegne ich

Aggression im Alltag», habe ich erlebt, dass Gewalt in jedem von uns steckt. Es war zunächst nur ein Rollenspiel: Eine Gruppe nahm sich ein «Opfer» vor, das provoziert wurde. Es war erschreckend, wie schnell die Situation ausuferte: Die Teilnehmer merkten kaum noch, dass sie in einen Rausch gerieten, immer brutaler wurden und nicht mehr darüber nachdachten, was sie taten. Selbst unsere sehr reflektierten Erzieherinnen waren erschrocken darüber, wozu sie bereit gewesen wären, in diesem geschützten Raum des Spiels. Wie viel Gewalt plötzlich im Raum war. Und dieses Phänomen wird in Gruppen immer wieder beobachtet – einer ist schwach, und alle anderen fühlen sich auf seine Kosten stark. Warum soll das nicht auch auf Völker zutreffen?

Der amerikanische Psychologe Philip Zimbardo führte 1971 das Stanford-Prison-Experiment durch. Zimbardo wählte vierundzwanzig Studenten aus und unterteilte sie nach dem Zufallsprinzip in «Gefängniswärter» und «Gefangene». Im Keller der Stanford University im kalifornischen Palo Alto wurde ein Gefängnistrakt mit Zellen nachgebaut, die Wärter bekamen Uniformen, die Gefangenen «Knastkleidung», es war alles so echt wie möglich. Die «Wärter» bekamen den Auftrag, für Ordnung zu sorgen. Nach kurzer Zeit wurden sie immer aggressiver und begannen, die «Gefangenen» zu quälen. Die Gefangenen wurden dagegen immer passiver und depressiver. Und – fast noch schlimmer – sie solidarisierten sich mit den Wärtern, als einzelne Gefangene gegen die Gewalt rebellierten. Das Experiment musste nach fünf Tagen abgebrochen werden, weil es außer Kontrolle geraten und auch Zimbardo selbst nicht mehr in der Lage war, eine nüchterne Distanz zu seiner eigenen Versuchsanordnung beizubehalten. Er wurde in das Geschehen mit hineingezogen, wie er später in dem von ihm selbst 1992 produzierten Dokumentationsfilm «Quiet Rage» berichtete.

Zimbardos Schulfreund und Psychologiekollege Stanley Milgram machte einen ähnlichen und doch ganz anderen Versuch. Sein Anliegen war es, zu klären, warum während der Nazizeit in Deutschland so viele Verbrechen gegen die Menschlichkeit von ganz normalen Bürgern begangen wurden. Die zugrunde liegende Frage war, ob die Deutschen besonders autoritätshörig seien – denn so musste sich die Lage nach dem Zweiten Weltkrieg einer empörten Weltöffentlichkeit ja darstellen. Bei diesem Experiment wurden Versuchspersonen zu «Lehrern» gemacht. Ihre «Schüler» befanden sich in einem anderen Raum, nur ihre Stimmen wurden per Lautsprecher ins «Lehrerzimmer» übertragen. Sie hatten Wortpaare zu lernen, und die Pädagogen sollten sie bei Fehlern mit einem Stromschlag bestrafen, wobei die Spannung bei jedem erneuten Fehler um fünfzehn Volt erhöht wurde. Die Stromschläge waren unecht, die Schüler Schauspieler, ebenso wie ein «Versuchsleiter», der sich mit den Lehrern im selben Raum befand. Ab einer bestimmten Stärke (etwa 150 Volt) begannen die Schüler vor Schmerz zu schreien. Da die Lehrer die Schüler nicht sehen konnten, hörten sie nur diese gespielten Schreie. Etliche wollten das Experiment abbrechen, wurden jedoch vom Versuchsleiter aufgefordert, die Stromschläge weiter auszuführen. Und alle vierzig Versuchspersonen machten weiter. Ab 200 Volt wurden die Schreie markerschütternd. Jetzt bekamen die meisten erhebliche Zweifel, gerieten in Aufruhr, ins Schwitzen, aber der Versuchsleiter sagte, es sei notwendig fortzufahren. Und wieder führten alle weiter ihre «Befehle» aus. Alles über 300 Volt wurde nur noch mit Stille beantwortet, dennoch gingen sechsundzwanzig von vierzig Lehrern bis zur maximal möglichen Stärke von 450 Volt – ein Stromschlag, der auch tödlich sein kann. Der Versuchsleiter hatte ihnen versichert, sie hätten keine andere Wahl.

Stanley Milgram konnte die Ergebnisse selbst nicht glauben, daher wiederholte er den Versuch in mehreren Ländern. Das

Ergebnis war überall dasselbe: Ganz gewöhnliche Menschen können, ohne persönliche Wut zu empfinden, dazu veranlasst werden, zu töten. Damit war die These von der besonderen Autoritätshörigkeit der Deutschen vom Tisch, und Milgram stellte sich hinter die Publizistin Hannah Arendt, die SS-Obersturmbannführer Adolf Eichmann während seines Prozesses in Jerusalem beobachtet hatte: Ihre berühmte These von der «Banalität des Bösen» war wissenschaftlich erwiesen.

Wenn ich mir Amokläufe von Jugendlichen (und auch Erwachsenen) in unserer Gesellschaft anschaue, dann sind diese Seelen wie Stauseen, die so lange unter Druck aufgefüllt werden, bis die Dämme brechen und es keine Grenzen mehr gibt. Kontrollierte Ausbrüche von Aggressionen zwischendurch sind daher manchmal ganz gut. Kinder probieren das im Trotzalter aus. Sie müssen angeleitet werden, mit dieser Energie umzugehen, ohne sie zu leugnen, aber auch ohne andere zu verletzen. Eine schwierige Aufgabe für Erzieher, finde ich, denn nur die wenigsten haben gelernt, für sich selbst mit dieser Energie umzugehen.

Ein weiterer Faktor, der Aggressionen in Gewalt verwandelt, ist sicherlich der gesellschaftliche. Wo Gewalt erlaubt wird – zum Beispiel durch Ideen wie vom «gerechten Krieg», durch die Todesstrafe, durch Folter, Sklaverei, Verprügeln von Frauen, Zwangsehen, Genitalverstümmelungen –, da wird Gewalt auch als etwas Normales angesehen und immer weiter ausgeübt. Verglichen mit dem Libanon, ist unsere deutsche Gesellschaft ein gewaltfreies Paradies – könnte man meinen. Aber wenn ich genau hinschaue, kann ich viele Gewaltphantasien entdecken. Ich bin weit entfernt davon zu sagen: «Verbietet Fernseher und Computer!» Aber ganz normale Fernsehfilme sind in ihren Gewaltszenen so realistisch und brutal geworden, dass es mich nicht wundert, wenn die Jugend sich auf Ego-Shooter-Spiele wie «Call of Duty» oder «Modern Warfare» spezialisiert.

Es erschreckt mich auch, wie viel Entspannung Erwachsene in Krimis mit Folterszenen und sadistischer Gewalt finden. Aggression stellt eine Kraft im Menschen dar. Gewalt fasziniert uns. Und Krieg – so schrecklich er ist – bedeutet eine intensive und ausschließliche Lebenserfahrung. Das sagen zumindest Ex-Soldaten. Kaum ist etwas so süchtig machend wie der Hormonrausch der Lebensgefahr, das legen Wissenschaftler dar. In einem sehenswerten Dokumentationsfilm der Regisseurin Karin Jurschick aus dem Jahr 2011 *(Das Böse: Warum Menschen Menschen töten)* wird der Neuropsychologe und Trauma-Experte Thomas Elbert bei seiner Arbeit mit ehemaligen Kindersoldaten im Kongo begleitet. Er befragt sie über ihre Erlebnisse und Gefühle, und sie geben freimütig Auskunft: dass sie sich nur wohlfühlten, wenn sie kämpfen und töten konnten. Dass der Krieg immer weitergehen sollte. Elbert spricht von einem «Killer-Modus» oder «Jagd-Rausch», in den diese Jungen gerieten, aber nicht, weil sie krank oder böse waren, sondern weil sie so erzogen wurden.

Mir klingen noch die Worte der Jungen und Mädchen im syrischen Flüchtlingslager in den Ohren, die sie skandiert hatten: «Weg mit Bashar! Weg mit Bashar!» Kinder imitieren, was die Erwachsenen vormachen. Ich kann mir vorstellen, was jüdische Kinder jenseits der Grenze singen.

Es nützt nichts, entsetzt zu sein, sich abzuwenden oder zu glauben, es beträfe nur die anderen. Das hat das Christentum auch lange getan und das «Böse» bekämpft, anstatt nach Wegen der friedlichen Koexistenz aller zu suchen. Es war ein guter Ansatz, Gesetze und Regeln zu formulieren, die auch den Schwächeren schützen. Sogar das biblische «Auge um Auge» war für die damalige Epoche schon ein Fortschritt. Es bedeutete, dass Rache nur so weit gehen durfte, wie der eigene Schaden war, und nicht weiter.

Eine Religion der Liebe muss aber weiter gehen, so weit, dass sie nicht nur global wird, sondern selbst das «Böse» mit hineinnehmen kann. «Ihr habt gehört, dass gesagt worden ist: Du sollst deinen Nächsten lieben und deinen Feind hassen», verkündet Jesus bei Matthäus. «Ich aber sage euch: Liebt eure Feinde und betet für die, die euch verfolgen, damit ihr Söhne eures Vaters im Himmel werdet; denn er lässt seine Sonne aufgehen über Bösen und Guten, und er lässt regnen über Gerechte und Ungerechte.» Jesus hat das nicht nur so geäußert. Selbst am Kreuz bat er um Vergebung für seine Mörder und hatte Mitgefühl mit ihnen: «Vater, vergib ihnen, denn sie wissen nicht, was sie tun.»

Je länger ich auf dieser Reise bin, desto erstaunter bin ich, dass Jesus gerade in dieser Region geboren wurde – in einer, die schon immer umkämpft war und in der viele Menschen so zornig sind. Ich kann ahnen, warum. Es ist leicht, auf Zorn mit Zorn zu reagieren, es bietet sich geradezu an. Aber ich kann mich auch bewusst dafür entscheiden, diesem Impuls nicht nachzugeben. Ich kann die andere Wange hinhalten, wie Jesus bei Lukas lehrt: «Dem, der dich auf die eine Wange schlägt, halt auch die andere hin, und dem, der dir den Mantel wegnimmt, lass auch das Hemd.» Ich kann nicht darüber hinwegsehen, dass Jesus es mit der Feindesliebe radikal ernst gemeint hat. Aber es ist noch ein langer Weg von der «Macht des Stärkeren» über das «Auge um Auge» bis zum «Liebet eure Feinde». In diesem Land. Und auch in mir selbst.

Auf der Rückfahrt nach Beirut finde ich meinen inneren Frieden wieder. Ein perfekter Sonnenuntergang in zarten Farben scheint im Gegensatz zu dem zu stehen, was wir gesehen und gehört haben. Gott zeigt uns durch die Natur: In diesem Land gibt es viel Schönes. Ist das ein Trost? Ich atme tief durch: für mich schon.

10

Die Beziehung zum Todfeind hält oft länger als eine Ehe – bei den Drusen

Religiös gesehen bietet der Libanon eine Menge Abwechslung, vor allem in den Küstenregionen: Mal fahren wir durch ein islamisches Dorf mit einer Moschee, mal klebt ein Fisch auf dem Auto, das Zeichen der Christen (von griechisch *Ichthys* = Fisch; in den Anfangsbuchstaben des Wortes verbirgt sich ein Kurzbekenntnis: I = Iēsous, C H = **Ch**ristós, Th = **Th**eoú = Gottes, **H**yiós = Sohn, **S**ōtér = der Erlöser). Es wird erzählt, dass in Zeiten der Christenverfolgung der Fisch auch ein Erkennungszeichen war: Einer zeichnete einen Bogen in den Sand, und wenn der andere ihn mit einem Gegenbogen zum Fisch vollendete, wussten beide, dass sie Christen sind. Im Chouf-Gebirge sehen wir aber auch Lourdes-Madonnen vor den Haustüren neben Märtyrer-Fotos oder Ausschnitten einer Koran-Sure in einem Schaufenster. Wirklich interessant. Jedenfalls geben die Menschen hier zu erkennen, zu welcher Religionsgruppe sie gehören.

Auf die Drusen sind wir aber nur durch Zufall gestoßen. Als wir in einem kleinen Dorf bei Toula halten und tanken wollen. Wie es so ist, kommt man schnell ins Gespräch – diesmal mit dem Tankwart, der Haitham Abou Mjahed heißt – und wird auf einen Tee eingeladen (ihn abzulehnen wäre sehr unhöflich). Wir tauschen die üblichen Freundlichkeiten aus und fragen nach der Familie, worauf Haitham uns seine Tochter, die achtjährige Layale, den elfjährigen Samir, und Nesthäkchen Hami vorstellt, einen etwa zweijährigen Wuschelkopf, der vor uns Fremden keine Scheu hat. Auch Ehefrau Laya wird kurz von der Waschmaschine weggeholt, damit sie sich zu uns setzt. Sie ist gut gelaunt, emanzipiert, verabschiedet sich aber bald wieder, weil sie zu tun hat. Das Wohnzimmer ist vollgestopft mit einer Couchgarnitur, einem Glastisch und einem alten Fernseher, daneben ein Computer.

Haitham nimmt seine Tochter Layale auf den Schoß und zaust zärtlich in ihren Haaren: «Ich bin ein Familienmensch», gesteht er mit einem leicht verlegenen Lächeln. «Ich spiele gern mit den Kindern und mag es, wenn sie immer um mich herum sind. Töchter liebe ich besonders. Mädchen haben mehr Gefühle und halten die Familie zusammen. Wenn ein Junge heiratet, ist er weg. Heiratet ein Mädchen, kommt sie mit ihrem Ehemann und ihren Kindern zurück, um Mama und Papa zu besuchen.»

Ich finde es ungewöhnlich, eine Familie vorzufinden, in der die klassische Rollenverteilung aufgehoben ist und ein Vater nicht den Sohn bevorzugt.

Rainer zeigt auf ein Foto an der Wand: «Ist das dein Vater?»

Haitham steht auf und holt es: «Das ist Walid Dschumblatt, Führer der sozialistischen Partei.»

«Und wieso hängt der hier an der Wand? Bist du ein Fan von ihm?»

«Er ist unser Anführer, er sitzt im libanesischen Parlament. Er kümmert sich um sein Volk.»

Rainer ist überrascht: «Bist du Druse? Wir haben gehört, dass hier drusisches Gebiet ist, aber eigentlich wissen wir nur sehr wenig darüber.»

«Wir nennen uns nicht Drusen, sondern Muwahhidin. Das heißt übersetzt: ‹Die an das Eine glauben, die Vereinigenden, die Vereiner.›»

Die Muwahhidin bekennen sich zum Monotheismus, ihr Weisheitsbuch ist eine Sammlung von Texten, zum Teil aus dem

Koran, zum Teil aus der Bibel, aber längst nicht nur. Sie gelten als Sekte und wurden häufig – wie alle Minderheiten – verfolgt. Sie haben sich, so erzählt Haitham auf Nachfragen, vor ungefähr tausend Jahren aus dem Islam herausgebildet, glauben aber an die Wiedergeburt, so wie jüdische Kabbalisten, Sufis, Hindus, buddhistische Tibeter und auch christliche Katharer. Sie sind davon überzeugt, dass es immer die gleiche Anzahl von Muwahhidin auf der Welt gibt – sie heiraten nur unter sich, und man kann nicht zu ihnen konvertieren. Und wenn einer im Libanon stirbt, wird er vielleicht in China wiedergeboren. Interessant wäre, überlegt Haitham, wenn ein libanesischer Muwahhidin in einem israelischen wiedergeboren wird – dort gibt es nämlich auch welche.

«Und was wäre daran interessant?», frage ich, obwohl ich mir die Antwort fast selbst geben kann.

«Na ja, die Muwahhidin im Libanon sind Feinde Israels. In Israel kämpfen sie als treue Staatsbürger in der Armee. Und weil wir uns oft an unsere früheren Leben erinnern, wäre es interessant, als Israeli wiedergeboren zu werden.»

«Das wäre bestimmt ein schwieriger Widerspruch», gebe ich zu bedenken.

«Bestimmt» versichert Haitham, «andererseits sind wir ein Volk, das sich mit den Herrschenden stets arrangiert hat. So haben wir überlebt.»

Haitham kehrt wieder zurück zum Thema Wiedergeburt. Er erzählt uns faszinierende Geschichten von Menschen, die wussten, wo sich wertvolle Gegenstände befanden, die sie in ihrem vorherigen Leben versteckt hatten, oder Einzelheiten aus Familiengeschichten, die nur intern bekannt sein konnten. Die Wiedergeburt erfolgt auch sehr schnell, oft schon in derselben Generation, und Haitham kennt eine Familie, die immer noch von ihrem «verstorbenen Sohn» besucht wird, der nach seinem

Unfall (ein Bagger fiel auf ihn) als ein anderer wiedergeboren wurde. In beiden Leben heißt er übrigens Osman, was zumindest ein auffälliger Zufall ist.

«Wenn Kinder anfangen, komische Sachen zu erzählen, etwa von eigenen Kindern, die sie mal hatten, dann denken andere vielleicht, dass sie nur so daherreden. Wir aber werden hellhörig. Wir fragen nach: ‹Wo sind denn deine Kinder? Wie waren sie?› Wir lassen sie aussprechen und nehmen sie mit zu den Leuten, von denen sie sagen, dass sie dort früher gelebt haben. Und diese Menschen bestätigen das, erinnern sich. Und dann erinnern sich die Wiedergeborenen auch häufig daran, wie sie gestorben sind.»

Fasziniert höre ich Haitham zu. In einem Kind eine weitgewanderte Seele zu wissen ist etwas ganz Ähnliches wie der Glaube an eine unsterbliche Seele. Ich jedenfalls glaube an *ein* Leben, an *einen* Tod und *eine* Auferstehung. Ich möchte auch unverwechselbar und einmalig sein – eben ICH. Etwas anderes will ich mir gar nicht vorstellen. Aber Gott allein weiß, wie es wirklich ist, und vielleicht ist es auch ganz anders.

Haitham und seine drei Kinder haben keine Erinnerungen an zurückliegende Leben – offenbar sind sie das letzte Mal zufrieden und eines natürlichen Todes gestorben. Denn nur diejenigen erinnern sich, die gewaltsam zu Tode gekommen sind.

«Wie oft wird man denn wiedergeboren?», frage ich nach.

«So lange, wie die Menschheit existiert. Es sei denn, es geschieht eine große Naturkatastrophe, die die ganze Welt zerstört. Schon bald könnte das passieren, in Form eines Sonnensturms. Die Menschen sind böse, vielleicht hat Gott bald genug von uns.»

«Und was würde passieren, wenn die Welt zerstört ist?», fragt Rainer besorgt.

Haitham bleibt ganz gelassen: «Wenn wir verschwinden, verschwinden wir, und ER schöpft eine neue Welt. Allah ist überall, und er allein weiß, was geschehen wird, denn er trifft die Entscheidungen.»

Aus seinen Worten spricht ein tiefes Gottvertrauen. Haitham ist stolz darauf, ein Druse zu sein. Sein Volk bleibt am liebsten unter sich, erklärt er, denn sie halten ihre Religion – wie alle Gläubigen, auch ich – für die beste. «Das heißt aber nicht», sagt er mit einer leichten Verbeugung in unsere Richtung, «dass ich nicht alle Menschen aus ganzem Herzen und in aller Ehrlichkeit liebe und andere Religionen schätze.» Er macht eine kleine Spannungspause, dann fährt er fort: «Zum Beweis meiner Worte: Die Jungfrau Maria hat für mich ein Wunder getan. Seit diesem Tag trage ich ihr Bild immer in meiner Brieftasche.»

Als ich etwas ungläubig schaue, lässt er sich von Layale sein Portemonnaie bringen und zeigt mir ein zerknittertes Heiligenbildchen. Ich bin gerührt, dass er es ständig bei sich trägt.

«Als Jugendlicher sprang ich einmal von einem hohen Dach» – Haitham zeigt mit dem Finger zur Zimmerdecke – «und fiel mit dem Rücken auf den Kopf einer steinernen Marienstatue.» Der Finger saust runter auf den Boden. Autsch! Tat aber nicht weh, beruhigt er mich. «Ich blieb auf unerklärliche Weise heil. Nach einem solchen Sturz hätte ich mindestens mit schweren Rückenverletzungen im Krankenhaus liegen müssen. Stattdessen nahm mich die Gottesmutter in ihre Arme und schützte mich vor dem Aufprall.»

Ich erzähle ihm, ich sei auch schon einmal aus dem Fenster gefallen, und auch mir wäre nichts geschehen. Als Haitham das vernimmt, ruft er freudig aus: «Gott sei gepriesen, Gott sei gepriesen!» Wir fühlen uns für einen Moment verwandt.

Bevorzugt leben die Muwahhidin im Libanon mit Christen zusammen. «Wir teilen gern unsere Dörfer mit ihnen», erzählt Haitham. Ebenso wie die aus Syrien stammenden christlichen Maroniten flohen die Muwahhidin als verfolgte Gruppe vor Jahrhunderten in die libanesischen Berge – was beide verbindet. Doch 1860 gab es Massaker an Christen durch Drusen, und im Bürgerkrieg in den siebziger Jahren waren die Drusen mit der palästinensischen PLO verbündet, nicht mit den Christen. Kamal Dschumblatt wurde 1977 ermordet, sein Sohn Walid ist der aktuelle «Drusenfürst» – und im Parlament mit seinen acht Stimmen häufig das Zünglein an der Waage. Seine Anhänger nennen ihn «Prinz der Berge». Weil er so viele Todfeinde hat (sein Vater und Großvater sind bei Attentaten ums Leben gekommen), lebt er seit Jahren schwer bewacht im Gebirge. Haitham, der im Alter von neun Jahren das erste Mal eine Waffe benutzte, hat den Regierungssitz Walid Dschumblatts zuletzt 2008 gegen Angriffe der Hisbollah verteidigt, als sie im Zuge ihrer Eroberungen in Beirut auch mal eben in den Bergen vorbeikam und drusisches Gebiet besetzen wollte.

«Uns hat die Hisbollah erzählt, dass sie das Land ausschließlich gegen Israel verteidigt», sagt Rainer und schaut mich vielsagend an.

«Das war der einzige große Fehler, den die Hisbollah gemacht hat», erwidert Haitham. «Gegen die eigenen Landsleute zu kämpfen. Sie dachten, wenn der Berg fällt, dann fällt ganz Libanon, und alles wäre Hisbollah-Land. Aber Gott war mit uns und nicht mit ihnen.»

«Wenn der Berg fällt» – damit ist Walid Dschumblatt gemeint. Klar. Und wie immer wird Gott für Sieg oder Niederlage verantwortlich gemacht. Ich sage nichts dazu. Haitham und seine Familie sind so warmherzig und zugewandt. Gleichzeitig ist es für ihn vollkommen selbstverständlich, in den Krieg zu ziehen. Aufgrund der vielen Konflikte war es ihm nicht möglich, beruflichen Ehrgeiz zu entwickeln oder eine gute Ausbildung zu machen – und das geht Hunderttausenden so. Alle leiden. Dennoch nehmen alle in Kauf, dass der Kampf kein Ende findet. Diesen Widerspruch kann ich einfach nicht lösen.

Layale weicht nicht mehr von meiner Seite, und als ich aufstehe, um kurz nach draußen zu gehen, umarmt sie mich und sagt strahlend: «*I love you.*» Mir schmilzt das Herz, und auch ich schließe Layale in meine Arme und schenke ihr einen kleinen Anhänger, den ich als Mitbringsel in meiner Tasche habe.

Layale zeigt mir, dass sie mit ihren Eltern und Geschwistern in einem Zimmer schläft. Alle zusammen, das ist hier normal. Alte Barbiepuppen liegen in dem Raum herum, und an der Wand sind Kreidezeichnungen der Kinder angeheftet. Mir stockt der Atem, als ich zwischen Herzen und Blumen Hakenkreuze entdecke.

«Was ist das denn?», frage ich erschrocken.

«Hitler», antwortet Haitham, der hinter uns eingetreten ist.

«Aber in Deutschland würde das nie jemand zeichnen. Neo-Nazis machen das, es ist verboten.»

Haitham antwortet: «Ich mag Hitler.»

Ich bin sprachlos. Wir alle sind sprachlos.

«Wir mögen ihn überhaupt nicht», antworte ich mehr als hilflos. Und Rainer fügt hinzu: «Hitler hat furchtbare Verbrechen begangen!»

Haitham ist wiederum erschrocken über unsere Reaktion. Er versucht zu erklären: «Ich mag ihn nicht in allem. Ich mag ihn, weil er sein Volk liebte und weil er Deutschland zum Land Nummer eins machen wollte. Die Massaker finde ich nicht gut. Aber im Krieg passieren Massaker. Es geht nicht anders.»

Rainer ist überhaupt nicht zufrieden mit dieser Antwort: «Bei diesen Massakern wurden Millionen von Menschen ausgelöscht. Da kann man Kinder doch nicht Hakenkreuze malen lassen!»

Haitham schüttelt ungläubig den Kopf. «Ich weiß nicht wirklich viel über ihn», räumt er ein. «Ich weiß nur, dass er in vielen Ländern im Nahen Osten verehrt wird. Und dürft ihr bei euch wirklich keine Hakenkreuze malen?»

«Nein», sagen Rainer und ich aus einem Mund.

In einem Moment Nähe, im nächsten tut sich ein Abgrund auf. Wir können einander nicht verstehen. Für uns ist es extrem befremdlich, dass es Menschen gibt, die mit Hitler sympathisieren und die Gräuel des Holocaust ausblenden. Für Haitham ist unverständlich, warum wir nicht anerkennen, dass Hitler Deutschland stark machen wollte. Eine kurze Weile schweigen alle, dann hebt er entschuldigend die Arme: «Es war ein Fehler von ihm, was er im Krieg gemacht hat. Er hat den Deutschen damit sehr geschadet.»

Die Situation entspannt sich ein wenig, und wir einigen uns darauf, dass wir uns nicht einigen müssen.

Zum Abschied geht Haitham in seinen Garten und schneidet mir eine wunderschöne Rose ab, die einzige Rose, die dort blüht. Das rührt mich sehr, und ich denke: Würde ich meine einzige blühende Rose hergeben?

«Hast du das mit den Hakenkreuzen kapiert?», frage ich später Rainer, als wir wieder unterwegs sind. Dieses Kindergekritzel beschäftigt mich immer noch.

«Ich weiß, dass die Propaganda-Maschinerie der Nazis bis in den Nahen Osten reichte», antwortet mein Copilot. «Die produzierten Radiosendungen für Ägypten, Syrien, den Irak und Palästina. Hitler hatte sich mit Mohammed Amin al-Husseini verbündet, dem höchsten islamischen Geistlichen in Palästina. Der Großmufti sorgte dafür, dass sich der Antisemitismus in den arabischen Ländern ausbreitete. *Mein Kampf* war und ist wohl immer noch eine Art Bestseller hier.»

«Unglaublich», rufe ich aus. «Weil die Juden hier der Feind sind, findet man Hitler gut?»

Rainer nickt. «So in etwa. Der Holocaust wird von vielen Arabern für eine Erfindung gehalten, als Argument, um ihnen den Judenstaat aufzudrücken.»

«Wer hier der Feind ist, scheint jedenfalls für alle klar zu sein», antworte ich in leicht ironischem Tonfall.

«Die Beziehung zu einem Todfeind hält oft länger als eine gute Ehe», fügt Rainer lakonisch hinzu.

Zunehmend kommt es mir fremd vor, wenn ich mein Brevier bete, das aus israelischen Psalmen besteht. Nicht nur, weil Israel Feindesland im Libanon ist, sondern auch, weil in den Psalmen ständig von Kampf, Sieg, Macht und Bestrafung die Rede ist. Was in meiner Welt in Deutschland keine Entsprechung in der Realität hat, wird hier auf unheimliche Weise konkret. Etwas verändert sich dadurch in mir. Ich bete sehr viel bewusster, oft mit einem leisen Bauchgrummeln. Als ich eines Morgens den Psalm 29 lese, heißt es da: «Die Stimme des Herrn zerbricht die Zedern, der Herr zerschmettert die Zedern des Libanon. Er lässt den Libanon hüpfen wie ein Kalb, wie einen Wildstier den Sirjon.» Ich klappe mein Brevier zu und bete mit meinen eigenen Worten um Frieden in dieser Region. Ich überlege: Wäre es nicht ein Leichtes für Jesus gewesen, seine Jünger zu bitten, für ihn zu kämpfen und ihn zu schützen? Sie wollten es – er hat sie daran gehindert. Selbst im Koran, der von einem Gott «stark an Rache» spricht und in dem immer wieder mit Höllenqualen für die Ungläubigen gedroht wird, heißt Allah in fast allen Suren «der allbarmherzigste Erbarmer». Dieser Name steht vor allen anderen. Es heißt: «Kein Antrieb soll euch sein der Hass von Leuten, dass ihr gerecht nicht seiet. Seid gerecht! Das ist gemäßer» (5. Sure 8).

Ich überlege weiter: Solange wir herrschen wollen, ist Gott ein

Herrscher, und wir sind Kinder. Wenn wir kämpfen wollen, ist er der Superkämpfer, und wir sind seine Armee. Wenn wir eifersüchtig sind, ist er es ebenso. So legen wir das, was uns am Herzen liegt, in Gott hinein – und so haben sich auch christliche Gottesbilder im Lauf der Geschichte verändert. Mal war er Feldherr, mal König, mal Bettler, mal Geliebter, mal das große Nichts.

Der kriegerische Wortlaut heiliger Schriften passt nicht zu Demokratien, die sich aufmachen wollen in eine friedliche Zukunft, die auf Menschenrechte achten, an Gerechtigkeit glauben, die Todesstrafe und Kriegsverbrechen ächten, die Gleichberechtigung der Geschlechter umsetzen und die Würde des Einzelnen für unantastbar halten. Die Entwicklung vom Steinzeit-Rabauken zum «Global Lover» braucht eine andere Sprache und andere Gottesbilder. Im ersten Korintherbrief heißt es: «Da ich ein Kind war, da redete ich wie ein Kind und war klug wie ein Kind und hatte kindische Anschläge; da ich aber ein Mann ward, tat ich ab, was kindisch war.»

Wenn Herrschende sich auf einen Herrscher-Gott berufen, dessen angeblichen Willen sie ausführen, und den Krieg für gut und richtig erklären, oder zumindest für notwendig, dann handeln sie im Grunde wie Kinder. Wie soll man aber seinen Kindern beibringen, dass erwachsene Menschen Konflikte mit friedlichen Mitteln lösen? Ist es überhaupt möglich, den Weg der Menschlichkeit zu gehen, mitten im verordneten Unfrieden? Nur unter Opfern offenbar. So wie die «Lübecker Märtyrer», drei katholische und ein evangelischer Geistlicher, die sich in ihren Predigten gegen die Nazis gestellt hatten und 1943 hingerichtet wurden: Hermann Lange, Johannes Prassek, Eduard Müller und Karl Friedrich Stellbrink. Wie sie gab es einige in Deutschland, die sich gegen das faschistische Regime auflehnten, die meisten wurden getötet. Das nackte Leben zu retten liegt erst einmal näher, als den Schutz von verfolgten Minderheiten aus der Nachbarschaft zu garantieren. Der Instinkt, selbst zu überleben, ist stärker als der schönste kategorische Imperativ. Woran liegt das?

Einmal habe ich eine Karikatur gesehen: Ein Pilger kommt an eine Wegkreuzung. Auf dem Wegweiser, der nach links zeigt, steht: «Sinn des Lebens», rechts: «Zur nächsten Bäckerei». Der Pilger kratzt sich am Kinn und fragt sich, wohin er gehen soll. Das bringt das menschliche Dilemma auf den Punkt. Der «alte Mensch», von dem auch Paulus spricht, entscheidet sich für die Bäckerei. Der neue Mensch lebt nicht vom Brot allein und geht in die andere Richtung. Neue Menschen bringen einen Ruck (nach vorn) in die Welt, wenn sie dem Pfad der Mitmenschlichkeit folgen. Selbst wenn sie es mit Gefängnis, Folter oder dem Leben bezahlen, sie zünden ein Licht an inmitten der Dunkelheit.

11

Vielleicht schickt Gott bald wieder jemanden auf die Erde – es wird Zeit

Jesus hat sich mehrfach in Tyros aufgehalten, im Süden des heutigen Libanon, und das ist auch unser nächstes Ziel. Diese Gegend war ein Zufluchtsort für ihn, wenn die Pharisäer ihm mal wieder zu sehr nachstellten. Am liebsten hätte er seine Besuche hier geheim gehalten, aber das funktionierte nicht, denn überall im Land gab es Menschen in Not. Die ganze Region war in römischer Hand, davon zeugen jede Menge guterhaltener Ruinen. Wer weiß – vielleicht hat er die eine oder andere noch mit eigenen Augen gesehen ...

In der Küstenstadt Tyros, auch Sour genannt, treffen wir in einem Café in der Nähe des malerischen Fischerhafens die griechische Sozialpädagogin Ria Bereti-Charaffedine. Das Café besteht aus ein paar wackeligen Plastiktischen direkt vor einer Motorradwerkstatt, über deren Eingang das Schild einer Bekleidungsfirma hängt. Nebenan hämmert ein Bootsbauer an einem Schiffsrumpf, was mich an biblische Zeiten erinnern lässt, denn er arbeitet mit Holzwerkzeug, und das Boot sieht uralt aus. Ich sehe ein paar kaputte Zweiräder, daneben etwas Schrott, daneben wir. Ria hat vierzehn Jahre lang in Deutschland gelebt und in Bochum studiert. Dort lernte sie ihren Ehemann Ali kennen, einen libanesischen Architekten, und folgte ihm nach Tyros. Sie ist eine attraktive Frau Mitte fünfzig, beigefarbene Bundfaltenhose, lockere blaue Bluse, Zopf. Nur wenn sie Preisschilder lesen muss, setzt sie ihre Brille auf.

Wie wunderbar, dass ich ein Gespräch ohne Übersetzung führen kann. Ich stürze mich hinein, stelle tausend Fragen. Ria war früher in Tyros Leiterin einer Hauptschule (mit einem Monatsgehalt von 700 Dollar), aber weil ihr Mann genügend Aufträge hat, arbeitet sie inzwischen ehrenamtlich in einer Schule für Menschen mit Behinderungen – und sie führt eine deutsche Bäckerei. Ja, mitten im Libanon gibt es deutsches Brot zu kaufen, Hefeteilchen, Brezel und zu Weihnachten sogar Christstollen. Alle Zutaten werden aus Deutschland geschickt. Zur Begrüßung versorgt sie uns mit einem mitgebrachten, fast noch ofenwarmen Pflaumenkuchen. Unglaublich.

Die Bäckerei begann 2003 als Förderprojekt von «Brot gegen Not», mittlerweile gehört die Deutsche Botschaft in Beirut zu den Stammkunden, genauso wie die Mitglieder der dortigen evangelischen Gemeinde. In der Backstube, so erzählt sie, sind alle Gefäße auf Deutsch beschriftet: Mehl, Zucker, Sonnenblumenkerne, und darunter steht die arabische Übersetzung. Sie zeigt uns ein Foto, und ich muss herzlich lachen. Ria achtet darauf, dass keine Konkurrenz zu den ansässigen Bäckern entsteht, aber die Gefahr ist sowieso nicht groß: «Libanesen mögen deutsches Brot nur dann, wenn sie schon mal in Deutschland waren, für den mediterranen Gaumen ist es zu schwer.»

Ich empfinde es natürlich umgekehrt: Nichts gegen libanesisches Brot, aber «richtiges» Brot ist ganz wunderbar, so mit dunkler Kruste ...

Als im Sommer 2006 die israelischen Angriffe losgingen, befand sich Ria gerade mit ihren Kindern in Griechenland, besuchte ihre Eltern. Eines Morgens erhielt sie von ihrem Mann eine SMS, darin stand, dass die Brücke über den Litani-Fluss bombardiert worden sei.

«Im ersten Moment dachte ich, das kann doch nicht sein, von wann ist denn diese SMS?» Sie muss lachen, als sie es erzählt, obwohl es nicht lustig ist – sie hatte einfach keine Nachrichten geschaut. «Aber so schnell kann es eben gehen. Es kann jederzeit passieren. Und tief in uns allen sitzt die Unsicherheit, ob es nicht wieder jederzeit anfangen könnte.»

In Tyros wurden damals Menschen mit Phosphorverbrennungen ärztlich behandelt – die Genfer Konventionen über humanitäres Völkerreicht verbieten Phosphorbomben, die Israelis hatten sie dennoch eingesetzt. «Kann es sein, dass die Israelis ihr ‹Recht auf Selbstverteidigung› ein wenig übertrieben haben?», frage ich Ria.

«Natürlich haben sie das», antwortet sie. «Aber so reagieren Menschen, die sich bedroht fühlen und Angst haben: Sie schlagen um sich, sie bauen Mauern und Zäune. Sie verstehen nicht, dass noch kein Konflikt dieser Welt mit Gewalt gelöst wurde.» Ria lässt ihren Blick über den kleinen Platz schweifen. Von weitem winkt ihr jemand zu, und sie ruft etwas zurück. Dann fährt sie fort: «Die Schiiten wollen ihre Waffen ja auch nicht wieder abgeben. Jahrzehntelang wurden sie zurückgesetzt und hatten kaum Rechte in diesem Land. Die Waffen haben ihnen Rechte gegeben. Waffen können jedem Rechte geben. Aber langfristig ist das keine Lösung.»

Dennoch sieht Ria die Hisbollah nicht als Feind. Während der Bombardements 2006 musste ihre Familie Tyros verlassen – dank der Befreiung durch die Hisbollah konnte sie später zurückkehren. Ja, sie sagt «Befreiung». «Es wird so viel Tamtam um die Hisbollah gemacht. Das ist reine Angstmacherei. Es wurde uns eingeredet, sie werde alle zwangsislamisieren. Aber das habe ich nie erlebt, im Gegenteil. Sie sind hier, wir Christen sind hier, wir stören uns überhaupt nicht.»

«Gibt es Zeiten, in denen du denkst, das alles ist kaum auszuhalten?», hakt Rainer nach.

«Sicher gibt es die», antwortet Ria und streicht sich eine widerspenstige Haarsträhne hinter das Ohr. «Ständig fällt der

Strom aus. Das Wasser ist oft rationiert. Das macht den Alltag zu einem zermürbenden Kampf. Jeder hier hat Angst vor dem nächsten Krieg. Mal mehr, mal weniger, je nachdem, wie die politische Situation gerade ist. Manchmal will man resignieren, man verliert die Lust, etwas Neues anzufangen, weil man denkt: Der nächste Schlag macht sowieso wieder alles kaputt, ich lasse es lieber ganz.»

Der Libanon ist für Ria ein ewiges Provisorium. Trotzdem will sie nach siebenundzwanzig Jahren nicht mehr fort aus Tyros, sie hat hier Wurzeln geschlagen. Und sie mag das traditionelle Miteinander der Religionen: «Jede Woche werde ich auf eine Feier einer anderen Konfession eingeladen, das machen hier alle so. Momentan kommen viele asiatische Muslime in den Libanon, bei denen sind die Gebräuche wieder ganz anders. Wenn jemand die Welt kennenlernen will, muss er nur nach Tyros reisen. Warum redet eigentlich nie jemand darüber, dass wir an der Basis keine Probleme mit dem Miteinander haben?»

Unruhe kam auf, als muslimische Frauen anfingen, den Tschador zu tragen, ein politisches Statement für die Hisbollah. Da gingen jede Menge Gerüchte um, von jetzt an müssten sich alle Frauen verschleiern. Aber Ria hat sich davon nicht abschrecken lassen: «Wenn man miteinander redet und sich damit beschäftigt, erfährt man: Hinter dem Tschador steckt auch nur ein Mensch. Viele meiner Freundinnen tragen den Schleier. Sollen sie doch! Wenn einer Pfarrer ist, trägt er auch ein Gewand. Diese Stadt war immer wie ein Regenbogen.»

Stimmt. Man sieht Frauen zusammen bummeln – die eine mit einem langen Kleid und Kopftuch, die andere mit Minirock und Top. Ich bewundere Ria für ihre klare Haltung. Sie lässt sich nicht vor irgendeinen Karren spannen. Viktor Frankl hat einmal gesagt: «Der Nationalsozialismus hat den Rassenwahn aufgebracht. In Wirklichkeit gibt es aber nur zwei Menschenrassen, nämlich die ‹Rasse› der anständigen und die ‹Rasse› der unanständigen Menschen. Und die ‹Rassentrennung› verläuft quer durch alle Nationen und innerhalb jeder einzelnen Nation quer durch alle Parteien.»[13] Wenn ich Ria ansehe, dann weiß ich, auf welcher Seite sie steht.

Mit besonderer Motivation besuchte Papst Benedikt XVI. ja im September 2012 den Libanon. Nicht nur, weil es eines der urchristlichen Länder ist, sondern auch, um allen Christen in der arabischen Welt zu signalisieren, dass die Kirche hinter ihnen steht, um im Besonderen der libanesischen Jugend Mut zuzusprechen – den sie auch dringend benötigt, um große Veränderungen möglich zu machen, die innere Gespaltenheit zu überwinden. «Habt keine Angst vor materiellen Ungewissheiten oder Arbeitslosigkeit, sondern gestaltet aktiv die Zukunft eures Landes», forderte der Papst Tausende junge Christen und Muslime bei seinem Abschlussgottesdienst in der Nähe von Beirut auf. «In meinem Herzen habt ihr einen besonderen Platz, denn euer friedliches Zusammenleben macht die Schönheit dieses Landes aus», fügte er unter tosendem Applaus hinzu.

Der Libanon ist die stärkste Säule für die Christen im gesamten Nahen Osten. Der Papst traf sich während seiner Reise mit Politikern und Religionsführern, um für Versöhnung, friedliche politische Lösungen und ein «brüderliches Miteinander» auf der Basis gegenseitiger Achtung einzutreten. Offenbar gewann er dabei viele Sympathien, weil er bescheiden auftrat und nicht mit dem Anspruch, anderen etwas vorzuschreiben. In der Geschichte gab es mehr Religionskriege unter uns Christen als

---

13 Viktor E. Frankl: Logotherapie und Existenzanalyse. Texte aus sechs Jahrzehnten. Weinheim 2010, S. 299

zwischen Christen und Muslimen, da waren wir kein glaubhaftes Vorbild für andere. Gleichzeitig hat das Zusammenleben von Christen und Muslimen auch immer wieder wunderbare Blüten getrieben. Sie sind wichtig – findet auch Ria. Christen sind eine Farbe des Regenbogens.

Nach einer Weile kommt sie auf die Palästinenser zu sprechen. In der näheren Umgebung von Tyros befinden sich drei Camps, in denen Palästinenser leben, zum Teil schon seit 1948, als die Briten ihr Mandatsgebiet benutzten, um auf diesem «eine Heimstätte für das jüdische Volk in Palästina» zu schaffen. Insgesamt wohnen in den drei Camps zwischen 300 000 und 500 000 Menschen.

«Als ich das erste Mal in einem solchen Lager war, musste ich weinen», erzählt sie. «Die Enge und die Armut sind schrecklich. Und trotzdem lächeln die Menschen.» Sie schüttelt nachdenklich den Kopf. «Die meisten Palästinenser arbeiten auf Plantagen, Baustellen oder in Haushalten – schwarz und für einen Lohn, bei dem man nur von Ausbeutung sprechen kann. Palästinenser dürfen nämlich im Libanon keine Berufe ausüben oder ein Gewerbe betreiben.» Natürlich gibt es nach über siebzig Jahren Nebeneinanderlebens auch Freundschaften, erzählt sie weiter, es gibt sogar Eheschließungen. Nur keinen rechtlichen Status. «Palästinenser sind Wartende, Vertriebene, die niemand haben will. Wenn ich in meine Heimat Griechenland zurückkehren wollte, dann weiß ich, wo mein Land ist. Aber sie haben ihr Land nicht mehr. Wohin sollen sie gehen?» Ria schaut uns eindringlich an. Sie hat die Stimme erhoben und sieht traurig und wütend aus. «Es ist eine Tragödie», sagt sie nun in leiserem Tonfall, «eine Tragödie wie im klassischen griechischen Theater. Ein unlösbarer Konflikt mitten in diesem Heiligen Land, und alles steuert auf die Katastrophe zu.»

Dass die Politiker – und damit meint Ria weltweit alle Politiker – jemals zur Vernunft kommen, hält sie für mehr als fraglich. «Ich bete um ein Wunder», sagt sie und zeigt zum Himmel. «Und wenn eins passiert, eins, das die Lösung bringt, dann ist diese Gegend ja wohl prädestiniert dafür.» Sie lächelt und lehnt sich in ihrem Stuhl zurück.

Vielleicht muss tatsächlich ein Wunder passieren. Vielleicht kommt aber auch ein Mensch, der den gordischen Knoten durchtrennt. Das ist nicht ganz unrealistisch. Oder hätte irgendjemand mitten im Kalten Krieg mit Michail Gorbatschow gerechnet? Selbst scheinbar Unmögliches scheint immer noch möglich zu sein, und das verheißt mir auch Jesus in der Bergpredigt: «Selig, die Frieden stiften, denn sie werden Söhne (und Töchter) Gottes genannt werden.» Vielleicht schickt Gott bald wieder jemanden auf die Erde. Es wird Zeit.

Mit einer herzlichen Umarmung verabschiede ich mich von Ria und wünsche ihr alles Gute. Bis heute bin ich mit ihr in Kontakt – über das Internet. Es ist wunderbar, dass die Technik uns das ermöglicht.

Am späten Nachmittag fahren wir weiter, Richtung Bekaa-Ebene, wo wir auch übernachten wollen. Die Strecke schaffen wir ohne Hindernisse, dennoch erreichen wir erst mitten in der Nacht unsere Herberge bei Pascal Abdallah. Beim Aussteigen sehe ich, wie sich ein riesiger Sternenhimmel über uns wölbt. Zum ersten Mal, seit ich im Libanon bin, ist es vollkommen still. Keine Autos, keine Verkaufsstände, kein Stadtlärm, und was mir noch wichtiger ist: Die Luft ist klar und rein. Tief atme ich durch und fühle mich rundum wohl. Mitten in der Nacht werde ich von der schönen und klaren Stimme des Muezzins geweckt, die durch das weite Tal hallt – fast unwirklich. Bald darauf schlafe ich wieder ein.

Die fruchtbare Bekaa-Ebene ist ein langes und nur wenige

Kilometer breites Hochland zwischen dem Libanongebirge und dem Gebirgszug Anti-Libanon, der gleichzeitig die Grenze zu Syrien ist. Eine Landschaft wirkt wie gemalt, der Garten von Pascal ist eine Oase – Aprikosenbäume, Weinstöcke, an denen reife Trauben hängen, Feigen- und Granatapfelbäume, dazu bunte Blütenpracht. Stolz führt er uns herum. Er ist Mitte dreißig, schlank, hat kurze dunkle Haare, trägt einen Vollbart, Khaki-Kniebundhosen und einen Trapperhut, und er erklärt mir das traditionelle Bewässerungssystem der Bekaa-Ebene, die die Kornkammer des Landes ist: «Mein Großvater Rashid hatte an jedem elften Tag dreizehn Minuten lang das Recht, Wasser von der Dorfquelle in seine Wasserspeicher zu leiten und dann auf die Felder oder zu den Bäumen. Nach diesen dreizehn Minuten war der Nächste dran.» Ein Wasserwächter sorgte dafür, dass alles gerecht zuging. Nach elf Tagen hatte jeder Landwirt oder Obstbauer einmal Wasser gehabt, und es ging wieder von vorne los. Eine uralte Methode der Wasserverteilung, die seit Jahrtausenden im Orient angewendet wird. Und als der Wassermann kommt, um Pascals Zisterne aufzufüllen, scheint es mir, als wären es immer noch dreizehn Minuten. Unser Gastgeber beruhigt mich und sagt, dass die Zisterne jedes Mal aufgefüllt wird, egal, wie lange es dauert.

Pascals Haus ist bunt. In der Nacht hatte ich davon nichts gesehen, aber jetzt werden wir durch Räume geführt, die wie gemalte Träume aussehen. Sein Großvater war Offizier in der französischen Armee gewesen, und nach seiner Pensionierung erstand er dieses Anwesen. Pascal erzählt uns während der Hausbesichtigung die Geschichte der Malereien: «Meine Großmutter hatte bald die Nase voll davon, dass er tagaus, tagein im Teehaus saß, um Kalaha oder Trictrac zu spielen. ‹Mach dich nützlich›, gab sie ihm zu verstehen. ‹Und wie?›, fragte er. Ihre Antwort: ‹Mach das Haus schön!› Mit vierundachtzig fing er also an, sich nützlich zu machen und das Haus zu verschönern. Er kaufte Pinsel und Farben und bemalte die erste Tür.»

Mit offenem Mund laufen wir durch das Haus. Es ist ein Gesamtkunstwerk, wie ein Märchen aus Tausendundeiner Nacht. Als alle Türen fertig waren, kamen die Zimmerwände dran. Dann die Decken. Überall sehe ich farbenfrohe Girlanden, runde oder eckige Ornamente wie auf Orientteppichen, Pflanzenranken. Kein Muster sieht aus wie das andere.

«Die Freunde aus dem Teehaus vermissten natürlich meinen Großvater, und irgendwann tauchten sie auf, um nachzuschauen, was er denn so machen würde», fährt Pascal in seinem Bericht fort. «Manche tippten sich an die Stirn und sagten: ‹Armer Rashid, er hätte besser anfangen sollen, Milch zu verkaufen.› Aber andere meinten, seine Malereien hätten viel Kraft.» Das finde ich auch. Sie haben eine Wirkung, das kann ich spüren.

Pascal wurde von seinem Großvater angelernt. Am Anfang durfte er die Ornamente nur ausmalen, später mitgestalten. Aber als Rashid im Alter von 107 Jahren (Respekt!) starb, war das Haus immer noch nicht fertig. Kurz vor seinem Tod nahm er seinem Enkel das Versprechen ab, das Werk zu vollenden. Und Pascal hält sich an die Abmachung.

Im Wohnzimmer zeigt er uns ein großes Mandala, ein quadratisches Symbol, in das in arabischer Schrift hineingeschrieben ist: «Gott ist das Licht des Himmels und der Erde.» Die meisten Zitate, die in dem Haus verewigt wurden, stammen aus dem Koran, aber Pascals Familie ist christlich. In der Mitte eines weiteren Mandalas steht: «Gott ist einzig.»

«Das ist die fundamentale Aussage des Islams», erklärt Pascal. «Muslime denken, dass wir Christen drei Götter anbeten. Aber mein Großvater wählte diesen Satz, um auszudrücken, dass wir mehr auf die Gemeinsamkeiten schauen sollten als auf das, was uns unterscheidet. Gott ist auch für Christen einzig.»

Wir Christen glauben an einen Gott, der uns persönlich meint. Der uns mit Namen anspricht und der selbst einen Namen hat. Im Islam kennt man neunundneunzig Namen für Gott, und jeder von ihnen steht für eine göttliche Eigenschaft. Die Rezitation der Namen dient dazu, sich dem Göttlichen anzunähern. Bei uns ist Gott dreifaltig: Vater, Sohn und Heiliger Geist, und auch das dient dazu, sich dem Göttlichen anzunähern. Es ist eine andere Form der Annäherung. Im Islam wird Jesus als Prophet der Liebe gesehen und verehrt, aber nicht als Gottes Sohn. Die Dreifaltigkeitslehre wird im Koran ausdrücklich kritisiert: «Übertreibt nicht in eurer Religion ... Wahrlich, der Messias, Jesus, Sohn der Maria, ist nur Allahs Gesandter ... sagt nicht: Drei. Allah ist nur ein einziger Gott. Es liegt seiner Herrlichkeit fern, ihm ein Kind zuzuschreiben» (Sure 4). Christen wiederum finden es unverständlich, dass man nicht glauben kann, dass Jesus Gottes Sohn ist.

Jesus selbst hat die Trinität nicht gelehrt, auch nicht die Verehrung von Heiligen. Wie kann es aber gedeutet werden, dass Jesus bei Johannes sagt: «Ich und der Vater sind eins.» Oder: «Gott ist Geist, und alle, die ihn anbeten, müssen ihn im Geist und in der Wahrheit anbeten.» Oder wenn Gottes Stimme von Himmel her über Jesus sagt: «Dies ist mein geliebter Sohn, an dem ich Wohlgefallen gefunden habe.» Aus dem Wunsch heraus, diese und viele ähnliche Aussagen der Evangelien zu verstehen, ist die Dreifaltigkeitslehre entstanden. Sie war von Anfang an auch bei den Christen höchst umstritten. Die schönste Erfahrung der Dreifaltigkeit, die mystische, finde ich bei dem dominikanischen Lehrer Meister Eckhart. So erklärt er den Heiligen Geist als ein Band der Liebe, das Vater und Sohn in der Seele verbindet, manchmal wird er von dem Mystiker auch als Frau dargestellt. Und dieser Heilige Geist wird jedem verliehen, der ihn empfangen will. So ist das Göttliche in mir und in allen anderen.

Nie habe ich den Wunsch gehabt, von Menschen mit einem anderen Glauben zu verlangen, dass sie anerkennen, Jesus sei der Sohn Gottes. Gleichermaßen kann ein Muslim von mir nicht verlangen, dass ich Mohammed als «das Siegel der Propheten» anerkenne, dann wäre ich ja selbst eine Muslima. Ich respektiere, dass für die Muslime Mohammed der größte Prophet ist, so wie auch ich in meinem Glauben respektiert werden möchte. Allerdings würden Muslime sich niemals abfällig über Jesus, seine Jünger oder seine Mutter Maria äußern. Bei uns Christen fehlte über lange Zeit dieser Respekt dem Propheten gegenüber. Im Namen der Christen wurde manches Unrecht verübt. In dem Haus von Pascal habe ich aber das Gefühl, im Paradies zu sein.

Am Nachmittag lässt unser Gastgeber uns auf der Veranda zusammenkommen, er will uns einen Freund vorzustellen, den Streitschlichter Hani Sukharie.

«Er ist der einzige Muslim», erwähnt Pascal, während er jedem ein Glas frisches Quellwasser einschenkt, «der es sich erlauben kann, eine christliche Hymne als Klingelton auf seinem Handy zu haben.» Tatsächlich klingelt das Telefon des alten Herrn pausenlos, er ist ein vielgefragter Mann. Als ich ihn nach seinen Aufgaben frage, beugt er sich leicht zu mir vor und vertraut mir an: «Wenn über das Grundlegende keine Einigkeit besteht, ist es sinnlos, gemeinsame Pläne zu machen. Das hat Konfuzius gesagt.»

Das Grundlegende herauszuarbeiten ist sein Talent, Weisheit und Lebenserfahrung eines fünfundachtzigjährigen Lebens kommen hinzu und machen ihn zum erfolgreichsten Streitschlichter in der ganzen Gegend. Da libanesische Gerichte vielen hier zu parteiisch sind, sind die Menschen selbst aktiv geworden und haben sich einen Vermittler ausgesucht. Sein Alter sieht man Hani Sukharie übrigens nicht an. Er scheint eine schier unerschöpfliche Energie zu haben, darüber hinaus sieht er aus wie aus dem Ei gepellt: Trotz Hitze trägt er ein weißes Hemd, Krawatte und einen Anzug, der wie angegossen sitzt. Seine graublauen Augen blitzen. Er erklärt mir nun, dass hinter den Bergen Syrien anfängt und dass deren Wälder für eine Eisenbahnstrecke abgeholzt wurden, die einst die Franzosen bauten. Bislang habe ich im Libanon keine Eisenbahn gesehen und frage danach.

«Es gibt sie nicht mehr», erklärt Hani Sukharie. «Ein Teil der Trasse ist noch da, aber es fahren keine Züge mehr. Nach dem Schwarzen September, dem Jordanischen Bürgerkrieg 1970, hatte die Palästinensische Befreiungsorganisation ihre Basis im Libanon. Der Bürgerkrieg in unserem Land begann, und es wurde vieles zerstört, auch die Eisenbahnstrecke.»

Auf der Terrasse mit den aus der Tür wehenden orangefarbenen Vorhängen ist davon nichts zu merken.

«Fanden in dieser Gegend denn auch Gefechte statt?», fragt Rainer.

«Wir sind sicher keine Engel», erwidert Hani, nachdem er einen weiteren Anruf beendet hat. «Es gibt auch hier Leute, die Fehler machen oder gegen das Gesetz verstoßen. Aber für jeden von ihnen wird man hundert andere finden, die aufstehen und sagen, dass sie im Unrecht sind. Das ist der Unterschied zu anderen Landesteilen, und deshalb gab es selbst während des Bürgerkriegs in dieser Ebene keine Grausamkeiten oder Massaker.»

Die Menschen kommen mit allen möglichen Problemen zu ihm, erklärt er, als ich mehr von seiner Tätigkeit erfahren will. Man streitet sich um Frauen, um Diebstähle oder Land. Und die Leute folgen seinem Rat. Er, der gelernte Jurist, wirbt auch für Verständnis und Toleranz, offenbar mit großem Erfolg,

denn sein Spitzname ist «Moslem-Katholik». Auch Hani Sukharie erzählt, dass in den umliegenden Dörfern die Menschen
unterschiedlichen Glaubens zusammenleben und gemeinsam
beten. Sie treffen sich bei jeder Hochzeit und bei jeder Beerdi-
gung. «Das ist der Schlüssel zum Frieden», sagt er, «dort, wo
Leute sich treffen, treffen sich die Religionen. Die Christen kennen Moscheen von innen, die Muslime besuchen die Messe. Und
wenn man genau hinhört, predigen alle dasselbe.»

Es gibt aber auch komplizierte Fälle, weiß der Streitschlichter, wo die Emotionen hochkochen. Zum Beispiel, als Remigia
und Assad sich ineinander verliebten, sie Christin, er Muslim.
«Dreimal kam Assad zum Haus seiner Schwiegereltern und
hielt um ihre Hand an. Aber da war nichts zu machen. Sie blieben stur. Beim dritten Mal hat er Remigia einfach mitgenommen.» Mit dem Einverständnis der Braut entführte Assad sie
in sein Dorf. Wenige Stunden später versammelten sich zwei-
hundert bewaffnete Christen vor seinem Elternhaus, um die
Braut zurückzufordern. «Anstatt den jungen Leuten den Segen
zu geben, gab es eine kindische Straßenschlacht mit vielen Verletzten.»

«Und sind die beiden noch zusammen?», fragt Rainer.

«Sie sind seit zehn Jahren verheiratet», sagt Hani stolz, denn
auch in diesem Fall hatte er seine Finger im Spiel. «Für beide
Familien war das äußerst schwierig, aber die Liebe hat sich
durchgesetzt.»

Für eine solche Liebe muss man sehr stark sein, vor allem in
ländlichen Gegenden, und deshalb ist diese christlich-muslimi-
sche Ehe ermutigend für mich – und auch für Hani Sukharie.
Zum Abschied rezitiert er noch ein Gedicht für uns, es ist eines
der schönsten Glaubensbekenntnisse, die ich auf dieser Reise
gehört habe: «Wir glauben an Gott und an den Menschen. / Unser
Weg wird erleuchtet vom Evangelium und Koran. / Unsere Ent-

scheidungen werden die Armut besiegen, / und die Liebe in unseren Herzen wird uns Sicherheit schenken. / Wenn wir zusammenleben, wird Schönheit erblühen, / und die Kinder werden lächeln. / Möge der Libanon unabhängig und friedvoll sein.»

Gern wäre ich länger in diesem bunten Haus geblieben, doch das nächste Land wartete schon auf uns. Wir mussten abreisen. Nach allen Anfangsschwierigkeiten mag ich den Libanon in all seiner Wechselhaftigkeit.

12

Ezra, der tanzende Jude

Die Einreise nach Israel war voller Strapazen. Am Abend zuvor gab es ein Festessen zu Ehren von Ayhan, die uns nicht nach Israel begleiten würde. Ich war traurig, denn ich hatte mich sehr an ihre muntere Art gewöhnt. Wir waren später als sonst zu Bett gekommen, doch um 4.30 Uhr klingelte erbarmungslos der Wecker. Am Beiruter Flughafen Rafiq Hariri fehlten vorübergehend einige Ticket, sodass wir befürchteten, in Etappen fliegen zu müssen. Zum Glück tauchten die aber wieder auf. Im Gegenzug verschwand spurlos unser roter Chevi, der auf einem Lkw durch Syrien transportiert werden sollte.

Schließlich landeten wir in Amman, in der Hauptstadt Jordaniens, denn einen Direktflug von Beirut nach Tel Aviv gibt es nicht. In Beirut war uns versprochen worden, dass wir bei unserer Ankunft auf dem Queen Alia International Airport unser Auto garantiert wieder vorfinden würden. Dem war aber nicht so gewesen. Von daher machte sich eine Auto-Suchmannschaft auf den Weg in die City, um Nachforschungen anzustellen. Mit dem Rest verbrachte ich die nächsten sechs Stunden in einem klimatisierten Flughafen mitten in der Wüste. Jetzt kam mein Kartenspiel zum Einsatz, zu seinem einzigen während der Reise.

Das Suchteam kehrte unverrichteter Dinge zurück. Nach kurzer Ratlosigkeit stopften wir die technische Ausrüstung, das private Gepäck und uns selbst in vier Taxis (!) und fuhren Richtung israelische Grenze. Die Landschaft war beeindruckend: große Berge, alles kahl und wüstenähnlich. Nach einer gefühlten

Stunde Fahrt hieß es: «Alle aussteigen!» Die Fahrt war zu Ende, die Straße wurde von einem großen Tor versperrt, und ein aufgestelltes Schild verkündete: «Durchgehen verboten!» Dahinter das Niemandsland zwischen Jordanien und Israel, streng bewacht. Autos durften nur mit Sondergenehmigung die Grenze passieren, für alle anderen standen Busse bereit, nachdem man die jordanische Grenzabfertigung passiert hatte, die natürlich auch mit arabischer Zeitrechnung alle Stempel und Genehmigungen gab.

Der Bus war voll mit Menschen, die nach Israel einreisen wollten – Ausländer wie wir oder Einheimische. Nach einer viertelstündigen Fahrt hieß es erneut: «Aussteigen!» Ein Schild begrüßte uns: *Welcome to Israel!* Wir hatten jetzt israelischen Boden betreten.

Freundlich lächelnde Soldaten und Soldatinnen wiesen einen Weg, der sich als kleines Labyrinth herausstellte. An dessen Ende: Militärkontrolle. Wohin ich wolle, wie lange ich bleibe und warum ich hier sei, wurde ich auf Englisch gefragt. Noch immer verwirrt, konnte ich nicht richtig antworten, bis die freundliche Dame in Uniform, die hinter dem Tresen saß, seufzend aufgab und mich durchwinkte. Danach erfolgte eine Sicherheitskontrolle, bei der das Gepäck durch Scanner geschleust wurde. Anschließend stellten wir uns vor neuen Schaltern auf und wurden getrennt noch genauer interviewt: «Wie hießen Ihr Vater und Ihr Großvater?» (Zum Glück nicht Adolf.) «Warum werden Sie in Tel Aviv wohnen und nicht woanders?» Dann hieß es: *Wait a minute!*, wobei «Minuten» auch in Israel das zu sein schienen, was wir «Stunden» nennen. Danach durfte ich ein weiteres Mal mein Gepäck präsentieren. Sorgfältig wurde alles ausgepackt, auseinandergefaltet, durchleuchtet – trotz vorherigen Scanners – und mühsam wieder in die Koffer gestopft. Bewegen war nur auf Kommando erlaubt: *Wait! Come!* – mit entsprechenden Handzeichen. Ich kam mir vor wie bei einer Hundedressur. Doch dann, nach einem nächsten Checkpoint, waren wir endlich in der Westbank, mittlerweile fix und fertig und übelst gelaunt. Wie sind die denn drauf?, dachte ich. Vom Heiligen Land nicht die geringste Spur ...

Mit einem Großraumtaxi fahren wir durch das Westjordanland, eigentlich palästinensisches Gebiet seit dem britischen Teilungsplan von 1947, das dann 1950 von Jordanien annektiert wurde. Im Sechstagekrieg im Juni 1967 wurde es von den Israelis erobert, seitdem steht es zum größten Teil unter israelischer Militärkontrolle, das restliche Land wird von der Palästinensischen Autonomiebehörde oder gemeinsam verwaltet.

Kurz vor Mitternacht kommen wir in Tel Aviv an, die Stadt kommt mir auf Anhieb sehr vertraut vor. Blitzblank sind die Bürgersteige, und der Verkehr auf den wirbelsäulenfreundlichen Straßen ist geradezu spießig normal. Man fährt bei Grün und hält bei Rot! Maßgeblich waren, wie ich später erfahre, zionistische Auswanderer aus Deutschland am Aufbau der Stadt beteiligt. Ursprünglich war es ein Vorort der Nachbarstadt Jaffa, in der hauptsächlich Araber lebten, die meisten von ihnen wurden 1948 vertrieben. Heute sind 96 Prozent der Bevölkerung von Tel Aviv jüdisch.

Israel ist ungefähr doppelt so groß wie der Libanon und, rechnet man die besetzten Gebiete Palästinas mit, etwas kleiner als Nordrhein-Westfalen. Ähnlich wie in Beirut schlagen wir auch in Tel Aviv unser Basislager auf, um von hier aus unsere Ausflüge zu starten. Wieder haben wir Apartments, und diesmal erwartet mich ein solcher Luxus, dass ich schlagartig mit den erlebten Strapazen versöhnt bin: Alles ist mit Holzboden ausgelegt, es gibt eine Küche, weiße, kunstlederne Sitzgarnituren, Flatscreen, indirekte Beleuchtung, große Fenster, Liegestühle und eine Dach-

terrasse. Und genau da, unter den Sternen des Tel Aviver Nacht-
himmels, schlage ich mein Lager auf. Die Luft ist herrlich frisch,
und der matte Straßenlärm murmelt mich bald in einen erholsa-
men Schlaf ...

Ich bin wirklich in Israel, das merke ich am nächsten Tag
auf dem Weg zu unserem ersten Interviewpartner. Wir lassen
uns Zeit und machen zuvor eine kleine Stadtrundfahrt. Überall
sehe ich auf den Straßen traditionell gekleidete Juden. Sie tragen schwarze Anzüge, Gehröcke, manche haben Schläfenlocken
bis zum Kinn oder länger und viele einen Bart. Die Hüte unterscheiden sich: Einige bestehen wie große Tortenhauben aus
Pelz, andere sind schwarz und flach, in verschiedenen Größen.
Ich fühle mich zurückversetzt in eine andere Zeit. Das war einst
die typische Kleidung osteuropäischer Juden im 19. Jahrhundert
gewesen; heute demonstrieren Männer und Frauen damit oft
ihre bewusste Abgrenzung zur weltlichen Gesellschaft, so wie die
Amish People in Amerika. Allerdings haben viele von ihnen dennoch ein Handy am Ohr – im Unterschied zu den Amish-Leuten,
die nicht nur altertümliche Kleidung tragen, sondern auch die
meisten technischen Erfindungen ablehnen.

Bei den orthodoxen Juden gibt es Abstufungen: strenge und
superstrenge Abschottung. Ihre Frauen sind dunkel gekleidet
und haben ein Kopftuch umgebunden; die ganz strengen unter
ihnen tragen eine Perücke (die Haare sind darunter rasiert,
jedenfalls habe ich mir das sagen lassen). Bedecken die Männer
ihr Haupt nicht mit einem Hut, dann mit einer Kippa in verschiedenen Farben und mit diversen Verzierungen – eine Respektbe-
zeugung vor Gott. Wäre ich Spurenleserin, könnte ich entzif-
fern, was die einzelnen Kleidungsstücke bedeuten, sie scheinen
nämlich wie ein Code zu funktionieren, nach dem Motto: «Sag
mir, welchen Hut du trägst, und ich sage dir, woher du kommst.»
Israel ist ja ein Vielvölkerstaat, mit Juden aus der ganzen Welt –

und sehr unterschiedlichen Ansichten, wie ich noch feststellen werde.

Tel Aviv erscheint wie eine deutsche Großstadt – na ja, vom traumhaften Mittelmeerstrand vielleicht abgesehen. Braungebrannte junge Menschen, Mädchen in T-Shirts und Miniröcken, die Jungen in Rapperhosen, mit Skate- oder Surfboard unter dem Arm. Die Cafés sind voller Paare, Familien und Zeitungsleser. Radler sehe ich – und schließlich einige Na Nachs. Sie bieten uns eine unglaubliche Straßenvorführung: Wir stehen gerade mit unserem neuen Wagen, einem Leihwagen – der Chevi ist immer noch nicht aufgetaucht –, an einer roten Ampel, da springen auf der anderen Seite der Kreuzung ein paar junge Männer aus einem Lieferwagen, orthodox gekleidet, mit Schläfenlocken und Kippa, unter ihren Hemden schaut der zipfelige Zizijot hervor, der Gebetsschal, manche tragen ihn auch um die Schultern. Techno-Musik dröhnt aus dem Innern des Wagens, und die jungen Leute tanzen und hüpfen wie verrückt um ihr Auto herum, als wären sie in der Disco. Während ich kaum meinen Augen traue, bleiben die meisten Autofahrer und Fußgänger gelassen oder tun sogar so, als würden sie die kleine Party gar nicht bemerken. Andere stehen am Straßenrand, lachen und klatschen. Als die Ampel auf Grün springt, hüpfen die Tänzer schnell wieder in ihr Gefährt und brausen an uns vorbei, als wäre nichts geschehen. Sie wollen Freude verbreiten, umarmen wildfremde Menschen und malen in bunten Farben ihr Mantra an Wände und Fahrzeuge im ganzen Land: «Na Nach Nachma Nachman Me'uman.» Das ist der Name ihres Gründers, des chassidischen Rabbi Nachmann von Bratzlaw (1772–1810), und dieser Name soll gebetet, gesprochen und gesungen werden, bis der Messias kommt, so übermittelte es der Rabbi in einem Brief; der Legende nach war es ein Brief aus dem Jenseits.

Manche halten die Na Nachs für begnadete Gott-Hippies,

andere nehmen Anstoß an ihren öffentlichen Tänzen und dem Chaos, das sie überall anrichten, wo sie erscheinen. Aber sie sind tiefreligiöse Menschen, die das Leben und vor allem das Gespräch mit Gott ernst nehmen – wenn sie es nicht gerade leichtnehmen. Witz, Weisheit und Güte verordnete Rabbi Nachmann seinen Schülern, gerade als die Verzweiflung groß wurde, da der Messias auf sich warten ließ. Er erzählte gern Geschichten und Märchen (der österreichisch-israelische Religionsphilosoph Martin Buber hat sie gesammelt und aufgeschrieben), und er war ein berühmter Zaddik, ein verehrter religiöser Führer im Chassidismus, einer osteuropäischen Strömung des Judentums. Die Chassidim reformierten die jüdische Religion, sie legten Wert auf das Studium der Schriften, aber vor allem auf die persönliche Beziehung zu Gott und eben das Erzählen von Geschichten. Sie versammelten sich in Synagogen oder in der Natur, um durch meditatives oder wildes Tanzen, Gesänge und manchmal auch lautes Schreien Gott näher zu kommen – ähnlich wie die Derwische. Und die jungen israelischen Schüler von Nachmann tun genau das. Sie folgen keinem lebenden Rabbiner, sondern nur der Inspiration und Überlieferung Rabbi Nachmanns.

Weil Menschen heute nicht mehr so viel Zeit haben, die heiligen Schriften zu lesen, singen und beten die Na Nachs ihr Mantra oder verteilen auch Aufkleber mit lustigen Sprüchen. Das erklärt uns jedenfalls Ezra Brautmann, der selbst ein gemäßigter Vertreter der Na-Nach-Bewegung ist. Das heißt: Er feiert längst keine Straßenpartys mehr, aber er ist schon lange dabei. Wir treffen ihn zwischen zwei stark befahrenen Straßen am Ausgang eines öffentlichen Parks. Er sitzt auf einer Bank, vor ihm steht ein wackliger Klapptisch mit Aufklebern und Zetteln. Um ihn herum joggen Menschen, eilen Geschäftsmänner vorbei, andere gehen Gassi mit ihrem Hund. Von einem Spielplatz sind Kinderstimmen zu hören.

Ezra trägt graue Jeans, ein weißes T-Shirt, hat lebendige lachende Augen. Er ist gebürtiger Israeli und lebte viele Jahre in Deutschland, war dort ein gutsituierter Geschäftsmann. Wie die meisten Na Nachs hatte er eine Begegnung mit Gott, die sein Leben veränderte: Er war zu Besuch nach Tel Aviv gereist. Als er in einem Geschäft eine Glühbirne kaufen wollte, hatte Gott ihn sich geschnappt: «Auf einmal kommt da so ein junger Mann mit Bart und Schläfenlocken in den Laden und fragt mich: ‹Willst du einen schönen Aufkleber?› – ‹Ja, natürlich›, antworte ich, ‹warum nicht.› Er gibt ihn mir, und auf ihm steht: ‹Bitte lächeln, denn alles ist gut!› Ich bezahle meine Glühbirne, setze mich auf eine Bank und denke über das gerade Geschehene nach. Und wie ich da sitze, tritt eine Frau an mich heran und meint: ‹Was für ein schöner Aufkleber.› Sie lächelt, und ich frage sie: ‹Willst du ihn haben?› Und sie antwortet: ‹Ja, gern.› Sie war glücklich, und das zündete ein Licht in meinem Herzen an, wie ich es noch nie erlebt hatte.»

Der Religiöse mit den Schläfenlocken hatte die Szene verfolgt. Er teilte Ezra mit, er sei jetzt erleuchtet und solle sein Licht verschenken, zu einem Soldaten Gottes werden. Als Ezra den Einwand hervorbrachte, er lebe aber in Deutschland, überlegte der junge Mann nicht lange und sagte: «Hier ist die heilige Erde, du musst in Eretz Israel leben.» (Eretz Israel bedeutet: «Das heilige Land der Juden.») Und Ezra folgte dieser Anweisung. Seit sechzehn Jahren sitzt er jeden Tag zwei Stunden in diesem Park und verschenkt sein Licht – und seine Aufkleber. «Dafür wurde ich geboren», brummt er und zeigt mir seine professionell gedruckte Sammlung, darunter ein Klebeschild mit den Worten: *Jesch-li, ain-li, tov-li'*, was bedeutet: «Ob ich habe oder nicht, ich bin froh.»

«Die Leute schauen vorbei, gucken sich die Aufkleber an. Wenn jemand das liest, fängt er an nachzudenken», fährt Ezra in seinen Erläuterungen fort: «Er fragt sich: Moment mal, hängt wirklich alles davon ab, was ich habe oder nicht habe? Worauf kommt es denn im Leben an? Auf meinen Besitz? Macht der mich froh? Benutze ich ihn wie ein Geschenk, wie einen Segen? Oder muss ich aufpassen, dass nichts verlorengeht, während das wirkliche Leben an mir vorbeizieht?»

Solche Gedanken mache ich mir auch immer wieder. Ich äußere das laut, und der Erleuchtete schenkt mir den Aufkleber.

Mal fallen ihm die Sprüche ein, mal wirft ihm jemand ein Wort zu, erfahre ich nun, und immer wieder strandet jemand an seinem Tisch, der gerade göttliche Hilfe braucht; ein Mensch, in dessen Leben etwas fehlt, ein Mensch, der sucht.

«In Israel sagen die Leute ständig: ‹Ich werd verrückt, ich drehe durch.›» Ezra tut jetzt so, als wenn er sich die Haare raufen würde. «Jeder zweite Satz lautet so, und solche Leute bekommen von mir den Aufkleber mit den Worten: ‹Ich kann verrückt werden, muss aber nicht.› Wenn du dich nämlich über alle Maßen aufregst, ist das deine Entscheidung und nicht die Schuld des anderen.»

Für dieses kleine Schild entscheidet sich Rainer: «Für meine nächste Stressattacke.» Ich zeige auf einen dritten Spruch und frage nach der Bedeutung der hebräischen Worte.

Ezra erklärt: «Da steht: ‹Es gibt noch einen anderen Film.›»

«Einen anderen Film?» Jetzt muss ich raten: «Meinst du eine andere Seite der Welt? So etwas wie Ewigkeit?»

«Es kann sich auf die Ewigkeit beziehen, es kann damit eine andere Welt gemeint sein. Es kann aber auch nur eine schlichte Aufforderung beinhalten, mal wieder ins Kino zu gehen. Die Bedeutung muss jeder für sich selbst herausfinden.» Ezra sieht mich verschmitzt an und überreicht mir noch ein Klebe-Rezept zum Frohsein. «Geh nach Hause, setz dich hin, mach das Handy aus und den Computer und *sei* einfach», übersetzt er. «Wenn du einfach *bist*, dann läuft sowieso ein anderer Film. Der Original-film. Das Drehbuch ist dein Gespräch mit Gott, und es ist dein gutes Recht als Mensch, zu verlangen, Gott kennenzulernen. Und nicht nur das – er soll dir beweisen, dass er existiert! Hört sich das verrückt an? Nein!»

Ezra ist hinreißend in seinem Gottesschwung. Seine überzeugt vorgetragenen Sprüche bringen mich zum Lachen, zum Nachdenken und ins Gespräch mit ihm. Genau so versteht er auch seinen Dienst. Das ist sein Lebensinhalt, seine Mission, und er macht das gut. Er erinnert mich an den jüdischen Milch-mann Tevje aus dem Musical *Anatevka*. In seiner Art, von Gott zu reden, in der Art, wie er sein Leben ausrichtet. Ezra sagt noch: «Wir haben die Qual der Wahl, wenn wir nicht verlan-gen, dass diese verschwindet: Ist meine Freundin die Richtige oder nicht? Soll ich mir einen anderen Job suchen? Oder aus-wandern? Oder wenigstens die Kneipe wechseln? So vergeht der Tag mit Entscheidungen, die du treffen musst. Ich hatte es irgendwann satt und sagte: ‹Hallo, Gott! Ich verzichte auf meine Wahl. Ich möchte geführt werden. Mach mich zu einem Soldaten Gottes.›»

Mein Stichwort: «Muss es denn immer gleich ein Soldat sein?», frage ich halb stirnrunzelnd, halb schmunzelnd.

Ezra tätschelt meinen Arm: «Nimm das nicht so ernst. Dieser Soldat ist kein Soldat mit einem Schießgewehr. Er würde sich töten lassen für das, woran er glaubt, wie ein Soldat. Aber nie-mals töten. Das ist der Unterschied.»

Ich bin etwas beruhigt von seiner Erklärung, obwohl ich diese militärische Metapher noch immer nicht mag. Soldat sein heißt für Ezra auch, sich Gottes Entscheidungen und Regeln zu überlassen. Das heißt aber nicht, dass er seinen Verstand aus-schaltet, nicht zum Arzt geht, wenn er am Schabbat krank ist, oder Gott auffordert: «Bring mich heil über die Straße», und dann bei Rot losläuft. Das wäre auch dumm, findet er. Und das finde ich auch: «Man soll seinen Schutzengel nicht herausfordern.»

Während wir uns weiter unterhalten, saust ein junger Mann auf Rollerblades heran, auf dem Rücken einen quietschbunten Rucksack. Es ist sofort zu erkennen, dass er zu Ezra will, und wir halten uns ein wenig zurück. Am Anfang verstehe ich nicht, was die beiden miteinander sprechen. Ich höre immer wieder das Wort «Fillin», kann es aber nicht zuordnen. Doch als Ezra seine Tefillin herausholt, die Gebetsriemen mit den schwarzen Kästchen, begreife ich, um was es geht: Der Rollerblader will sie sich mal kurz ausleihen. Da ich noch nie genau gesehen habe, wie jemand diese schwarzen, ledernen Riemen mit den Gebetskapseln anlegt, schaue ich fasziniert zu. Der junge Mann wickelt sie um den linken Arm (sieben Mal), und das Kästchen der Handkapsel, in dem sich Pergamentstücke mit handgeschriebenen Texten aus der Thora befinden, liegt auf seinem Bizeps. Es heißt, der linke Arm sei der schwächere, der passive Arm, die Seite des Egoismus (Linkshänder haben deshalb den rechten Arm zu nehmen). Diese ichbezogene Seite wird mit den Riemen an Gott gebunden, damit die rechte Seite im Gebet besser aufsteigen kann. Der Kopfteil des Riemens wird, wie der Name schon sagt, um den Kopf gespannt, das Kästchen sitzt mitten auf der Stirn. Auch dieses enthält ein Gebet.

Ezra erläutert: «Das machen wir Juden jeden Morgen. Wir binden die Streifen fest, wir binden uns fest an Gott. Nicht so fromme Juden machen das einmal pro Woche, auch mittags oder abends.»

«Und was ist der Ursprung für ein Gebet mit Lederriemen?», fragt Rainer.

«Es ist ein Dank dafür, dass Gott die Isareliten aus der ägyptischen Sklaverei befreite.»

Der junge Mann lässt sich von uns überhaupt nicht stören. Er zieht ein Papier aus der Hosentasche und murmelt fast unhörbar ein Gebet, während er leicht hin- und herschaukelt. Anschließend legt er die Gebetsriemen wieder ab, übergibt sie Ezra und skatet nach einem kurzen Gruß weiter. Unglaublich!

«Was hat er gebetet?», frage ich Ezra.

Er spricht mir den Text vor: «Mein Gott! Die Seele, die du mir rein gegeben, du hast sie geschaffen, du hast sie gebildet, du hast sie mir eingehaucht, und du hütest sie in mir, du wirst sie einst von mir nehmen und mir wiedergeben in der zukünftigen Welt. Solange die Seele in mir ist, danke ich dir, Ewiger, mein Gott und Gott meiner Väter, Meister aller Werke, Herr aller Seelen. Gelobt seist du, Ewiger, der du die Seelen zurückgibst den toten Leibern.» Ein wirklich schönes Gebet.

Ein wenig später müssen wir noch mit Ezra tanzen, denn er hat immer einen kleinen Kassettenrekorder dabei. Ich, die steife Deutsche, tue mich damit mächtig schwer, einfach in der Öffentlichkeit zu tanzen. Aber da mich keiner kennt, gebe ich mein Bestes.

Dann neigt sich unser Gespräch dem Ende zu. Na ja, Gespräch, ich hätte Ezra gern weiter zugehört. Er ist so nah an dem dran, was ich auch glaube. An einen Gott, der mit uns in Kontakt treten möchte, mit dem wir ganz normal sprechen können, den wir spüren, der Humor hat und uns hilft, ein glückliches Leben zu führen – wenn wir uns denn führen lassen. Aber Ezra muss los. Es ist Freitag, und er hat noch jede Menge zu tun, bevor mit Sonnenuntergang der Schabbat beginnt, der heilige Tag, an dem auch Gott geruht hat. Wenn Gott ruht, soll der Mensch nicht arbeiten, sagen die Juden, und wir Christen sagen es auch, nur ist unser Schabbat der Sonntag, der Auferstehungstag. Und meistens ist der bei uns nicht dem Gebet gewidmet, sondern dem Ausschlafen, einem guten Essen und einem Tun, wozu man gerade Lust hat. Viele bei uns arbeiten auch einfach durch – schade für Gott, weil er uns dann nicht antrifft. Und es ist auch schade für die Gesundheit, weil das Ausruhen ein wichtiger Teil der Schöpfung ist.

Wer den Schabbat feiert, folgt einem uralten und strengen Ritual. Man muss vorkochen, denn es dürfen, während der Höchste ruht, keine elektrischen Geräte bedient werden. Es darf auch kein Lichtschalter angeknipst werden. Man darf nicht Auto fahren, keine Grashalme zupfen. Deshalb waren die Pharisäer auch wütend auf Jesus und seine Jünger, als sie am Schabbat Ähren ausgerupft und gegessen haben – sie brachen das Gesetz, während Jesus konterte: Bei Hunger hören die Schabbatregeln auf. Die Frage ist immer: Sind Regeln für Menschen gemacht oder Menschen für Regeln? Was ist die innere Bedeutung der Regeln? Das beschäftigte jüdische Gelehrte schon von Anfang an.

Im Grunde soll an Schabbat alles ruhen, was von außen in den Lauf der Dinge eingreifen könnte. Theoretisch betrifft es das meiste, praktisch behilft man sich deshalb mit allerlei Tricks. In öffentlichen Gebäuden und Hotels werden Aufzüge auf «Schabbat-Schaltung» umprogrammiert: Dann fahren sie automatisch und halten auf jeder Etage an, sodass man einsteigen kann, ohne einen Knopf drücken zu müssen. Wer nicht warten möchte, muss Treppen laufen – man sollte zu Fuß jedoch nicht mehr als tausend Schritte gehen. Aber was tausend Schritte sind, kann sehr unterschiedlich gedeutet werden. Telefonieren und Geld anfassen (also shoppen) sind ebenfalls verboten. Trotzdem sind viele Läden in Tel Aviv am Samstag geöffnet, und es wird auch viel eingekauft – sehr zum Ärger der Haredi, die streng nach dem Gesetz leben wollen. Sie sagen: «Wenn wir Juden schon nicht die Regeln einhalten, wer soll es dann tun?» Reformjuden und Säkulare interessiert das nicht besonders. Sie blicken abfällig auf die

«Schwarzen», auf die Orthodoxen, und sagen: «Wir leben im 21. Jahrhundert und nicht in den Zelten Abrahams.»

Dieser Streit wird zum Teil mit Heftigkeit ausgetragen. Für diejenigen, die zwischen diesen beiden Ansichten stehen und eher ein pragmatisches Verhältnis zu ihrer Religion haben, beschäftigt sich eine ganze Industrie damit, «koschere Elektronik» zu erfinden: Kühlschränke, deren Licht am Schabbat nicht angeht, wenn man die Tür öffnet; E-Herde, die sich per Zeitschaltuhr steuern lassen. Es gibt sogar «Schabbat-Phones» (technisch weiß ich nicht, wie diese Handys funktionieren, aber man hat mir versichert, dass sie koscher sind) und einen Stift, dessen Tinte wieder verblasst (Schreiben mit bleibender Schrift ist nicht erlaubt, In-die-Luft-Schreiben wohl). In einer der Regeln heißt es, dass Seereisen am Schabbat erlaubt sind. Daher kann man Schuhe mit Wasserkissen-Einlagen kaufen, oder man legt sich eine Wärmflasche unter den Po – und schon ist man auf einer «Seereise» (was längere Spaziergänge beziehungsweise Autofahrten ermöglicht). Wenn wirklich ein Problem auftaucht, das man nicht lösen kann, fragt man einen Nicht-Juden, der das Verbotene für einen erledigt. Auf mich als Außenstehende wirkt das alles ein wenig absurd, aber Gott wird sicherlich herzlich mit allen Beteiligten lachen – und der jüdische Humor ist ja berühmt, vor allem, wenn es das Heilige betrifft.

Ezra gehört zu den Menschen, die nicht flunkern oder versuchen, die Regeln auszutricksen – für ihn ist der Schabbat der Höhepunkt der Woche. Und jeden Montag freut er sich wieder auf «Prinzessin Schabbat». Bei ihm zu Hause gibt es dann drei (vorgekochte) Mahlzeiten, die erste, wenn die Sonne untergeht, die zweite am nächsten Mittag und die dritte nach dem zweiten Sonnenuntergang. Er wird feierlich die rituellen Gesänge und Gebete verrichten und den siebenarmigen Leuchter anzünden.

Seine Frau und er werden Freunde einladen und in die Synagoge gehen.

«Aber den größten Teil des Tages werde ich verschlafen», sagt er lachend mit einem Blick auf die Uhr. «Der Schabbat-Schlaf ist der beste, man ruht in Gottes Hand wie ein Kind, das alles vergisst.» Ich solle es auch einmal ausprobieren, legt er mir ans Herz – und weg ist er.

13

Public Viewing in Ramallah – Arabischer Frühling auch bei den Palästinensern?

Um den Israel-Palästina-Konflikt zu verstehen, muss man wohl vor Ort sein. Als Vorbereitung auf die Reise habe ich versucht, mich über ihn zu informieren, wollte genauer wissen, wie es dazu gekommen und wie die aktuelle Situation ist. Ich muss zugeben, dass mich das, was in den letzten hundert Jahren in Palästina vor sich gegangen ist, überfordert hat. Was sage ich: hundert Jahre! Das Problem hat schon vor fast zweitausend Jahren begonnen, als die Juden von den Römern aus Palästina vertrieben wurden. Der aktuelle Konflikt, der mit der Wiederbesiedlung des Heiligen Lands durch die Juden anfing, hat wohl als Ausgangspunkt die Eroberung Palästinas durch die Briten 1918. Als die Engländer kamen, lebten hauptsächlich Araber in der Region, aber auch Juden. Gleichzeitig wanderten immer mehr Juden nach Palästina aus, weil sie in ihren Ländern verfolgt wurden.

Die Feindseligkeit gegenüber den Juden in der Antike hatte damit etwas zu tun: Die Juden bestanden darauf, anders zu sein. Niemals hatten sie von dem Glauben abgelassen, das auserwählte Volk Gottes zu sein – ein beständiger Stachel im Fleisch all derer, die sich selbst für das auserwählte Volk hielten (und das waren nicht wenige). Zweitausend Jahre lang haben christliche und muslimische Horden immer wieder ihre Aggressionen aneinander, aber vor allem an den Juden, abreagiert. Wie oft die katholische Kirche den Talmud öffentlich verbrennen ließ, wage ich nicht zu zählen. Schon einmal ist zu viel.

All das war Auslöser für die zionistische Bewegung – Zion ist für die Juden der Sitz Gottes, gemeint ist Jerusalem. Der Begründer des Zionismus, der österreichisch-ungarische Schriftsteller Theodor Herzl, schreibt in seinem Buch *Der Judenstaat* über die Judenverfolgung: «Die Judenfrage besteht überall, wo Juden in merklicher Anzahl leben ... Wir ziehen natürlich dahin, wo man uns nicht verfolgt. Durch unser Erscheinen entsteht dann die Verfolgung.»[14] Die Juden hatten allen Grund, sich nach einer Heimat zu sehnen, und Herzl hatte die Idee, in die angestammte Heimat zurückzukehren, ins Heilige Land. Wenngleich er sich auch andere Länder vorstellen konnte, zum Beispiel Madagaskar oder Uganda.

Allerdings hatte er in Bezug auf Palästina nicht – und offenbar auch niemand sonst – die dort lebenden Araber im Blick. Ein fataler Fehler. Ein weiterer Fehler war, dass die Engländer sowohl den Juden als auch den Arabern einen eigenen Staat versprachen, und zwar in derselben Region. Wie sollte das gutgehen? Anfangs kauften Juden Land von den Arabern, aber bald schon fingen diese an, sich gegen den «Ausverkauf» zu wehren. Es kam zu blutigen Auseinandersetzungen und Aufständen. Die Briten saßen auf einem Versprechen fest, das sie nicht einlösen konnten, versuchten es allen recht zu machen, verschärften aber im Grunde den Konflikt. Beide Parteien sahen sich im Regen stehen gelassen und fingen an, sich auf eigene Faust zu organisieren und zu handeln. Schon in den zwanziger Jahren wurde die Hagana gegründet, der Vorläufer des israelischen Geheimdienstes.

Vielleicht hätte es eine Chance auf friedliche Koexistenz gegeben, wäre die jüdische Einwanderung langsamer erfolgt. Aber

14 Theodor Herzl: Der Judenstaat. Ngiyaw ebooks für Projekt Gutenberg-DE, S. 12

der Holocaust, dieses finstere Geschehen, drückte die Juden geradezu nach Palästina.

Die UNO hatte einen Teilungsplan vorgeschlagen. Die Juden sagten ja, die Araber nein. Die Briten zogen ab, und sofort riefen die Juden ihren Staat aus. Sie bekamen Waffen von Amerika und der Sowjetunion, und 750 000 Araber mussten fliehen oder wurden vertrieben. Das ging in die arabische Geschichte als Nagba ein – als die große Katastrophe. Im Sechstagekrieg von 1967 ging die Katastrophe weiter, als es den Israelis gelang, ihr Staatsgebiet zu erweitern. Sie besetzten die Sinai-Halbinsel (wurde später zurückgegeben), die Golanhöhen (Zukunft ungewiss), den Gazastreifen und das Westjordanland (den zukünftigen palästinensischen Staat mit der Green Line als Grenze zu Israel) und Ost-Jerusalem (den größten Zankapfel) – alles urbiblische Gebiete. Über den tatsächlichen Verlauf der Green Line und die Rückkehr von Millionen Palästinensern in ihre Heimat wird noch immer gestritten. Jerusalem sollte ursprünglich von der UNO verwaltet und kontrolliert werden – eine gute Idee, aber nicht umsetzbar. Alles sehr verwickelt und kompliziert.

Ich erinnere mich daran, wie es lange ein rückhaltloses «Zu-Israel-Halten» gab, vor allem, als 1972 das Attentat von München geschah und elf israelische Olympia-Sportler, ein deutscher Polizist und fünf Terroristen ums Leben kamen. Man hatte ganz bewusst die Sicherheitsbedingungen während der Olympischen Spiele im funkelnagelneu gebauten Stadion nicht so streng gehalten, um mit fröhlichen Spielen die positive Veränderung und das neue Gesicht der Bundesrepublik zu zeigen – zuletzt waren die Spiele auf deutschem Boden 1936 von den Nazis abgehalten worden. Es war also sehr symbolisch. Zweiundzwanzig Stunden voller Hoffnung und Verzweiflung, und dann das tragische Ende. In vielen Städten gingen Menschen für Israel auf die Straße, und etliche Araber wurden anschließend aus Deutschland ausgewiesen.

Die Situation für die Palästinenser in den besetzten Gebieten war jedoch unerträglich – im Grunde waren sie staaten- und rechtlos, und immer mehr Juden siedelten sich in ihren Gebieten an, obwohl das Völkerrecht dem widersprach. Aber niemand hinderte die Israelis konkret an ihrem Tun. 1987 begann die Erste Intifada, auch «Krieg der Steine» genannt, und Bilder von steinewerfenden arabischen Kindern und Jugendlichen und schwerbewaffneten israelischen Soldaten, die mit Tränengas zurückschossen und Menschen verprügelten, gingen um die Welt. Es kam zu Massenverhaftungen im Gazastreifen und im Westjordanland, und die öffentliche Meinung bekundete zum ersten Mal Sympathien für die Palästinenser. Kritik an Israel wurde nur zaghaft laut, eher lautete das Credo: «Wir tun, was wir können, um zur Verständigung beizutragen.» Papst Johannes Paul II. bekundete seine Meinung auf eigene Weise: In diesem Jahr 1987 ernannte er den Palästinenser und Katholiken Michel Sabbah zum Lateinischen Patriarchen von Jerusalem – schon fünf Jahre zuvor hatte er PLO-Chef Jassir Arafat empfangen und ein eigenes Vaterland für die Palästinenser gefordert.[15]

Im Lauf der Jahre und im Lauf immer neuer gegenseitiger Angriffe wuchs nach und nach auch in mir ein Unbehagen gegenüber Israels Politik. Schuldbewusst natürlich. Denn nach dem Holocaust hatten wir das Gefühl, nie wieder Israel kritisieren zu dürfen. Was für eine Hoffnung war dann auf einmal da, als Jitzchak Rabin, der damalige israelische Ministerpräsident, und Jassir Arafat sich die Hand reichten und der Friedensvertrag von Oslo unterschrieben war – die Zwei-Staaten-Lösung schien zumindest in greifbare Nähe zu rücken. Doch am 4. November 1995 wurde Rabin in Tel Aviv erschossen, direkt nach einer Friedensansprache vor 100 000 Menschen. In seiner Brustta-

15 Matthias Kopp: Pilgerspagat. Der Papst im Heiligen Land. Berlin 2001, S. 29

sche fand man den blutgetränkten Text des Friedenslieds, das er zuvor mit der Menge gesungen hatte: «Lasst die Sonne aufgehen, lasst den Morgen erstrahlen, richtet eure Augen vorwärts mit Hoffnung, aber nicht durch das Visier eines Gewehres. Singt das Lied der Liebe und nicht das Lied des Krieges. Sagt nicht: Der Frieden wird eines Tages kommen, sondern macht den heutigen Tag zum Friedenstag!» Als er von der Bühne stieg, soll er gesagt haben, dass dies der schönste Tag in seinem Leben sei: «Ich war ein Soldat, siebenundzwanzig Jahre lang. Ich kämpfte so lange, wie es keine Chance auf Frieden gab. Ich glaube, dass es jetzt eine Chance auf Frieden gibt. Eine große Chance.»[16] Wenige Minuten später war er tot, und mit ihm starb auf lange Zeit die Hoffnung auf Frieden in Israel. Mit Rias Worten könnte ich sagen: Es war wieder einmal eine Tragödie.

Weitere Anschläge folgten, und immer mehr Siedler zogen in die besetzten Gebiete, vor allem nach Ost-Jerusalem und ins Westjordanland. Heute sind es fast 300 000 Menschen, die dort leben, und damit will man Fakten schaffen. Denn wo Juden leben, können keine Palästinenser sein. Wie kindisch, wenn man darüber nachdenkt. Wahrscheinlich hatte man sich ausgerechnet, die Araber würden es irgendwann satt haben und von selbst verschwinden, aber das Gegenteil war der Fall. Ariel Scharons «Spaziergang» auf dem Felsendom in Jerusalem – muslimisches Hoheitsgebiet – unter Bewachung von zweitausend Soldaten löste im Jahr 2000 die Zweite Intifada aus. Scharon, der Siedlungsbefürworter, wurde Ministerpräsident, und radikale Gruppen wie die Hamas, die sich lange schon von der ihrer Meinung nach zu nachgiebigen PLO losgesagt hatte, setzten auf Bombenanschläge und Selbstmordattentate. Das Ergebnis: Tau-

16 Eigene Übersetzung nach: Yitzhak Rabin's last speech. Siehe: http://perspective.usherbrooke.ca/bilan/servlet/BMDictionnaire?iddictionnaire=1656

sende Tote auf beiden Seiten. Die israelische Regierung reagierte auf die anhaltenden Anschläge mit dem Bau einer siebenhundert Kilometer langen Sperranlage rund um das Westjordanland – die Bauarbeiten sind noch immer im Gange. Wie soll die Region so zur Ruhe kommen? Der inzwischen emeritierte Patriarch von Jerusalem, Michel Sabbah, gab bei seinem Rückzug aus dem Amt sein Fazit in Radio Vatikan bekannt: «Wir erleben hier einen endlosen Konflikt. Israelis bringen Palästinenser um, Palästinenser töten Israelis. Es sind schon mehrere Jahrzehnte vergangen, und dennoch befinden wir uns immer noch in dieser Situation.»[17]

In Ramallah soll nun heute Abend die Rede von Mahmud Abbas, Ministerpräsident der Palästinensischen Autonomiebehörde, vor der UN-Vollversammlung in New York auf Großleinwand übertragen werden. Es ist der 23. September 2011, vielleicht ein historischer Tag. Abbas hat die Vollmitgliedschaft in der UN beantragt. Eine Anerkennung wäre ein wichtiger Schritt auf dem langen Weg zu einer Lösung im Nahen Osten, denn die Welt tut sich damit schwer, den Palästinensern konkrete Rechte zuzugestehen oder sie politisch zu unterstützen. Es wird also aufregend und vielleicht auch nicht ganz ungefährlich: Es gibt wilde Gerüchte über zu erwartende Ausschreitungen. Volker fragt mich, ob ich wirklich mitfahren möchte. Ja, ich möchte. Es reizt mich, bei so einem wichtigen Ereignis dabei zu sein. Also steige ich mit einem mächtigen Kribbeln im Bauch ins Auto.

Von Tel Aviv aus ist es nicht weit nach Ramallah, wir planen eine Stunde Fahrtzeit ein. Die Kontrollen in die Westbank hinein sind unerwartet lasch. Die Soldaten winken uns lässig durch, was nicht darüber hinwegtäuscht, dass sie schwer bewaffnet

17 Interview im Radio Vatikan am 19. März 2008

sind. Ihnen hängen bedrohlich aussehende Maschinengewehre über der Schulter, und ich nehme ihnen sofort ab, dass sie von ihnen Gebrauch machen werden, wenn es sein muss.

Zuerst fahren wir durch Outposts, israelische Siedlungen, von denen es ungefähr 350 in der Westbank gibt. Die Straßen, die zu ihnen führen, sind gut ausgebaut, die Siedlungen selbst sind umzäunt und bewacht. An Straßenlaternen weht die weiße israelische Flagge mit dem blauen Stern. Sobald wir jedoch auf Straßen der Palästinenser abbiegen, beginnen die Schlaglöcher, Müllberge türmen sich an den Straßenrändern. Zwei Welten, die nur wenige Meter voneinander entfernt liegen.

Mein Herz schlägt heftig, als ich in Ramallah aus dem Auto steige. Wie wird man auf uns reagieren? Doch schnell merke ich, dass wir, die Ausländer, willkommen sind. Die Welt soll Zeuge sein bei diesem besonderen Augenblick – und wir wollen ja auch wirklich dabei sein.

Menschenmassen bewegen sich auf den Straßen: Familien mit Kindern, Gruppen von jungen Männern mit Schildern in der Hand, alte Menschen. Erwartung liegt in der Luft, Feiertagsstimmung. Alle drängen in Richtung Stadtmitte. Ramallah ist die «westlichste» der Palästinenserstädte und hat sogar eine christliche Bürgermeisterin. Und Parkuhren! Angeblich kommen sie aus China. Aber heute erhält niemand ein Knöllchen. Jetzt ist Public Viewing angesagt, und der Arafat-Platz – nicht weit davon entfernt ist der einstige Palästinenserführer in einem Mausoleum begraben – platzt aus allen Nähten. Er ist geschmückt wie zum Schützenfest (aber Gott sei Dank werden keine Schüsse abgefeuert), Fähnchengirlanden überspannen ihn, überall entdecke ich Lichterketten, die Bühne hat ein beleuchtetes Zeltdach in Regenbogenfarben. Auch die palästinensische Fahne, weiß-schwarz-grün mit dem roten Pfeil links an der Seite, sieht man überall: Kleine Kinder und Jugendliche schwenken sie, sie hängen an den Laternen und aus allen Fenstern. Viele tragen Schilder mit dem Konterfei von Präsident Abbas, andere, auf denen steht: «Abbas, wir halten die Treue.» Sprechchöre skandieren immer wieder seinen Namen.

Auf Transparenten steht in riesigen Buchstaben «UN» und die Zahl «194» – bisher gibt es 193 Staaten bei den Vereinigen Nationen, Palästina soll Nummer 194 werden. Eine gigantische Leinwand ist hinter der Bühne aufgebaut. Ich bin umgeben von Menschen, nicht nur auf dem Platz, alle Fenster der umliegenden Häuser sind belagert, die Mauern und Dächer. Kamerateams aus vielen Ländern stehen bereit, um die Atmosphäre des Abends einzufangen, die Reaktionen der Menschen, wenn Abbas seine Rede hält. Es ist schon ein besonderes Gefühl, da zu sein, wovon meine Mitschwestern in der *Tagesschau* erfahren. Dann geht es auch schon los mit der Live-Übertragung: ein langer Applaus für Abbas, er spricht fast eine Dreiviertelstunde, die Menge stößt bei jedem Satz Freudenschreie aus, mir wird das eine oder andere übersetzt: «Dies ist ein Moment der Wahrheit, und mein Volk wartet darauf, die Antwort der Welt zu vernehmen!»

Abbas verspricht, dass ein autonomes Palästina sich mit dem Westjordanland inklusive Ostjerusalem und dem Gazastreifen begnügen wird, mit 22 Prozent des historischen Palästinas. Er schwört dem Terrorismus ab. Dann redet er über die unhaltbare Lage in den besetzten Gebieten, die israelische Siedlungspolitik, durch die immer weiter Häuser gebaut werden, trotz gegenteiliger Verträge und internationaler Proteste. Diese Siedlungspolitik, so sagt er, würde die Chancen einer Zwei-Staaten-Lösung zerstören. Die Welt schaut dabei zu. Geht zur Tagesordnung über. Die Siedlungen werden seit 2006 aus Sicherheitsgründen von Zäunen und Mauern umschlossen, aber die Israelis halten sich nicht an die Green Line, greifen tief in palästinensisches Gebiet ein, ganze Städte verwandeln sich in isolierte Inseln,

Gemeinden werden von ihren Feldern und Brunnen abgeschnitten, die Lebensgrundlage Tausender Familien geht dadurch verloren. Trotzdem, so Abbas, haben die Palästinenser viel unternommen, um rechtsstaatliche Organe zu bilden, die Rolle der Frau zu stärken und die öffentliche Ordnung zu garantieren. Er bittet um Unterstützung der Völkerfamilie: «Der Arabische Frühling kann auch ein Palästinensischer Frühling sein.»

Erneut aufflammender Jubel.

Und dann bittet Abbas im Namen seines Volkes, die Diaspora der unzähligen Flüchtlingslager zu beenden. Alle Flüchtlinge wollen heimkehren. «Mein Volk sehnt sich nach einem normalen Leben, so wie der Rest der Menschheit. Wir glauben daran, was der große Dichter Mahmud Darwisch sagte: ‹Wir stehen hier, bleiben hier, für immer, für ewig, und wir haben nur ein einziges Ziel: zu sein.› Die Unterstützung der UN und die Anerkennung von Palästina als Vollmitglied sind der größte Beitrag zum Frieden im Heiligen Land.»

Danach wird es still, denn jetzt erscheint UN-Generalsekretär Ban Ki-moon neben Abbas und erklärt, dass der Antrag Palästinas, als Vollmitglied in die Vereinten Nationen aufgenommen zu werden, angekommen sei. Abbas lächelt und hält eine Kopie des Antrags hoch.

Wieder bricht Jubel aus, für einen Moment habe ich das Gefühl, der Arafat-Platz könnte in Abbas-Platz umbenannt werden. Ein junger Mann sagt uns, es sei Zeit für einen Wechsel, man wolle autonom sein, wirklich autonom, nicht unter Kontrolle des israelischen Militärs stehen.

Mitten in diesem Trubel versuchen wir uns einen Rückweg zum Auto zu bahnen, das ist angesichts des Gemenges schwierig. Straßenhändler bieten gekochten Mais an, ein Kaffeeverkäufer, mit Blumen geschmückt, trägt eine Kanne auf den Schultern und offeriert das heiße und dunkle Getränk. Trillerpfeifenkonzert, Autocorso durch die Stadt – so wie bei uns, wenn die Nationalmannschaft einen wichtigen Sieg errungen hat. Aber hier geht es um mehr als nur um einen Pokal.

Wir treffen einen «Doppelgänger» von Arafat, einen Mann, der ihm täuschend ähnlich sieht – natürlich auch mit dem Arafat-Tuch auf dem Kopf. Als er hört, dass wir aus Deutschland sind, heißt er uns überschwänglich willkommen. Ich muss daran denken, dass wir als Jugendliche alle diese «Palästinenser-Feudel» getragen haben, manchmal, ohne zu wissen, was es bedeutet. Die ganz Coolen trugen dazu noch amerikanische Militärtaschen, das Merkmal des politischen Gegners.

Nachdenklich fahren wir nach Tel Aviv zurück. Diese Menschen, die wir eben getroffen haben, wünschen sich aus tiefstem Herzen einen Wandel. Wird er eintreten?

Die Grenzposten lassen uns auch dieses Mal problemlos passieren. Erst später erfahren wir, dass der Antrag der Palästinenser im Sicherheitsrat gescheitert ist – still und heimlich ließ man ihn in den Aktenschränken juristischer Fachausschüsse verschwinden.

Am 27. September 2012 unternahm Abbas einen neuen Versuch – aber diesmal sprach er nur von einem Beobachterstatus als Nicht-Mitgliedstaat der UN, ähnlich wie der Vatikan. Ein Status ohne Stimmrecht. Und am 29. November 2012 wurde dieser von der Generalversammlung der Vereinten Nationen anerkannt – immerhin ein Anfang.

14

Beduinen, Kamele und Hochzeitsgesellschaften – auf einen Tee in der Wüste

In Israel ist das Wasser knapp, und Wüste bedeckt einen großen Teil des Landes – ich selbst habe bisher keinen Schritt in eine Einöde gesetzt. Heute wird es so weit sein. Von Tel Aviv aus statten wir den Beduinen in der Negev-Wüste einen Besuch ab. Sie macht fast 60 Prozent des israelischen Staatsgebiets aus und ist nur wenig besiedelt. In der Nähe von Rahat, einer Stadt im nördlichen Teil der Negev, die fast ausschließlich von Beduinen bewohnt ist, sind wir zu einer Hochzeit eingeladen, einer muslimischen Hochzeit, denn die meisten Beduinen sind Muslime.

Über eine breite Staubstraße erreichen wir die Hochzeitsgesellschaft. Das Festzelt steht außerhalb der Stadtgrenze, auf gelber, sandiger Erde, darüber ein leerer Himmel, sonst ist nichts zu erkennen. Ich bin beeindruckt von der kargen Landschaft, die eine fremde Schönheit ausstrahlt. Neugierig betrachte ich das Zelt aus einiger Entfernung. Es besteht aus einem dunklen Stoff, ist an den Seiten offen und sicherlich dreißig Meter lang. Wimpel wehen an den Haltestangen, und die ganze Szenerie sieht fast archaisch aus – wäre da nicht direkt nebenan die kleine Armada von Autos aller Größen und Farben, mit denen die Gäste an- und abfahren. Und das tun sie andauernd. Ich sehe aber auch zwei halbwüchsige Jungen auf Pferden, die in scharfem Ritt und mit lauten Rufen an uns vorbeipreschen. Muflah, ein Cousin des Bräutigamvaters, hat uns entdeckt und nimmt uns in Empfang. Er trägt ein Lacoste-Ringel-Shirt und Jeans, hat kurzes schwarzes Haar, ist schätzungsweise Mitte vierzig und spricht sehr gut Deutsch. Er hat in Münster und Kiel Medizin studiert. 1996 kehrte er nach Israel zurück und arbeitet seither als Allgemeinmediziner und Klinikleiter in einem Krankenhaus in Rahat.

Während er uns von seinem Leben in Kiel erzählt und wie schwer ihm die Umstellung von einer wassergetränkten Umgebung zu diesem trockenen Land gefallen ist, reitet ein Mann auf einem Kamel an uns vorbei, und zwar ziemlich schnell. Er sieht genauso aus, wie ich mir einen Beduinen vorstelle: wettergegerbtes Gesicht mit «Scheich-Kopfbedeckung» (ein weißes Tuch, das mit einer schwarzen Kordel in Stirnhöhe befestigt ist), dazu ein langes weißes Gewand.

Muflah beobachtet mich amüsiert. «Gefällt dir das Kamel oder der Reiter?», fragt er. «Wenn du möchtest, lasse ich dich reiten.»

«Oh, unbedingt», sage ich sofort.

Damit hat er wohl nicht gerechnet. Ein wenig skeptisch erkundigt er sich: «Kannst du überhaupt reiten?»

«Ich reite ständig», sage ich, um ihn zu beeindrucken. «Zu Hause haben wir Pferde.»

Anerkennend schaut er mich an. Ich spüre deutlich: Ich bin in seiner Hochachtung gestiegen. Auch Rainer nickt mehrmals mit dem Kopf, diese Touristenattraktion will er sich nicht entgehen lassen. Muflah wendet sich um, pfeift hoch und scharf und winkt einen jungen Mann herbei, der in einiger Entfernung an einem Auto lehnt; offenbar gibt er ihm den Auftrag, ein Tier zu holen, denn schon bald darauf führt er eines herbei: ein schönes Tier, freundlich und mit großen dunklen Augen. Eigentlich ist es kein Kamel, sondern ein Dromedar, es hat nur einen Höcker. Ein kunstvoll verzierter Sattel aus Holz ist auf dem Buckel angebracht, gewebte Decken drapieren den Sitz, damit es für den Reiter nicht so hart ist. Die Zügel führen zu einem ebenso kunstvoll verzierten Mundstück.

Während das Tier sich niedersetzt, macht es komische Geräusche. Dabei fällt mir auf, dass es recht große Zähne hat. Respekt. Etwas mühsam steige ich auf – der Sattel hat keinen Steigbügel, und selbst im Sitzen ist das Tier noch ziemlich hoch. Dann stupst der junge Mann es an, damit es aufsteht, zuerst mit den Hinterbeinen. Ich muss mich an beiden Sattelgriffen festhalten und gleichzeitig weit nach hinten legen, damit ich nicht kopfüber vom Höcker rolle. Jetzt sind die Vorderbeine dran, wobei ich mich – ganz den Anweisungen folgend – nach vorn beuge. Geschafft! Und oben geblieben.

Der Kamelgang ist wiegend und sanft, recht gemütlich, wie auf einem Schiff. Aber ich will nicht wissen, wie es ist, wenn das Tier rennt. Ich komme mir vor wie eine Wüstenprinzessin, hoch oben über den Köpfen der anderen. Rainer läuft nebenher oder hintendrein, von weitem bieten wir bestimmt ein lustiges Bild. Nach einigen hundert Metern tauschen wir die Plätze – ungern, denn ich könnte noch stundenlang auf diesem Tier durch die Wüste reiten. Das Absteigen ist ebenso spannend, da ich erneut mit Gewichtsverlagerungen operieren muss. Timing und mit dem Tier im Einklang sein ist alles. Ein bisschen o-beinig laufe ich zurück, während Rainer reitet. An einer Stelle geht der Weg bergab, und er stöhnt laut auf.

«Gefällt es dir dort oben etwa nicht?», frage ich.

«Wisst du es ganz ehrlich wissen?» Er verzieht das Gesicht. «Es ist nicht das Fortbewegungsmittel der Zukunft.» Als der Weg bergauf geht, jammert er: «Das wird mir die Wirbelsäule kaputt machen.» Eigentlich jammert er, bis er absteigen kann. Danach stakst er breitbeinig und stöhnend mit mir zum Festplatz.

«Tut es so weh?»

«Du hast ja das Problem *da vorne* nicht», sagt er und lässt mich an seinen intimen Schmerzen teilhaben.

«War es wirklich so schlimm?»

Da lacht er und richtet sich kerzengerade auf. «Nein, ich tu nur so.»

Das Zelt ist genau der richtige Platz für eine riesige Hochzeit. Welches Haus könnte auch Hunderte von Gästen fassen? Eine Woche lang wird gefeiert, von morgens um acht bis abends um zehn. Ständig kommen neue Geladene, Freunde und Verwandte, sitzen, reden, essen, trinken und beten.

«Auf Hochzeiten haben wir alle viel Zeit», sagt Muflah, «man kann mit jedem einmal zusammensitzen und sich austauschen, das stärkt die Familienbande.»

Kein Wunder, dass ein solches Fest so lange dauern muss, denn allein die Begrüßungen nehmen viel Zeit in Anspruch, da jeder Neuankömmling jeden Anwesenden persönlich begrüßt – vom Ältesten bis zum Jüngsten, in absteigender Folge, die ganze Reihe entlang (mindestens dreißig Meter!).

«Und wo ist das Brautpaar?», fragt Rainer, der sich schon länger suchend umschaut.

«Hier findet nur die Feier der Familie des Mannes statt», erklärt Muflah, «die der Familie der Frau ist an einem anderen Ort. Und das Brautpaar kommt erst am Ende der Hochzeitswoche dazu. Das wird der Höhepunkt des Festes sein, dann werden Schafe geschlachtet, es gibt Musik und Tanz.»

«Und wird auch ein Vermählungsritual vollzogen?», erkundige ich mich.

«Nein. Nach dieser einen Woche gelten die beiden als verheiratet. Bei uns gibt es keine Trauung wie in Deutschland.» Muflah fängt meinen nachdenklichen Blick auf und deutet ihn richtig: «Keine Angst, die Ehe ist nicht arrangiert. Die beiden kennen und lieben sich.»

Auf besondere Einladung des Brautvaters darf ich, obwohl ich eine Frau bin, das Zelt betreten. Ich ziehe meine Schuhe aus, und Rainer und ich bekommen einen Platz im hinteren Teil zugewiesen, bei den jungen Leuten, mit Blick nach draußen. Auf der Erde sind Teppiche ausgerollt, darauf liegen bunte Sitzkissen, auf denen die Männer sitzen oder liegen und genießerisch Tee oder Kaffee aus kleinen Gläsern oder Tässchen schlürfen, während sie sich angeregt unterhalten. Große Plastikflaschen mit gekühltem Wasser befinden sich an jedem Platz. Die älteren Männer sitzen weiter vorn auf Plastikstühlen und lassen die Wasserpfeife kreisen, dahinter steht eine Kühltruhe. An der Zeltdecke sind Schnüre mit Glühbirnen aufgehängt, die sicher eingeschaltet werden, wenn die Sonne in gut zwei Stunden untergeht.

Ein Junge erscheint mit einer Wasserkaraffe, damit ich mir die Hände waschen kann. Als Nächstes werden große Pfannen mit einem Reisgericht hereingetragen. Man teilt sich eine Pfanne mit den Nachbarn und gräbt mit den Fingern kleine Reisbällchen, knetet sie ein bisschen und steckt sie sich dann in den Mund. Bitte mit rechts! Die linke Hand gilt bei Muslimen als unrein. Da ich gern mit den Fingern esse, macht es mir nichts aus. Noch Zitrone darüberträufeln – lecker. Allerdings sieht es bei meinen Nachbarn sehr viel geübter und sauberer aus als bei mir. Ich genieße jede Sekunde an diesem Ort, es ist doch unglaublich, auf einen Tee in der Wüste zu sein. Einfach so.

Das Frauenzelt befindet sich ungefähr einen Kilometer entfernt. Muflah führt uns nach dem Essen dorthin. Hier ist es eindeutig lauter und stimmungsvoller, es wird gesungen und getrommelt. Die Frauen sind zum Teil westlich gekleidet, mit Bluse und Stoffhose, manche tragen auch reichbestickte Oberteile. Kunstvoll gebundene Tücher, häufig mit Glitzer versehen, bedecken die Köpfe. Wir bleiben in respektvoller Entfernung stehen, denn Männer sind hier nicht erwünscht. Muflah erzählt, dass er in Rahat aufgewachsen ist, seine Eltern, seine Großeltern und etliche weitere Vorfahren jedoch in beduinischen Dörfern lebten, die es heute nicht mehr gibt.

«Ihr habt in Dörfern gewohnt?», frage ich ungläubig. «Ich dachte, Beduinen sind Nomaden.»

Muflah zögert einen Moment, dann lächelt er leise. «Das ist kein einfaches Thema», sagt er mir salomonisch, «am besten, ich stelle dir einen Freund vor, der dir die Dinge besser erklären kann als ich.»

Oje! Ich scheine wieder einmal in ein Wespennest getreten zu sein. Muflah geht mit uns zurück Richtung Männerzelt und schaut sich suchend um, bis er zwischen den ungefähr sechzig bis siebzig Anwesenden seinen Freund entdeckt hat.

«Das ist Gadi», sagt er fast erleichtert, als er uns einander vorstellt. «Er ist ein engagierter Aktivist und hat schon in den siebziger Jahren den Kriegsdienst verweigert. Wir nennen solche Leute Refuzniks, von dem englischen Wort ‹refuse› für ‹verweigern›. Gadi hat fast ein Jahr dafür im Gefängnis gesessen.»

Gadi wirkt auf den ersten Blick nicht wie ein Revolutionär, er ist ein nachdenklicher Mittfünfziger mit einem Doktortitel in Mittelalterlicher Geschichte, den er an der Universität Göttingen erlangte. Daher spricht auch er ein ausgezeichnetes Deutsch. Gegenwärtig hat er einen Lehrstuhl in Tel Aviv inne, ehrenamtlich engagiert er sich in der Organisation «Tarabut» für soziale Rechte von Minderheiten.

Mit einem Seitenblick auf Muflah wiederhole ich meine Frage: «Ich dachte, die Beduinen wären Nomaden, die mit ihren Zelten und Kamelen durchs Land ziehen.»

«Ja, das ist eine der Legenden, die gern über sie verbreitet werden», murmelt der Historiker und schiebt seine Brille zurecht. «Für echte Nomaden ist der Nahe Osten aber viel zu klein. Es gab in dieser Gegend schon seit Hunderten von Jahren beduinische Landwirtschaft. Viele dieser Ureinwohner lebten in Dörfern, teilweise sogar in Steinhäusern, die über die ganze Negev-Wüste verteilt waren. Sie zogen nur zu bestimmten Zeiten auf andere Weidegründe. Doch mit Gründung des Staates Israel wurden sie aus ihren Dörfern vertrieben und systematisch enteignet.»

«Was?», fragt Rainer erstaunt. «Ich dachte, die Beduinen haben volle Bürgerrechte, im Gegensatz zu den Palästinensern?»

«Das stimmt, sie sind Bürger Israels, aber ihr Land wurde ihnen trotzdem weggenommen.»

Vor der israelischen Staatsgründung gab es rund 100 000 Wüstenbewohner, erfahren wir, nach 1948 war von ihnen nur ein Zehntel übrig geblieben. Wie die Palästinenser waren auch die Beduinen in die umliegenden Länder geflohen – vor allem nach Jordanien.

«Diese Verbliebenen wurden gezwungen, sich in Townships im Norden der Wüste anzusiedeln», erzählt Gadi uns den weiteren Vorgang. «Das haben zwar nicht alle mit sich machen lassen, aber wer sich weigerte, galt von da an als illegale Person. Danach hat der Staat Israel die Enteignungen aufgrund von zwei Gesetzen durchgeführt, zum einen durch das Enteignungsgesetz von 1950, das sogenannte ‹Gesetz über die Abwesenden›, das vor allem die Palästinenser betraf ...»

«... nach dem Motto: ‹Weggegangen, Platz vergangen?› Man hat aus Vertriebenen einfach Abwesende gemacht? Als hätten sie selbst entschieden, ihre Heimat zu verlassen?»

«Genau so», bekräftigt Gadi Rainers vorsichtige Feststellung. «Es wurde lange behauptet, die Palästinenser hätten freiwillig das Land verlassen. Und damit waren sie automatisch enteignet. Bei den Beduinen war es ähnlich. Dort, wo am 1. April 1953 niemand lebte, konnte das Land vom Staat übernommen werden, ohne dass die vorherigen Besitzer davon in Kenntnis gesetzt werden mussten. Und damit wären wir bei dem zweiten Gesetz, dem ‹Gesetz über den Erwerb von Land›. Durch die vorausgegangenen Zwangsumsiedlungen war natürlich zum Stichtag niemand auf seinem Land, um es für sich zu reklamieren, und damit war es verkauft.»

«Unglaublich», stößt Rainer hervor.

«Was kaum jemand weiß: Die Beduinen im Negev bemühen sich seit den sechziger Jahren, die Enteignungen ihres Landes durch den israelischen Staat vor Gericht wieder rückgängig zu machen – bislang ohne Erfolg. Viele Beduinen haben israelischen Gerichten Steuerbriefe vorgelegt, die noch aus osmanischer Zeit stammen und belegen, dass bestimmte Gebiete seit Jahrhunderten von ihren Clans besiedelt und bewirtschaftet wurden.»

«Von welchen Gebieten sprechen wir hier?», hakt Rainer nach. «Und wie umfangreich waren die Besitzgründe der Beduinen?»

«Die Beduinen besiedelten ein Drittel der Negev-Wüste. Darauf hätten sie theoretisch einen Anspruch», erwidert Gadi.

«Theoretisch?» Dieses Wort erscheint jetzt mir verwunderlich.

Der Historiker erklärt: «Beduinische Organisationen fordern vor Gericht ein Gebiet von sechshundert Quadratkilometern zurück – das klingt viel, macht aber nur fünf Prozent des Landes aus und nicht dreißig. Aktuell, am 11. September 2011, wurde der Prawer-Plan von der Regierung Netanjahu beschlossen. Der sieht eine Entschädigung von nur einem Prozent für die Beduinen vor sowie die Zwangsumsiedlung aller noch bestehenden Dörfer in ein Gebiet in der Nähe von Jerusalem.»

«Ich nenne das systematische Diskriminierung und Gewalt. Bietet denn niemand dem Staat Einhalt?» Rainer hat sich wieder in das Gespräch eingeschaltet.

«Der Staat ist schlau und hat Dinge wie den Landkauf und die Umsiedlungen an einen privaten Konzern abgetreten. Damit waschen bisher sämtliche Regierungen ihre Hände in Unschuld.» Gadi reibt sich symbolisch die Hände, und ich denke erschrocken an Pilatus, der erst Jesus zum Tod verurteilt hat und sich dann die Hände in Unschuld wäscht. Dieselbe Geste.

Rainer lenkt mich ab. Er insistiert darauf, dass seine Frage beantwortet wird. «Aber wehrt sich denn niemand dagegen?»

Gadi hebt etwas hilflos die Schultern: «Natürlich protestieren wir, machen Aktionen. In Israel gibt es gegen jede Ungerechtigkeit des Staats auch Menschen, die sich gewaltfrei dagegenstellen. Aber wir sind zu wenige, und so hat sich die Regierung bisher immer durchgesetzt. In dieser Gegend befinden sich siebenunddreißig Dörfer, die bald dem Erdboden gleichgemacht werden. Es wird diese Zwangsumsiedlungen geben. Es ist gut, wenn die Weltöffentlichkeit davon erfährt – und hoffentlich eingreift, bevor es zu spät ist.»

Ich schaue Muflah an, der mir schweigend zunickt.

«Bist du auch mit deiner Familie zwangsumgesiedelt worden?», frage ich ihn.

«Wir sind in den siebziger Jahren freiwillig nach Rahat gezogen», sagt er. «Draußen wurde das Leben einfach zu schwierig. Man hatte uns die Landwirtschaft, auch die Viehzucht verboten. Wir durften zum Beispiel keine Ziegen mehr halten, offiziell aus Naturschutzgründen. Es hieß, die Ziegen würden die Wurzeln von Pflanzen fressen und sie damit zerstören. Die Pflanzen blieben, aber wir verloren unsere Lebensgrundlage. Manche ließen sich umquartieren, weil sie glaubten, dass es in den neuen Siedlungen besser wird. Viele haben sich arrangiert. Andere haben bis heute Schwierigkeiten.»

Die Hoffnung auf Verbesserung ihrer Lage hat sich für die meisten Beduinen nicht erfüllt. Die Arbeitslosenquote in den Townships liegt bei 40 Prozent. Viele Kinder leiden unter Mangelerscheinungen und Krankheiten.

«Wie hältst du das aus?», fragt Rainer.

«Als Arzt gehöre ich zu den Privilegierten», sagt Muflah

diplomatisch. «Ich arbeite hauptsächlich mit Arabern zusammen, da bin ich unter meinesgleichen. Es wäre wohl anders, wenn ich in Tel Aviv leben würde.»

«Was wäre denn in Tel Aviv anders?»

Muflah versucht, höfliche Worte zu finden. Er ist sichtlich kein geborener Aktivist wie sein Freund Gadi: «Wenn man für die Juden tätig ist, erkennt man sehr schnell, dass man nur Araber ist ...»

«... und damit ein Mensch zweiter Klasse», beendet Gadi energisch den Satz seines Freundes.

«Wünschst du dir von den Juden mehr Akzeptanz?», orakelt Rainer, um Muflah doch noch zu einer Stellungnahme zu bewegen, die dann auch prompt kommt: «Es geht nicht darum, ob sie uns akzeptieren – oder ob wir sie akzeptieren. Wir sind in diesem Land geboren, bevor der Staat Israel gegründet wurde. Es geht darum, dass sie uns unser Land nehmen. Das ist eine politische Frage und keine der Akzeptanz.»

Meine romantischen Lawrence-von-Arabien-Phantasien von mutigen Nomaden, die sich auf Kamelen in wilde Kämpfe stürzen, um ihre Freiheit zu erringen, sind in diesem Moment in die Brüche gegangen. Schweigend stehen wir noch eine Weile zusammen und beobachten, wie der Rest der untergehenden Sonne den Himmel in ein zauberhaftes Licht taucht.

Kurz danach erheben sich die Männer im Zelt, um gemeinsam zu beten, Muflah verabschiedet sich und gesellt sich zu ihnen. Sie legen ihre kleinen Teppiche und Matten aus, auf die man nie treten darf, außer zum Gebet, genauso wenig, wie man seine Handtasche auf einem Altar abstellen würde. Man braucht zum Beten keine Kirche – Entschuldigung: Moschee –, jeder saubere Platz tut es ebenso, und was könnte reiner sein als die Wüste? Der Vorbeter beginnt mit den rituellen Bewegungen und Verbeugungen, es folgen die Niederwerfungen, der Kniesitz und der

Friedensgruß nach rechts und nach links: «Friede sei mit euch und Allahs Gnade und sein Segen.» Lautlos bete ich mit ihnen, bitte um eine bessere Zukunft für diese Menschen. Dann verabschieden wir uns herzlich von unseren Gastgebern, die uns so viel gezeigt haben, und machen uns auf den Rückweg nach Tel Aviv.

Als wir durch Rahat fahren, sehen wir eine Menschentraube und Polizei. Bence steigt aus und erkundigt sich, was los ist. Bald ist er zurück und lehnt sich ans offene Autofenster: «Jemand ist gerade niedergeschossen worden. Das kommt hier wohl ab und zu vor, Territorialkämpfe unter Beduinen. Nichts Ungewöhnliches, sagen die Polizisten.»

«Auch das noch.» Rainer seufzt. «Ist ja wie im Wilden Westen hier. Oder sollte ich sagen: Wilder Osten?»

15

Von Chicago ins Heilige Land – die Black Hebrews

Nicht besonders wild, sondern sehr aufgeräumt geht es bei den Black Hebrews zu, beziehungsweise den African Hebrew Israelites of Jersusalem. Ihr Dorf liegt ungefähr sechzig Kilometer weiter südlich von Rahat, wir bleiben also in der trockenen Wüstengegend. Der Anführer der Black Hebrews, Ben Carter, lebte ursprünglich als Stahlarbeiter in Chicago. Rassenunruhen, Mord, Raub und tägliche Schießereien in der amerikanischen Metropole am Michigansee machten dem Afro-Amerikaner zu schaffen, doch dann hatte er 1966 eine Vision, in der ihm der Erzengel Gabriel zu verstehen gab, es sei an der Zeit, ins Gelobte Land auszuwandern, denn er sei ein Nachkomme vom Stamm Juda. Erst dachte der damals Siebenundzwanzigjährige: Such dir doch jemand anderen, du bist bei mir an der falschen Adresse. Aber wenige Jahre später kam er tatsächlich mit vierhundert anderen amerikanischen schwarzen «Hebräern» nach Israel. Seit 1969 ist die Gemeinschaft auf über dreitausend Mitglieder angewachsen, die Hälfte von ihnen lebt in Dimona, der Wüstenstadt, die dafür bekannt ist, dass hier israelische Atomanlagen im Sand stehen. Die Black Hebrews sind die zweite Attraktion, landesweit sind sie bekannt für ihre Gospel-Chöre. Über dem Eingang der Ortschaft steht, auf Englisch und Hebräisch: *Welcome in the Village of Peace* – Willkommen im Dorf des Friedens.

Eine ältere Frau tritt mit beschwingten Schritten auf uns zu. Sie sei über neunzig Jahre alt, sagt sie nach der Begrüßung, was kaum zu glauben ist, da ihre Haut keine Falten aufweist, ganz zu schweigen von ihrer jugendlichen Aura. Doch sie ist nicht die Einzige in der Siedlung, die in hohen Jahren eine wunderbare Frische ausstrahlt. Sie bringt uns zu Ahmadiel Ben Yehuda, dem Informationsminister im Dorf, das wie ein kleiner Staat aufgebaut ist, mit verschiedenen Verantwortlichkeiten und Ressorts. Er ist schwarz, groß, schlank, mit grauen Wuschelhaaren und passendem Bart. Brille mit Goldrand, sprechende Hände. Der Herr Minister ist total entspannt und kann reden wie ein Buch, was ich durchaus positiv meine – ich bin sofort von ihm eingenommen.

Natürlich will er uns durch die Siedlung führen. Überwiegend besteht sie aus einstöckigen Häusern, die meisten aus Holz, manche aus Stein, verbunden durch schnurgerade Wege mit Sitzbänken, die zum Verweilen einladen. Ein bisschen sieht es aus wie eine Ferienanlage am Mittelmeer. Alles ist tipptopp gepflegt – es gibt sogar Zebrastreifen und Schülerlotsen.

Kinder laufen an uns vorbei, wahrscheinlich ist gerade die Schule aus. Sie tragen eine Uniform, was mir gefällt, denn kein Kind muss sich morgens Gedanken darüber machen, was es anziehen soll. Und soziale Unterschiede werden durch «Markenklamotten» gar nicht erst sichtbar. Ahmadiel Ben Yehuda erklärt, dass die Unterstufe an der blauen Farbe zu erkennen ist, die Mittelstufe trägt Aubergine und die Oberstufe Grün. Besonders die grünen und blauen Schuluniformen erinnern mich – vor allem vom Zuschnitt her – an OP-Kleidung: bequem und strapazierfähig. Die Jungen sind durch ein weißes Häkelkäppi sofort zu identifizieren, die Mädchen durch Kopftücher, die fast wie mein Schwesternschleier ausschauen. Ich sehe Röcke mit Oberteil, Hose mit Oberteil, Kleider. Anscheinend darf jeder seine Uniform so kombinieren, wie er oder sie das will. Mich beruhigt es, dass die Mädchen auch Hosen tragen und damit ein wenig jungenhaft sein dürfen. Morgens stellen sich in der Schule alle

Schüler dem Alter nach auf, so erzählt der Informationsminister, singen Israellieder und beten einen Psalm. Der Unterricht ist weit gefächert, die Lehrerinnen sind nicht durchweg Mitglieder der Kommunität. Besonderes Augenmerk wird auf Sport gelegt (wozu es übrigens eine rote Uniform gibt). Die Kinder sollen lernen, dass ihr Körper wichtig ist und trainiert werden muss. Das wurde auch aus der Not geboren, klärt uns Ahmadiel Ben Yehuda auf: «Wir hatten in Israel enorme Probleme, als Bürger aufgenommen zu werden.»

Kein Wunder, denke ich still. Da sich die Black Hebrews als Nachfahren des Stammes Juda betrachten, also als einer der zwölf Stämme Israels, die schon vor der römischen Besatzung in dieser biblischen Gegend lebten, fühlen sie sich als die rechtmäßigen Erben des Landes. Streit mit anderen «rechtmäßigen Erben» des Landes war vorprogrammiert, was dazu führte, dass sie bis vor wenigen Jahren vom israelischen Staat nicht als Juden anerkannt wurden. Somit durften sie weder arbeiten, noch hatten sie eine Krankenversicherung. Sie hatten noch weniger Rechte als die Beduinen.

«Wie schafft man es denn unter solchen Bedingungen, ein so schönes Dorf aufzubauen?», frage ich, die Siedlungen um Rahat vor Augen, die dagegen vernachlässigt gewirkt hatten.

«Wir haben uns gesagt: Wenn wir nicht krankenversichert sind, dann dürfen wir auch nicht krank werden, und wir müssen herausfinden, wie das geht. Seit dieser Zeit dreht sich bei uns viel um Prävention. Wir warten nicht, bis wir krank werden, und gehen dann zum Arzt, sondern wir sorgen dafür, dass wir gesund bleiben.»

Sie haben den Stier bei den Hörnern gepackt – vielleicht spielten auch der mitgebrachte amerikanische Optimismus und Tatendrang eine Rolle, und gelegentliche finanzielle Unterstützungen aus dem Mutterland. Ihr über Jahrzehnte entwickeltes

System scheint jedenfalls gut zu funktionieren, denn jeder, den ich hier sehe, strotzt nur so vor Gesundheit.

«Gesundheit hat auch einen wichtigen ökonomischen Aspekt», erläutert Ahmadiel. «Krankheit verschlingt nämlich viel Geld.»

«Wohl wahr», pflichte ich ihm bei. «Wenn ich sehe, wie viele Menschen in meiner Heimat an Krankheiten leiden, die durch eine gesunde Lebensweise vermeidbar wären, dann wünsche ich mir auch eine solche Gesundheitsreform. Kann man euch nicht zu uns importieren?»

Ahmadiel lacht herzlich, sagt, dass es in Europa leider noch kein Dorf nach dem Vorbild der Black Hebrews gibt. «Wir sind eher nach Afrika orientiert», fügt er hinzu. «Wir glauben, dass unser System besonders gut für afrikanische Länder geeignet ist, weil es einfach ist und kaum etwas kostet.»

«Habt ihr schon Erfolge mit eurem Modell?», fragt Rainer.

«Absolut!» Stolz liegt jetzt in Ahmadiels Stimme. «2003 kam der Gesundheitsminister von Ghana für ein paar Wochen hierher, weil er von uns gehört hatte. Er war der Meinung, dass er Gesundheitsminister und nicht Krankheitsminister in seinem Land sein wolle. Sein Aufenthalt bei uns überzeugte ihn so sehr, dass er ein Team von fünfzehn Brüdern und Schwestern mit nach Ghana nahm, die drei Jahre lang durch verschiedene Distrikte reisten und den Menschen beibrachten, wie man nicht krank wird. Die Besuche werden bis heute fortgesetzt.»

«Und wie macht man das, dass man nicht krank wird?» Das Thema hat Rainer gepackt.

«Wir lehren fünf Mantras.» Ahmadiel zeigt ihm die Finger seiner Hand und zählt sie ab, während er spricht: «Erstens: Was du isst, ist deine Medizin. Zweitens: Nahrung aus biologischem Anbau ist Medizin. Drittens: Ruhepausen sind Medizin. Viertens: Innere und äußere Reinigung sind Medizin, das heißt, möglichst keine Giftstoffe von außen und die Balance des Mineralhaushalts von innen. Und fünftens: Geistige Übungen, das Gebet und die Kontemplation sind Medizin.»

Das soll wirklich alles sein? Ich kann es fast nicht glauben: «Aber wenn es so einfach ist, warum leben dann nicht alle so wie ihr?»

Ahmadiel hat uns zu einer Gruppe von Bänken geführt, umgeben von robusten Büschen, auf denen wir uns niederlassen. Wir vergessen alles um uns herum, und er nimmt den Faden wieder auf.

«Es ist ja nicht so, dass die Menschen nicht wissen, wie sie gesund leben könnten. Allein es fehlt ihnen die Kraft, es auch umzusetzen. Viele kommen von ihrem Job nach Hause und sind so ausgelaugt, dass sie lieber ins Schnellrestaurant gehen, als etwas für sich zuzubereiten. Und das ist ja nur ein Aspekt. Um einen gesunden Lebensstil zu entwickeln, brauchst du auch Partner, die dich unterstützen. Oder eine Gruppe, eine Umgebung. Dieses Dorf schafft günstige Bedingungen, das eigene Leben gesund zu leben. In unseren Läden kannst du keine Zigaretten kaufen.»

«Und Alkohol?», hakt Rainer nach.

«Wir stellen eigenen Wein her, aus fermentierten Früchten, ohne Zusatzstoffe. Aber du wirst keinen Dorfbewohner antreffen, der betrunken ist. Oder gewalttätig. Ich habe kein Schloss an meiner Haustür. Könntest du bei dir zu Hause ruhig schlafen, wenn deine Tür offen steht?» Erwartungsvoll schaut er Rainer an. Der schüttelt den Kopf.

«Siehst du!» Ahmadiel hat keine andere Antwort erwartet. «Aber das ist hier möglich. All das, was wir in den Vereinigten Staaten erlebt haben, Gewalt, Mord, Vergewaltigung, gibt es bei uns nicht, weil wir den ausbeuterischen Teil der westlichen Lebensart abgelegt haben – und zwar sowohl den, der andere ausbeutet, als auch den, womit wir uns selbst ausbeuten. Ausbeutung führt automatisch zu Rassismus und Kriminalität.»

«Wie kommst du darauf?», frage ich nach.

«Amerika hält sich beispielsweise für eine vorbildliche Gesellschaft und exportiert sein System in die ganze Welt. Aber es ist kein gutes Modell, wenn vierhundert Familienclans die Hälfte des Reichtums eines Landes besitzen. Trotzdem behauptet man, dass dieses System allen die gleichen Chancen gibt. Eine Lüge. Was der Westen Globalisierung nennt, ist Kolonialismus mit anderen Mitteln. Armut, Spekulation mit Nahrungsmitteln, Unterentwicklung und Hunger sind die Folgen. Nur die vierhundert Familien werden immer reicher.»

Ich hätte nicht vermutet, dass eine so klare Absage an die freie Marktwirtschaft gerade aus Israel kommen würde, das, ökonomisch betrachtet, ein Global Player ist. Aber dann fällt mir ein, dass es auch das Land der Kibbuzim ist, stark durch den Gedanken des Kollektivs, der klassenlosen Gesellschaft und des gemeinschaftlichen Besitzes geprägt. Ganz im Sinn von Karl Marx, dass jeder nach seinen Möglichkeiten zum sozialen und wirtschaftlichen Ganzen beitragen soll und entsprechend seinen Bedürfnissen erhalten wird, was er zum Leben braucht.

Die Black Hebrews berufen sich aber nicht auf Marx. Und in Deutschland ist er «out». Hierzulande besitzt ein Prozent der Bevölkerung etwa ein Viertel des gesamten Vermögens, Tendenz steigend. Während Hartz-IV-Empfänger staatliche Kontrolleure sogar in ihren Kühlschrank schauen lassen müssen (weil sie ja schließlich täglich Beluga-Kaviar essen), organisieren etliche Multimillionäre ihr Vermögen so geschickt, dass sie fast überhaupt keine Steuern bezahlen müssen – das hat mir mal ein Steuerberater erklärt. Das ist auch ein ausbeuterisches System. Und Ausbeutung entsteht durch Gier. Gier ist ein Grundproblem von Gesellschaften, übrigens ist sie auch eine Todsünde.

Ahmadiel fährt fort: «Wir Black Hebrews sind davon überzeugt, dass sich der westliche Lebensstil enorm zurückschrauben und man sich wieder mit den wesentlichen Dingen beschäftigen muss. Wenn die Besitzenden nicht lernen zu teilen, wird das System implodieren. Wir haben unseren Lebensstandard bewusst heruntergesetzt. Jeder kann ein einfaches und gutes Leben haben, und wir wollen der Welt zeigen, wie das funktioniert. Denn wenn die westliche Wirtschaft zusammenbricht, müssen alle mit sehr viel weniger auskommen.»

Und dass ein einfacherer Lebensstil nicht gleichbedeutend mit kärglich ist, das erfahren wir, als Ahmadiel uns zur Dorfküche führt, einem zentralen Platz, auf dem mit Solaröfen gekocht wird. Ich betrachte sie mit besonderer Faszination: Es sind gewölbte Spiegel, ungefähr einen Quadratmeter groß, die wie eine offene Schale in die Sonne gestellt werden. An der Stelle, an der sich die reflektierten Strahlen bündeln, wird der Topf in eine Halterung gesetzt. Bei direktem Sonnenlicht ist das Essen genauso schnell gar wie bei einem normalen Elektroofen. Bei bewölktem Himmel funktioniert es auch, es dauert nur etwas länger. Und da man in der Wüstengegend kaum mit häufigen Regenfällen rechnen muss, kann man die Mahlzeiten im Freien zubereiten. Jeder Dorfbewohner darf die Kocher benutzen. Sehr effektiv!

Ahmadiel verabschiedet sich – er will später wieder zu uns stoßen. Kurz darauf wird uns ein veganes Mehr-Gänge-Menü serviert. Allerdings schmeckt die Suppe reichlich fade. Als ich das Gesicht verziehe, kommt eine Frau lachend auf mich zu: «Heute ist ein salzfreier Tag, es gibt auch zuckerfreie Tage, so bringen wir unseren Mineralhaushalt in Balance.»

«Gewöhnt man sich daran?», frage ich kläglich.

Mit einem Zwinkern stellt sie uns ein Salzfässchen auf den Tisch und sagt verschwörerisch: «Weil ihr Gäste seid, mache ich für euch eine Ausnahme.» Das finde ich sehr aufmerksam. Das Gemüse schmeckt dagegen wunderbar würzig, die Nudeln passen dazu, und zum Nachtisch verwöhnt man uns mit einem Eis aus Sojamilch, das allerdings in der Sonne unglaublich schnell schmilzt und in Rekordzeit gegessen werden muss.

Nach der Solar-Mahlzeit holt Ahmadiel uns wieder ab, um uns in sein Haus einzuladen. Auf dem Weg dorthin sehe ich Nadelbäume, die liebevoll umsäumt und umsorgt werden, Hecken, kleine Steinmauern, überall Töpfe mit Aloe Vera und anderen wüstenverträglichen Pflanzen, Palmen und natürlich Kakteen. Jedes lebendige Wesen wird mit Respekt behandelt, und ich stelle fest, dass ich mich ganz frei fühle. Vieles von dieser Lebensweise würde auch unserer Gesellschaft guttun. Doch dafür müsste man einiges leisten. Ahmadiel gibt uns wohl auch deshalb zu verstehen: «Das Reich Gottes fällt natürlich nicht aus den Wolken. Yeshua – oder Jesus – hat gesagt: ‹Das Reich Gottes ist am Anfang wie ein Senfkorn, das jemand in die Erde steckt. Wenn es beginnt, ist es sehr klein.›»

Rainer fasst nach: «Was bedeutet das Reich Gottes in Israel und Palästina, einem Doppelstaat, der jedoch noch nicht existiert? Wie siehst du diese Situation?»

Der Informationsminister massiert mit den Fingerkuppen konzentriert seinen Bart. Schließlich sagt er: «Wir können die Palästinenser gut verstehen, weil wir selbst lange wie Underdogs gelebt haben. Gleichzeitig glauben wir, dass Israel den Auftrag hat, ein Licht in der Welt zu sein. Historisch und biblisch gehörte das Land den Juden – lange bevor Palästinenser dort lebten. Insofern haben Juden ein Recht darauf, hier zu sein. Wir glauben an eine friedliche Koexistenz, jedoch unter der Führung der Israeliten, unter israelischem Recht. Es gibt genügend Land und Ressourcen hier. Das Problem sind religiöse Fanatiker auf beiden Seiten. Wir, die anderen 99 Prozent, haben die Bomben satt. Aber die religiösen Fanatiker werden niemals erlauben, das Land zu teilen. Ein friedvolles Vorbild zu geben ist die einzige Möglichkeit, die wir zurzeit sehen, um politisch Einfluss zu nehmen.»

Dazu ist nichts mehr zu sagen. Bei dem Jesuszitat habe ich jedoch aufgehorcht, wenn auch aus einem anderen Grund als Rainer. «Ich dachte, die Black Hebrews sind Juden», sage ich. «Wie kommt es, dass du Jesus zitierst?»

Ahmadiel scheint amüsiert zu sein. «Manchmal machen wir Führungen für christliche Besucher in der Grabeskirche in Jerusalem. Da muss man das eine oder andere Zitat parat haben. Aber auch sonst gehen wir unseren eigenen Weg. Wir praktizieren die Beschneidung, feiern das Pessach-Fest und halten den Schabbat – den Rabbinern folgen wir aber nicht.»

Klar, sie haben ja auch Ben Carter.

«Na ja, da gibt es noch etwas anderes, womit wir anecken.» Der Informationsminister lächelt jetzt verschmitzt. «Wir Männer dürfen nämlich bis zu drei Frauen haben. Eigentlich sogar noch mehr, aber wir haben uns mit dem israelischen Staat auf ‹nur› drei geeinigt.»

Jetzt hat er mich wirklich überrascht. Ich ziehe die Augenbrauen hoch, und Ahmadiel lacht schallend.

In diesem Moment haben wir das Haus erreicht. Gut, dass er mich vorgewarnt hat. Denn nachdem wir eingetreten sind, will der Minister uns Ahavahtyah vorstellen, Ehefrau Nummer eins. Nummer zwei und drei seien woanders beschäftigt, erklärt er. Wir treffen Ahavahtyah in der Küche an. Sie sagt, dass sie gerade ihrem «Herrn» eine Mango zum Frühstück zubereite. Gerade möchte mein frauenbewegtes Herz die Krise kriegen, aber dann verläuft das Treffen ganz anders, als ich es mir vorgestellt habe. Mit einem breiten Lachen kommt sie aus der Küche, zwinkert ihrem «Herrn» zu und geht ins Wohnzimmer vor, kein bisschen unterwürfig, sehr selbstbewusst, in einem wunderschönen dunkelroten Kleid und einer ebenso roten Kopfbedeckung. Und der Schmuck! Mit offenen Augen schauen wir ihr nach, Rainer sowieso, dem die Idee der Polygamie anscheinend gefällt.

Zumindest sieht er nicht die geringste Spur entrüstet aus. Das Haus ist geschmückt mit afrikanischen Masken und Bildern. Ein kleiner Fernseher mit Zimmerantenne, eine Wand ist orangefarben getüncht, die anderen weiß. Die Räume sind bescheiden und wirken gleichzeitig behaglich. Wir setzen uns an den Tisch, und der «Herr» beginnt seine Mango zu verspeisen. Wir anderen reden.

Wie sei das für sie, eine von dreien zu sein?, frage ich Ahavahtyah.

«Gut», antwortet sie. «Jede Frau hat ihre Besonderheiten – die eine versteht sich mit den Kindern und kann mit ihnen die Hausaufgaben machen, die andere ist perfekt im Haushalt, die dritte macht die Finanzen. Morgens, wenn die Kinder zur Schule müssen, geht zu dritt alles schneller. Und wenn eine von uns einen Beruf erlernen oder studieren möchte, springen die anderen für sie ein. Auf diese Weise kann man Beruf und Familie problemlos vereinen. Und wenn wir uns über etwas nicht einig sind, gehen wir zu unserem Herrn und tragen es ihm vor, damit er entscheidet und uns führt und sagt, was zu tun ist ...»

An dieser Stelle mischt sich der Herr und Chef kurz ein, der inzwischen seine Mango aufgelöffelt hat: «So ist es nicht, sie kommen nur zu mir, um mir zu sagen, wie *sie* es machen wollen. Ich muss dann nur noch zustimmen.» Dabei hat er einen so authentischen «Ich-bin-ein-armer-und-unterdrückter-Mann»-Ausdruck im Gesicht, dass Ahavahtyah losprustet.

Dann frage ich, wie es denn sei, wenn eine Frau mehrere Männer haben will. Ooops, Fettnäpfchen. Ahmadiel zieht die Luft ein und spielt den Empörten. Seine Frau lacht noch lauter und wirft ihm einen vielsagenden Blick zu. Intuitiv würde ich sagen: Das Thema hatten die hier schon ... Frauen mit mehreren Männern, so heißt es jetzt, seien gegen die Natur, und es kommt eine lange

Erklärung, die ich schon tausendmal gehört habe: «Gott hat die Frau aus der Rippe Adams geschaffen … Daher gehört sie nur zu einem Mann … Er hätte sie ja genauso wie Adam aus Lehm machen können … Es lag ja genug Lehm herum … Hat er aber nicht.» Kurzum: Die Frau ist dem Mann entnommen und von daher ein Treppchen tiefer als er angesiedelt, und hat sie mehrere Männer, wird sie verunreinigt. Oder er, je nachdem. Ein wenig gruselt es mich bei dieser Auslegung, und ich frage mich, wie eine so intelligente Gemeinschaft diese «Die-Frau-ist-dem-Mann-untertan»-Sache ernsthaft vertreten kann. Und dann bekommen Rainer und ich noch ein paar weitere Klassiker zu hören, darunter: «Nach der Geburt eines Jungen sind die Frauen drei Wochen unrein, nach der Geburt eines Mädchens sechs.» Solche Regeln wurden – und werden – meiner Meinung nach von Männern entworfen, die Angst vor Frauen haben. Ist aber gar nicht nötig.

Insgesamt finde ich das polygame System aber nicht so schlecht, vor allem deshalb, weil alle zufrieden wirken. Ich bin sicher, am Rest arbeiten sie noch. Ahavahtyah sagt verschwörerisch: «Ein Mann ist schon anstrengend genug. Zwei? Auf keinen Fall!»

Die zweite Frau, Ahedahlyah, ist ähnlich zufrieden, mit ihr kann ich mich später unterhalten. Ihre älteste Tochter wird selbst schon Mutter. Insgesamt hat Ahmadiel mit seinen Frauen 22 Kinder! Kein Wunder, dass aus ein paar hundert Leuten so schnell Tausende geworden sind. Heiraten ist übrigens auch mit «externen» Partnern erlaubt, allerdings nur, wenn die sich für die Regeln der Black Hebrews entscheiden. Wenn nicht, muss das Paar das «Peace Village» verlassen. Ein Zwischending wird nicht akzeptiert. Aber deswegen wird man nicht verstoßen. Zu Besuch darf man immer gern kommen.

Beim Abschied werden wir eingeladen, wiederzukommen

und vielleicht beim nächsten Mal länger zu bleiben. Ich kann es mir sogar vorstellen. Mit Winken und Hupen fahren wir fort.

Unterwegs sagt Rainer: «Ich fand die Sache mit der Rippe und der Hierarchie der Geschlechter total daneben. Aber das mit den drei Frauen hat mir gut gefallen.» Vorsichtig blickt er mich von der Seite an und lässt den Testballon zu mir auf den Fahrersitz fliegen.

Ich bin selbst überrascht, wie wenig mich das gestört hat: «Hätte ich von der Polygamie von Anfang an Bescheid gewusst, wahrscheinlich hätte ich viel mehr Vorurteile gehabt. Aber als ich die Frauen erlebte, da verspürte ich kein komisches Gefühl.»

«Ich könnte mir das auch in Deutschland vorstellen, es hat so natürlich gewirkt», fügt Rainer hinzu.

«Na, dann fang doch mal damit an und erzähle mir, wie du damit klarkommst. Schließlich musst du drei Frauen zufriedenstellen, und zwar auf Dauer.» Rainer seufzt. Diese Aussicht scheint ihm nicht so recht zu gefallen. Ich sage weiter: «Die ersten Christen hatten auch oft mehrere Frauen. Und aus diesem Grund spricht Paulus in seinem Brief an Timotheus davon, dass Bischöfe und Diakone keine Trinker oder Gewalttäter sein dürfen und dass sie möglichst nur eine Frau haben sollen.»

Rainer horcht auf: «Aber heute darf ein Bischof nicht einmal eine haben.» Salbungsvoll fügt er hinzu: «Und du? Sag, Jordana, wie hältst du es mit dem Zölibat?»

Natürlich ist das schon mehrmals Thema auf unserer Reise gewesen. Nicht weil mein Copilot mich in Versuchung führen will, wie eine Mitschwester ja vorab befürchtet hatte, sondern weil die meisten unserer Gesprächspartner Rainer und mich für ein Paar halten – was wir bei denjenigen, denen wir nur flüchtig begegnen, auch nicht immer korrigieren. Ordensleben und Zölibat sind im Nahen Osten so gut wie unbekannt. Imame, Rabbiner, Sufis und auch die Priester der katholischen Ostkirchen sind in der Regel verheiratet, auch weil der Wert eines Menschen an der Zahl seiner Kinder gemessen wird. Das Zölibat ist also vor allem deswegen Thema, weil es hier nicht existiert. Als ehelos lebende Schwester bin ich in dieser Welt eine Exotin. Aber darauf hatte Rainer nicht angespielt.

«Ich kann gut mit dem Zölibat leben», antworte ich. «Mir kommt es manchmal vor, als hätten andere damit mehr Probleme als ich.»

Rainer ist verblüfft. «Wieso denn das?»

«Na ja ...» Ich spreize meine Hände vor mir aus. «In jedem Interview, das ich in den letzten Jahren übers Klosterleben führte, war die Frage nach dem Zölibat die bei weitem interessanteste für meine Gesprächspartner. Das amüsiert, kann aber auch nerven. Ich frage einen Fremden ja auch nicht gleich nach seinem Sexualleben, oder?»

Er wirft mir einen Blick von der Seite zu und grinst: «Ich weiß genau, was sie dich fragen.»

«Du hast drei Versuche.» Mir beginnt das Gespräch Spaß zu machen.

Rainer räuspert sich, dann bemerkt er mit offizieller Miene: «Wie kann eine so attraktive Frau sich nur hinter Klostermauern verschanzen.»

«Bingo!» Ich muss lachen, denn er hat den Nagel auf den Kopf getroffen. «Das ist die Macho-Variante. Jetzt rate mal, wie die Unverständnis-Variante geht.»

«Hmm.» Rainer reibt seine Nase, schließlich ruft er triumphierend: «Wie? Sie haben keinen Mann? Wollen Sie etwa keinen?»

«Stimmt genau! Alternativ wird auch gefragt: ‹Können Sie nicht auch so arbeiten, wie Sie es jetzt tun, wenn Sie nicht im Orden sind?›»

«Auch nicht schlecht», kommentiert Rainer. Dann sagt er: «Mir fällt noch eine Möglichkeit ein, pass auf ...» Er setzt eine mitleidsvolle Miene auf: «Sie Arme, da müssen Sie bestimmt ganz viel kompensieren.»

«Die Mitleidnummer geht mir am meisten auf die Nerven», stimme ich zu. «In einer Gesellschaft, in der sich ständig alles um Sex dreht, ist es schwer verständlich, dass man sich in dieser Hinsicht nicht mitdreht.»

«Dabei wird durch Sex mehr kompensiert als durch alles andere», murmelt Rainer, leicht abgelenkt durch einen Panzer, der unsere Straße kreuzt.

In Seelsorgegesprächen bekomme ich oft anvertraut, wie unglücklich Menschen in ihrem Geschlechtsleben sind. Wie sie dem in den Medien verbreiteten Bild von «immer bereit, immer befriedigt» nicht nachkommen können und glauben, etwas sei mit ihnen nicht in Ordnung. Andere sagen, zwar würde schon lange nichts mehr «laufen», aber man würde sich dennoch sehr lieben. In Zeitungen wird jedoch suggeriert, dass jeder zweite Deutsche mindestens fünfmal in der Woche Sex haben sollte. Sex ist ein goldenes Kalb unserer Zeit, das wir anbeten. In meinen Augen wird er überbewertet. Natürlich ist Liebe ohne Sex möglich. Es kann jedenfalls eine Entscheidung sein.

«Panzer sehen so krass aus, da muss man einfach hingucken», sagt Rainer. «Aber um auf unser Gespräch zurückzukommen: Du musst nichts über Sex kompensieren.»

«Genau. Ich lebe freiwillig im Zölibat. Welche Frau hat ein solches Privileg? Wenn ich eine Beziehung hätte, eine Familie versorgen müsste, dann wäre ich hin- und hergerissen und müsste meine Kräfte teilen. Ehemann und Kinder macht man ja nicht mal eben so. Und das Leben mit Gott macht man auch nicht mal eben so. Und ich darf meine ungeteilte Aufmerksamkeit Gott und meinen Aufgaben widmen. Und wie es das Glück will, sind

Kinder trotzdem ein wichtiger Teil davon. Was könnte es Besseres geben?»

«So habe ich es noch nie gesehen», bemerkt mein Copilot, und ich biege ab Richtung Tel Aviv. «Aber was machst du, wenn du dich verliebst?»

«War ich schon», antworte ich kurz und knapp.

«Mit allem Drum und Dran?»

«Mit allem Drum und Dran. Bis zur Schmerzgrenze. Ich weiß, wie schön es sein kann ... und wie schrecklich.»

«Und wie bist du damit umgegangen?»

«Zuerst habe ich mit meinen Schwestern darüber gesprochen. Alles heimlich wegstecken, das wäre schlimm gewesen. Sie haben mich ermutigt, ganz in das Gefühl reinzugehen und zu schauen, ob es was richtig Ernstes ist, ob eine Beziehung etwas für mich sein könnte.»

«Ach nee ...» Rainer wird offenbar gerade mit Klischeebildern vom Klosterleben konfrontiert. «Sie haben dir nicht die Hölle heißgemacht?»

«Überhaupt nicht, im Gegenteil. Ich war schon erschrocken und dachte: Wollt ihr mich etwa loswerden? Natürlich war es nicht so gemeint. Eine erfahrene weltliche Freundin hat mir dann geraten, die sexuelle Energie, die ich ja spürte, in mir selbst zu bewegen, anstatt mich nach außen zu sehnen. Sie sagte: ‹Fühl die sexuelle Energie, unabhängig von der Person, lass sie einfach durch deinen Körper fließen, egal, ob schmerzhaft oder ekstatisch. Aber behalte sie in dir. Das war ein sehr guter Rat. Der zweite lautete: ‹Triff keine Entscheidung, nur weil Gefühle auf einmal sehr stark sein können. Warte ab, ob es in einem Monat immer noch so ist. Oder in drei Monaten.› Da habe ich gelernt, dass Verliebtsein und Verlangen wie Flut und Ebbe sind. Es hat mit den Hormonen zu tun. Es steigt hoch, und es zieht sich auch wieder zurück, und wenn es nicht wirklich ernst ist, geht es wieder weg. Vielleicht stürzen sich viele Hals über Kopf in Beziehungen, weil sie diese Intensität gar nicht aushalten, sondern sofort ‹entladen› müssen. Wir wollen ja immer alles und sofort. Sex ist das beste Ventil. Ist der Hormonsturm vorbei, wacht man eines Morgens auf und hat einen Frosch neben sich im Bett liegen.» Rainer lacht bei diesem Bild. «Und jedes Mal musste ich mich entscheiden», führe ich meinen Gedanken fort. «Sollte ich alles stehen und liegen lassen und in eine Partnerschaft gehen, oder sollte ich im Orden bleiben?»

«Ein Doppelleben kam für dich nicht in Frage?»

«Nein! Und auch die berühmte theologische Finte nicht, zwischen ‹Person› und ‹Amt› zu unterscheiden, mit der sich manche Priester rausreden. Stand ich an einem Scheideweg, war es bisher so, dass das Zünglein an der Waagschale von allein zugunsten eines Lebens mit Gott und in meiner Gemeinschaft ausschlug. Im Nachhinein bin ich darüber heilfroh.»

«Schwierige Momente gibt es also auch für dich», stellt Rainer fest.

«Unbedingt. Aber ich kann nicht sagen, dass das Zölibat ein Problem für mich ist.»

Enthaltsamkeit kann leidvolle Momente haben, ist aber an sich nicht leidvoll, sondern schenkt viel. Ich kann nur empfehlen, es einmal zu versuchen – für eine bestimmte Zeit – und zu schauen, was mit der Energie passiert. Ich kann sie bewegen, in alle Richtungen. Oder ausrichten, wenn ich mich auf etwas konzentrieren möchte – das ist der ursprüngliche spirituelle Zweck von Enthaltsamkeit. Damit man seine Energie im Gebet bündelt und über die Menschen hinaus zu Gott hinlenkt. Sexualität ist viel mehr als der Akt zwischen Mann und Frau, auf den wir uns fixiert haben; sie ist schöpferisch.

Was Gott angeht, so glaube ich nicht, dass es ihn interessiert, ob ich enthaltsam lebe oder nicht. Es ist eine Entscheidung des

Menschen, ähnlich, wie ein Sportler sich diszipliniert oder Diäten einhält. Er hat ja ein Ziel vor Augen. Und das habe ich auch. Natürlich setzt das voraus, dass ich diesen Weg mit vollem Herzen gehe und Gott bei mir weiß. Und das tue ich. Sonst wäre es in meinen Augen sinnlos, Gelübde abzulegen, welcher Art auch immer. Jesus sagt, dass die Ehelosigkeit nicht jedermanns Sache ist. Denen aber, denen sie gegeben ist, die sollen so leben. Und ich habe Glück, mir scheint sie gegeben zu sein. In diesem Sinn bin ich auch gegen das Zölibat um jeden Preis. Priester werden dadurch zu oft weltfremd und verbittert. Sie leben in keiner Gemeinschaft wie wir Schwestern, sie haben keine liebevolle «Familie» um sich herum, die sie auffängt. Man erreicht mit einem Zölibat bei ihnen im Grunde genau das Gegenteil: Gerade weil Sex verboten ist, kreisen ständig die Gedanken darum. Ob die schrecklichen Fälle von Kindesmissbrauch in der Kirche direkt damit zusammenhängen – ich denke nicht. Ich bin vorsichtig mit solchen Hau-ruck-Erklärungen. Ich glaube, man muss menschlich ausgereift und erfüllt sein, um Sexualität nicht zu missbrauchen, und das gilt für alle Menschen.

In der frühen Kirche war es jedenfalls üblich, dass Priester und Bischöfe verheiratet waren. Das Zölibat ist nicht durch die Evangelien festgeschrieben. Das Mönchstum hat sich anders entwickelt, da haben sich Menschen schon in biblischer Zeit freiwillig entschieden, um «des Himmelreichs willen» enthaltsam zu leben. Aber das war vor langer Zeit. Angesichts der momentanen Situation kann ich mir gut vorstellen und hoffe sogar, dass das Pflichtzölibat bald aufgehoben wird. An vielen Orten existiert es sowieso nur noch als Lippenbekenntnis, nach dem Motto: «Es ist ganz wichtig, enthaltsam zu leben, zumindest in der Nacht vor der Priesterweihe.» Viele Gemeinden in Bayern akzeptieren problemlos, dass ihre Priester Partnerinnen haben (oder Partner).

Die Kluft zwischen «offiziell» und «tatsächlich» wird von Jahr zu Jahr peinlicher, und die erzwungene Heimlichkeit schafft viel Leid – vor allem für Priesterfrauen und Priesterkinder. Ich denke, je früher sich das ändert, desto besser.

«Ich finde es gut, wie du damit umgehst, Jordana», sagt Rainer unvermittelt nach einer längeren Wegstrecke, während der jeder seinen eigenen Gedanken nachgegangen war.

Und ich beuge mich zu ihm hinüber und gebe ihm einen Kuss auf die Wange.

16

Eine Schule für Juden und Palästinenser – «Die Brücke über den Wadi»

Endlich ist unser Auto wieder da! Tom, Bence und Kamerafrau Sabine haben es von der syrischen Grenze abgeholt. Bis sie wieder in Tel Aviv waren, waren sie zwanzig Stunden unterwegs gewesen, ohne Pause. Mitten in der Nacht kehren sie mit unserem roten Chevi zurück, erwartet von uns, mit Sekt und Blumen, um sie als Helden des Tages zu feiern. Ihren Erzählungen zufolge war es kompliziert, die Einfuhrgenehmigung zu bekommen, und irgendwann hörten sie auf, die Beamten und Soldaten zu zählen, mit denen sie gesprochen hatten. Aber sie haben sich durchgesetzt. Und nun steht unser roter Freund auf dem Parkplatz, und ich bewundere Tom, Bence und Sabine aufrichtig. Bei den bisher gemachten «Grenzerfahrungen» kann ich mir lebhaft vorstellen, wie alles abgelaufen ist.

Jetzt können wir wieder mit Berliner Kennzeichen auf Tour gehen. Inzwischen habe ich mich so an das große Fahrzeug gewöhnt, an seine Zuverlässigkeit und Bequemlichkeit, dass ich mich richtig freue, am nächsten Morgen wieder hinter seinem Steuer zu sitzen. Diesmal geht es in den Norden, nach Kafr Kara. Dort gibt es eine Schule, die in Israel ein sehr seltenes Experiment darstellt: Hundertvierzig jüdische und arabische Kinder gehen hier gemeinsam zum Unterricht.

Auf der Fahrt versuche ich mir vorzustellen, wie eine solche Schule funktioniert. Es liegt auf der Hand, dass Juden und Araber – soweit ich das sehe und beurteilen kann – völlig unterschiedliche Lebensstile verfolgen. Ob die Mentalität, die Art, zu sprechen, zu kochen, zu beten, die Häuser zu gestalten, das Benehmen in der Öffentlichkeit, die Partnersuche oder die Rituale bei Feierlichkeiten – alles unterscheidet sich voneinander. Und doch muss es Berührungspunkte geben, sonst wäre das Schulexperiment sicher schon für gescheitert erklärt worden.

Die Schule «Brücke über den Wadi» liegt nahe der Green Line, der grünen Linie. Der Wadi Ara befindet sich in unmittelbarer Nähe, dort gab es 2002 Terroranschläge, viele Busse explodierten. Der Ort Kafr Kara erlangte dadurch traurige Berühmtheit.

Gegründet wurde die pädagogische Einrichtung auf Initiative arabischer und jüdischer Eltern, die vom Terror die Nase voll hatten. Sie stellten fest, dass sie zwar in unmittelbarer Nähe lebten, aber dennoch nichts miteinander zu tun hatten. Man kann in Israel sein gesamtes Alltagsleben arabisch oder jüdisch gestalten, und die Mehrzahl der Menschen tut das auch. Diese mutigen Eltern wollten aber nicht, dass ihre Kinder in Paralleluniversen aufwuchsen, sie empfanden es als unnatürlich. Von Anfang an ging es also um viel mehr als um eine zweisprachige Schule. Es ging um den gemeinsamen Traum, um ein friedliches und respektvolles Zusammenleben von Juden und Palästinensern. Im Herbst 2004 ging die Schule mit einer ersten Klasse an den Start, anfangs gegen den heftigen Widerstand des israelischen Erziehungsministeriums, das dann aber irgendwann einlenkte.

Bei unserer Ankunft wartet eine kleine Schülerdelegation mit Schulleiter Hassan Agbaria vor dem Eingang und bereitet uns einen liebevollen Empfang. Hassan Agbaria ist ein engagierter Mittfünfziger mit kurzem, grau meliertem Haar und lebhaften Gesichtszügen, eine Mischung aus Robert Redford und Robbie Williams.

Auf dem Innenhof ist schwer was los, die Kinder spielen Fußball, der Platz wird von Steinbögen umrahmt. Wir werden eingeladen, an einem Tisch am Rand des Ballspiels Platz zu nehmen.

Rainer ist schon nach den ersten Eindrücken schwer beeindruckt. «Wir haben», sagt er, «in diesem Land bisher immer ein Gegeneinander erlebt oder, wenn es gut läuft, ein Nebeneinander. Hierher aber kommen Kinder, um miteinander und voneinander zu lernen. Und wie viel Spaß das macht, kann man gerade deutlich hören.»

Hassan Agbaria freut sich über die Wertschätzung: «Das ist aber noch nicht alles. Es ist die einzige Schule im Land mit jüdischen Kindern, die mitten in einem arabischen Dorf steht, einem alevitischen Dorf.»

«Gelten die Aleviten nicht als liberal?», hake ich nach.

«Ja. Aber sie sind Araber. Am Anfang gab es jüdische Eltern, die ihre Kinder sofort wieder abmeldeten, als sie von der Lage der Schule erfuhren, es war ihnen zu brisant. Aber die Schule tut auch dem Dorf gut, der ganzen Bevölkerung. Sie ist ein Beweis dafür, dass aus einem Traum Realität werden kann.»

Die ersten Jahre nach Schulgründung bedeuteten harte Aufbauarbeit, wie wir über Nachfragen erfahren. Es war ein Kampf gegen Vorurteile, Niederlagen mussten eingesteckt werden.

«Wir hatten ja gar keine Erfahrung», erzählt Hassan. «Es war ein Pionierprojekt, und jeden Tag tauchten Probleme auf, die wir nicht erwartet hatten. Auch wir Lehrkräfte mussten einen offenen Geist und ein starkes Herz haben, um hier arbeiten zu können, miteinander und mit den Schülern und Eltern. Vor allem jedoch brauchten wir einen festen Glauben an unsere Vision.»

Die meisten Juden wachsen damit auf, dass sie die Araber hassen sollen; die Araber wachsen damit auf, dass sie die Juden hassen sollen: «Die eigenen Kinder gemeinsam mit denen des ‹Feindes› auf die Schule zu schicken bedeutete große Überwindung. Viele hatten Angst. Es war die Angst, die aufsteigt, wenn jüdische Eltern zusammen mit ihrer Tochter morgens den Schulranzen packen, während in den Nachrichten zu hören ist, dass ein Attentat von Palästinensern verübt wurde, bei dem es Tote gegeben hat. Es war die Angst muslimischer Eltern, dass ihre Tochter sich in einen jüdischen Jungen verliebt, denn unsere Klassen sind ja gemischt. Arabische Mütter, die seit Jahren ihre Verwandten in den besetzten Gebieten nicht besuchen dürfen und wiederholt von israelischen Soldaten an der Grenze abgewiesen und gedemütigt wurden, saßen sprachlos vor Wut oder weinend im Lehrerzimmer und klagten die jüdischen Lehrer an. Es gab Eltern, die es nicht aushielten, wenn die Kinder gemeinsam zu Allah beteten: ‹Mein Sohn versteht ja nicht einmal seine eigene Religion, und jetzt soll er sich sogar auf den Boden niederwerfen?› Es gab Befürchtungen, dass die Kinder religiös ‹umgedreht› werden könnten. Oder Schulkameraden später andere aus der Klasse heimsuchen und töten würden – als israelische Soldaten oder als arabische Selbstmordattentäter. Es war konkrete, furchtbare Angst.»

Die Schule gibt es seit acht Jahren. Hassan führt uns durch die erste Klasse. Es unterrichten zwei Lehrer, der eine spricht Hebräisch, der andere Arabisch. Die Kinder lernen erst die Buchstaben der einen, dann der anderen Sprache; die Zweisprachigkeit stellt sich nach einer Weile spielerisch ein.

«So wird schon in jungem Alter der Samen für eine gute Verständigung gesät», raunt Hassan in unsere Richtung. Ab dem dritten Schuljahr geht man zum einsprachigen Unterricht über, und da er abwechselnd gehalten wird, müssen die Lehrkräfte gut aufeinander eingespielt sein. Auch die Anzahl der jüdischen und arabischen Kinder muss in einer Klasse immer gleich sein, damit keine (Eltern-)Gruppe sich benachteiligt fühlt. Lauter praktische Anforderungen, über die ich noch nie nachgedacht habe.

Die Jungen und Mädchen singen uns ein Willkommenslied,

ihre kleinen Stimmen tönen mit aller Kraft, und wir klatschen mit, selbst wenn ich nur das Wort «Schalom» verstehe – was «Frieden» heißt, aber auch «Guten Tag».

«Die Zweisprachigkeit ist sicherlich nicht die einzige Hürde?», frage ich nach.

«Wohl wahr. Jedes Kind bringt auch seine Identität mit, die Geschichte seiner Eltern, seines Dorfes, seiner Religion. Diese Identitäten wollen wir ihnen nicht nehmen. Sie sollen sagen können: ‹Ich bin Jude, ich bin Araber.›»

«Aber spätestens im Geschichtsunterricht wird doch klar, dass es ganz unterschiedliche Versionen der Geschehnisse in der Vergangenheit gibt, oder?»

Das ist tatsächlich so, gibt Hassan zu. Jüdische Familien erzählen ihren Kindern, dass Gott den Juden das Land Israel versprochen hat. Dann seien die Juden lange in der Welt umhergeirrt und von überall vertrieben worden, besonders schlimm von den Deutschen. Nach zweitausend Jahren seien sie in ihre Heimat zurückgekehrt, in ein Land, das ihnen immer noch gehören würde, selbst wenn sie lange weg waren. Arabische Familien erzählen ihren Kindern hingegen von der «großen Katastrophe», die begonnen hat, als die Juden 1948 den Staat Israel gründeten und sie mit ihren Familien aus ihren Häusern und von ihrem Land vertrieben wurden, das ihnen immerhin auch schon ein paar hundert Jahre lang gehörte.

«Die Kinder begreifen», setzt Hassan seinen Bericht fort, «dass die Staatsgründung für die einen ein Feiertag ist und für die anderen ein Trauertag. Mit ihren großen Herzen verstehen sie leicht, dass etwas schiefgelaufen ist. Aber könnt ihr euch vorstellen, wie es mir das Herz zerreißt, wenn Elf- und Zwölfjährige ernsthaft darüber diskutieren, dass die jüdischen Schulkameraden als Erwachsene Kriegsdienst leisten werden und vielleicht einmal auf ihre arabischen Schulfreunde schießen müssen! ‹Wie können wir das verhindern?›, fragen sie einander. Und eine Lösung gibt es nicht, bis einer sagt: ‹Wenn wir erwachsen sind, haben sich die Zeiten hoffentlich geändert.›»

«Wie schrecklich, sich in diesem Alter solche Gedanken machen zu müssen», kommentiere ich das Gehörte. «Es ist eine totale Überforderung für Kinder, die Probleme von Erwachsenen lösen zu müssen.»

«Das ist richtig. Daher lassen wir das so stehen und unterstützen sie in ihrer Hoffnung. Wir versuchen nach vorn zu schauen und nicht nur über die Vergangenheit zu weinen. Diese Schule bringt jedes Jahr hundertvierzig Botschafter der Zukunft auf den Weg, Botschafter des Friedens. Das ist entscheidend.»

Nach der sechsten Klasse hört der gemeinsame Unterricht auf. Es gibt noch keine höhere Schule mit einem ähnlichen Modell. Das wäre eine weitere Vision!

Hassan führt uns jetzt in die vierte Klasse. Die Kinder feiern zusammen das jüdische Neujahrsfest Rosch ha-Shana. Die Lehrerin erklärt: «In den letzten zwei Wochen haben wir etwas über den jüdischen und den muslimischen Kalender gelernt, die Namen der Monate und wie viele Tage sie haben. Jetzt endet das jüdische Jahr, und ein neues beginnt.»

Ich setze mich zu einer Kindergruppe an ein kleines, feierlich in Weiß gedecktes Tischchen. Darauf liegen Granatapfelkerne, Äpfel, Honigkuchen und Trauben. Bei Erwachsenen würde jetzt noch süßer Wein auf dem Tisch stehen. Vor dem Essen werden noch kleine Zettelchen in die Hand genommen, auf denen jeder Schüler aufschreibt, was er oder sie an Schwerem im letzten Jahr erlebt hat. Natürlich lasse ich mir auch ein Stück Papier geben. Die kleinen Zettel werden dann in Streichholzdosen gesteckt und mit voller Wucht (das finden die Kids klasse!) auf ein kleines Modellschiff geworfen, das «Sorgenboot». Es steht auf dem Boden auf einem großen blauen Tuch, das das Meer symbolisiert. Und dann fährt das Schiff symbolisch los und alle Sorgen des alten Jahres mit ihm. Wenn es doch immer so einfach wäre!

Nachdem wir den Kummer übers Meer geschickt haben, singen wir ein sehr eingängiges Lied, leicht geht es über die Lippen: «*Schana Towa, Schana Towa* – ein gutes Jahr, ein gutes Jahr.» Ja, das wünsche ich wirklich jedem hier.

Nachdem das Lied beendet ist, stellen die Kinder uns viele Fragen. «Feiert ihr auch ein Neujahrsfest? Und welche Religion habt ihr?» Ich sage, dass ich Christin sei, dann möchte ich von ihnen wissen, was sie gut an arabischen Kindern finden, wenn sie selbst Juden sind, und umgekehrt. Die Antworten kommen schnell: «Die Araber vergeben den anderen!» – «Sie helfen uns!» – «Sie sind gute Freunde» – «Die Juden lachen viel!» – «Man kann ihnen vertrauen!»

Die Lehrerin greift jetzt freundlich ein, und die Klasse fährt mit dem jüdischen Neujahrsritual fort: Das neue Jahr wird mit Segensgebeten bedacht, und die muslimischen Kinder lesen sie ihren jüdischen Mitschülern vor. Es fühlt sich stimmig an. In unserem Kinderdorf darf auch ein muslimisches Kind Messdiener sein. Das bedeutet keineswegs eine Vermischung der Religionen, denn das ist sowieso nur eine Angst von Erwachsenen. Für Kinder sind Akzeptanz und Gemeinschaft viel wesentlicher. Vor allem Akzeptanz in der Gemeinschaft. Und die entsteht durch gemeinsame Feiern und Rituale.

Zum Schluss werden Wünsche für das Jahr von allen Schülern auf eine bunte Metallfolie geschrieben, aus der dann Granatäpfel geformt werden, die man an den Zaun der Schule hängt – damit jeder sie lesen kann und sie sich in der Welt ausbreiten. Ja, den hohen Zaun gibt es auch hier, und Wachpersonal. Aber vielleicht ja irgendwann nicht mehr.

Zurück im Pausenhof, umringt von Kindern, stellt Rainer die

letzte Frage: «Und wer spielt besser Fußball? Die Juden oder die Araber?»

«Alle!», schreien sie.

Wir werden aufgefordert, gegen sie anzutreten, damit sie es uns beweisen können, und natürlich lassen wir uns darauf ein. Fußball bei der Hitze in der prallen Sonne – ich fasse es nicht. Rainer schlägt sich erwartungsgemäß gut, ich bin grottenschlecht, aber am Ende gewinnen die Kinder, die jüdischen und die palästinensischen.

Wem gehört das Land hier?, überlege ich. Eine schwierige Frage. So, wie ich es heute gelernt habe: beiden. Es wird von beiden Völkern bewohnt, beide haben einen Anspruch darauf. Jetzt ist nur noch notwendig, dass man lernt, miteinander und nicht gegeneinander zu leben. Die Schule über dem Wadi hat nach meinem Gefühl den richtigen Anfang gemacht.

17

Die Hitler-Diktatur überlebt – im Elternheim in Ramat Gan

Nach den jungen Menschen wenden wir uns den alten zu. Zurück in Tel Aviv, steht der Besuch des Elternheims «Pinchas Rosen» auf unserem Plan. «Elternheim», das klingt schön. Ich denke dabei an familiäre Beziehung, an reife Menschen mit Lebenserfahrung. Wenn ich das deutsche Wort «Altenheim» höre, schwingen Assoziationen wie «Abstellgleis» mit. Vielleicht sollten wir das Wort «Elternheim» auch in Deutschland einführen.

In Pinchas Rosen leben viele Israelis, die zwischen 1933 und 1948 aus Deutschland geflüchtet sind. Menschen, die mir von der Geschichte meiner Heimat erzählen können, von einer Zeit, die ich nicht miterlebt habe. Noch nie habe ich mit Juden zuvor gesprochen, die die Hitler-Diktatur überlebt haben. Und wie ich schon gesagt habe, verbinde ich mit der Vergangenheit, die Krieg und Nationalsozialismus umfasst, einerseits Angst, andererseits ein Schuldgefühl. Vor allem den Juden gegenüber. Das beinhaltet natürlich auch die Haltung der katholischen Kirche während der Nazi-Zeit. Zwar wurden die rassistischen Lehren Hitlers von Papst Pius XI. in seiner Enzyklika «Mit brennender Sorge» als Götzenkult gebrandmarkt, aber das Reichskonkordat mit dem Regime direkt nach dem Machtwechsel 1933 brachte den Nationalsozialisten – trotz scharfer inhaltlicher Kritik der Kirchen an der braunen Ideologie – einen großen Prestigegewinn im In- und Ausland. Priester protestierten und agierten auf ihre Weise gegen das Reich – und bezahlten es mit dem Leben. Das aber waren einzelne mutige Menschen, die nicht offiziell von der Kirche unterstützt wurden. Kurz nach Kriegsende, im August 1945, räumte die Deutsche Bischofskonferenz in Fulda in ihrem ersten Hirtenbrief Fehler ein, allerdings nur in einem Nebensatz: «Viele Deutsche, auch aus unseren Reihen, haben sich von den falschen Lehren des Nationalsozialismus betören lassen, sind bei den Verbrechen gegen menschliche Freiheit und menschliche Würde gleichgültig geblieben; viele leisteten durch ihre Haltung den Verbrechen Vorschub, viele sind selber Verbrecher geworden.»[18]

Das Elternheim liegt in einem Wohngebiet außerhalb von Tel Aviv, in Ramat Gan, es ist ein hübsches mehrstöckiges Gebäude mit versetzten Etagen, sodass alle Wohnungen Sonnenterrassen haben. Beim Eintreten in die große Halle sehe ich als Erstes ein Aquarium mit Fischen. Mit denen schließe ich sofort Freundschaft und mache ein bisschen Spökes mit ihnen – ich könnte auch Schmonzes sagen, das ist Hebräisch für «Unsinn». Jedenfalls beginnt mein Besuch mit einer stillen Unterhaltung von Fisch zu Fisch (Fische ist mein Sternzeichen). Wahrscheinlich mache ich das, um von meiner eigenen Scheu abzulenken und den Moment der Begegnung hinauszuzögern. Nachdem ich mich nicht länger bei meinen stummen «Freunden» aufhalten kann, sehe ich mich vorsichtig um. Die Halle ist zugleich ein Café, Tische und Stühle stehen herum, Getränke und Kuchen werden gebracht. In der Mitte öffnet sich ein grüner Innenhof; es ist aber zu heiß, um draußen zu sitzen.

Von einer Empfangsdame werde ich zu einem Tisch geführt, und bald bin ich umringt von fünf Frauen und einem Mann, die in ihren achtziger oder sogar neunziger Jahren sind. In ihren Gesichtern erkenne ich weder Vorwurf noch Misstrauen, wie ich sorgenvoll phantasiert hatte, sondern alle strahlen mich mit

18 Siehe: http://germanhistorydocs.ghi-dc.org/sub_document.cfm?document_id=4454&language=german

einem erwartungsvollen Lächeln an. Sie möchten mir, der jungen Deutschen, ihre Erfahrungen mitteilen, großelterlich nehmen sie mich in ihrer Mitte auf, und ihre Wärme berührt mich sehr. Meine anfängliche Befangenheit nehmen sie mir mit Witzen darüber, dass das Elternheim doch besser Großelternheim oder Urgroßelternheim heißen solle, denn wenn man Enkel oder gar Urenkel hat, würde man sich nicht mehr so sehr als Eltern fühlen. Sie sprechen in Deutsch mit mir, aber ein Gespräch kann man unser Zusammensein nicht wirklich nennen, weil die alten Damen sich ständig gegenseitig ins Wort fallen und permanent das Thema wechseln. Es macht mir nichts aus. Ich kenne das aus meinem Zusammensein mit unseren älteren Schwestern im Konvent.

Männer sind eindeutig in der Unterzahl der hundertvierzig Bewohner des Hauses, die von einem fast hundertköpfigen Personal – vorwiegend aus Russland – betreut werden. Der ältere Herr, der mir gegenübersitzt, hält sich aus dem Durcheinander weitgehend heraus. Er lächelt viel und fühlt sich als Hahn im Korb offensichtlich wohl – ein gutaussehender Mann in einem schicken grün karierten Hemd und mit einem verschmitzten Gesichtsausdruck. Die Dame neben ihm ergreift seinen Arm und sagt: «Wir sechs sind unzertrennlich. Wir sind jeden Tag zusammen, kauen durch, was passiert ist. Und jeder kümmert sich um den anderen.» Dann fallen die anderen in das Lob des Hauses ein: Regelmäßig werden in der großen Aula Konzerte veranstaltet oder Filme vorgeführt. Im Eingangsbereich liegt das wöchentliche Kursangebot aus – in Hebräisch und Deutsch –, von Feldenkrais-Gymnastik über Gesangsstunden, Wassergymnastik bis hin zu Computereinführungen ist alles dabei.

«Sie scheinen ja alle recht aktiv zu sein», sage ich in die Runde und bedanke mich für das Kännchen Tee, das mir gerade an den Tisch gebracht wird. «O ja!», tönt es zurück, und alle erzählen mir (natürlich auf einmal) von ihren Hobbys: Malen, Flötespielen oder Bridge. Eine Dame, die sich als Yehudith vorstellt, hat ihre Kakteensammlung aus ihrer früheren Wohnung mitgebracht, die sie immer noch hingebungsvoll pflegt.

Noch vor zehn Jahren lebten in Pinchas Rosen fast nur Deutschstämmige, erzählt mir Yehudith weiter, doch mittlerweile ist nur noch eine Handvoll von ihnen übrig geblieben, es sind jetzt mehr Bulgaren, Tschechen, Rumänen und Russen da. «Vor fünfzehn Jahren war hier auch alles auf Deutsch. Alle Kurse, alle Aushänge. In der Bibliothek standen nur deutsche Bücher. Aber wir sterben eben langsam aus ...» Die alte Dame seufzt, piekt mit der Gabel das letzte Stück ihres Kuchens auf und führt es zum Mund. Und danach geht alles ganz schnell – offenbar haben die Seniorinnen eine gemeinsame Veranstaltung, sie erheben sich, lächeln mir herzlich zu, tätscheln meine Schultern und Hände – und sind verschwunden. Wie ein Schwarm fröhlicher Vögel, der sich mit einem Schlag erhebt und davonfliegt.

Ich bleibe am Tisch zurück mit dem älteren Herrn. Er lächelt entschuldigend und sagt: «So sind sie eben ...»

Neunundachtzig Jahre ist er alt, die man ihm wirklich nicht anmerkt, seit mehr als sieben Jahrzehnten lebt er in Israel. Gekommen ist er im November 1938 als Flüchtling aus Berlin. «Damals war das hier noch englisches Mandat, bis 1948 hieß es Palestine, und alle Leute – Juden, Araber und Engländer – waren Palestineans», erklärt er. «Ich habe sogar noch meine Einbürgerungsurkunde, da steht es drauf. Nachher, mit Israel, hat sich das dann geteilt. Die jüdischen Palästinenser wurden Israelis, die arabischen Palästinenser blieben das, was sie waren.»

Er ist bereit, mir seine Geschichte zu erzählen, doch möchte er nicht, dass ich seinen ursprünglichen deutschen Namen nenne. Und auch sein israelischer Name soll ungenannt bleiben.

«Nennen Sie mich doch Jisrael Kedmi», bittet er mich, «das ist ein sehr häufiger Name hier, ungefähr wie Hans Müller ...»

Geboren wurde Jisrael Kedmi 1922 in Coburg, in Nordbayern.

«Mein Vater hatte dort gemeinsam mit seinem Bruder eine Kleiderfabrik. Schon in den zwanziger Jahren gab es Antisemitismus in Coburg. In einer Wochenzeitung, die *Weckruf* hieß, das war wohl die erste nationalsozialistische Zeitung in Deutschland, standen Schmähartikel gegen Juden, auch gegen meinen Vater. Er wurde als ‹polnischer Saujude› bezeichnet, weil unsere Vorfahren aus Polen stammen. Es wurde über ihn gehetzt, dass er in ‹jüdischer Frechheit› den Deutschen mitten im Elend eine der schönsten Wohnungen in Coburg weggeschnappt hätte. Es war tatsächlich eine schöne Wohnung. Aber wir lebten nur zur Miete dort.»

«Wann erschienen denn diese Artikel?», frage ich.

«Es fing schon 1926 an», antwortet Jisrael. «Im Jahr der Zeitungsgründung.»

«So früh! Das war ja lange vor der Machtergreifung.»

«Judenhass gab es schon vor Hitler. Aber 1928 wurden Steine in unsere Fenster geworfen und die Fabrik in Brand gesteckt.» Jisrael macht eine kleine Pause, dann fährt er fort: «Wir konnten nicht in Coburg bleiben, also zogen wir nach Berlin, wo die Familie meiner Mutter lebte. Berlin war ganz anders als Coburg. Dort ging es friedlicher zu, man hat weniger vom Antisemitismus gemerkt, auch später weniger von den Nürnberger Rassegesetzen, die dann ja 1935 in Kraft traten.»

In Berlin hatte Jisrael Kedmi bis 1938, bis zu seinem sechzehnten Lebensjahr, eine relativ normale Kindheit und Jugend. Er besuchte das Kaiser-Friedrich-Realgymnasium in Berlin-Neukölln und ging als Jugendlicher gern ins Theater und in Konzerte.

«In der Hauptstadt war kulturell noch viel los», sagt er. «Wir durften zwar nicht mehr in deutsche Veranstaltungen gehen, aber es gab den Kulturbund Deutscher Juden. In der Kommandantenstraße in Berlin war ein kleines Theater, das Ratibor. Die Aufführungen hatten Niveau. Es wurden auch Konzerte in der Synagoge in der Oranienburger Straße gespielt, die ich besuchte.»

Doch auch in Berlin breitete sich die Judenfeindlichkeit aus. Ende 1937 wurde Jisrael des Gymnasiums verwiesen, sein letztes Schuljahr verbrachte er auf einer jüdischen Schule in Berlin-Moabit. Dort wurden die Jugendlichen auf eine Emigration vorbereitet. Er lernte Englisch, auch ein paar Brocken Hebräisch. Ein Onkel mütterlicherseits war mit Ehefrau 1936 nach Palästina ausgewandert – in Deutschland gebe es für die Juden keine Zukunft mehr, hatte er gesagt. «Sie hätten auch nach Amerika gehen können», bemerkt Jisrael, «damals sogar noch mit ihrem ganzen Vermögen, aber mein Onkel war Zionist. So kam er mit einem Kapitalistenzertifikat und tausend englischen Pfund nach Haifa.»

«Kapitalistenzertifikat?» Diesen Begriff höre ich zum ersten Mal, und schmeichelhaft klingt er nicht gerade.

«Wenn man eine bestimmte Summe Geldes nach Palästina mitbrachte, durfte man als sogenannter Kapitalist einreisen.»

Die britische Mandatsregierung setzte seit 1936 strenge Quoten für die jüdische Einwanderung fest, weil es aufgrund einer wachsenden Anzahl von Emigranten Aufstände der arabischen Bevölkerung gegeben hatte. Ins Land durfte man nur noch mit dem Arbeiterzertifikat (Handwerker waren erwünscht, weil Palästina keine Akademiker, sondern Menschen benötigte, die Häuser und Straßen bauen konnten) oder mit Vermögen. Jisraels Onkel gründete eine Bus-Kooperative, die bald sehr erfolgreich lief, und bis zum Ende seines Lebens arbeitete er als «Autobus-Chauffeur».

«Durch das Geld hatte er bessere Anfangsbedingungen als die späteren Flüchtlinge. Und er hatte einen praktischen Verstand, sodass er es schaffte, sich etwas aufzubauen. Er und meine Tante kauften ein Haus und waren, verglichen mit anderen, geradezu Adelige in der neuen Heimat – und so war auch ich eigentlich ein Glückspilz ...» Jisrael hebt die Arme und zieht die Augenbrauen hoch, als wolle er sagen: «Ich weiß auch nicht, warum gerade ich ...» Dann fährt er fort: «... ich war ja ohne einen Kratzer aus Nazi-Deutschland rausgekommen, und ich hatte sogar Familienanschluss in Palästina.»

Jisraels Eltern hatten das Unheil kommen sehen, sie handelten hellsichtig und gerade noch rechtzeitig. Eine Woche vor der Reichspogromnacht im November 1939 brachten sie ihren Ältesten zum Anhalterbahnhof in der Nähe des Potsdamer Platzes. Dieser später im Krieg zerstörte Bahnhof wurde «Das Tor zum Süden» genannt, von dort aus fuhr Jisrael gemeinsam mit einer Gruppe von Schülern und Studenten nach Triest, um dann nach Palästina überzusetzen. Der Abschied sei ganz normal gewesen, sagt er. Er ahnte damals nicht, dass er seine Eltern nie wiedersehen würde.

«Können Sie sich noch an den Abschied erinnern?», frage ich vorsichtig, es ist ja mittlerweile über siebzig Jahre her – eine unvorstellbar lange Zeit für mich.

Er zögert mit der Antwort. «Ja, wir sind gemeinsam mit dem Taxi zum Bahnhof gefahren. Ich war sehr aufgeregt. Für meine Eltern war es bestimmt schwer, aber für mich war es eher ein Abenteuer als eine traurige Angelegenheit. Ich habe meinem Bruder die Hand gedrückt, meine Mutter hat mich umarmt und geküsst ...»

Jisrael stockt und bricht in Tränen aus. Ich schweige betroffen und schaue auf meine Hände, um ihm nicht ein Gefühl von Peinlichkeit zu geben, vor einer fremden Frau zu weinen. Den Bahnsteig kann ich förmlich vor mir sehen, die vielen Menschen, den Dampf der Lokomotive, das letzte Winken. Vielleicht macht Jisrael sich im Nachhinein Vorwürfe, dass er so jugendlich «gedankenlos» abgereist ist, überlege ich. Oder dass seine Eltern ihn in Sicherheit brachten, sich selbst aber nicht retten konnten. Sie hatten vor, mit ihrem jüngsten Sohn nachzukommen.

Kurze Zeit später hat sich der alte Herr wieder gefasst und erzählt weiter, als wäre nichts geschehen. Ich aber spüre einen Kloß in der Kehle.

«Mein Bruder wurde wenige Tage darauf Zeuge, wie die Synagoge in der Berliner Fasanenstraße brannte – das war am 9. November 1939.»

Die systematische Verfolgung der Juden fing an. Das rüttelte auch andere Staaten auf, zumindest vorübergehend. Großbritannien bot an, 10000 jüdische Kinder aus Deutschland aufzunehmen – gegen Zahlung von 50 Pfund pro Kopf. Jisraels Eltern schafften es, auch ihren Jüngsten zu retten. Ende November fand er einen Platz in einem der Kindertransporte nach England. Eine Pflegefamilie nahm ihn dort auf.

Zwei Tage vor dem Synagogenbrand kam Jisrael in Haifa an. Es regnete. «Die Seereise von Triest dauerte fünf Tage. Seekrank bin ich zum Glück nicht geworden ...» Er schmunzelt, wahrscheinlich ging es manch anderem auf der Reise schlechter als ihm. «Mit Mantel und Hut spazierte ich vom Schiff. Ich fühlte mich großartig. Meine Verwandten wollten am Kai sein. Es dauerte, bis ich sie im Gewühl erkannte. Sie winkten. Sie waren für mich der Mittelpunkt der Welt, ein Anker im Sturm.»

Der Onkel besorgte ihm eine Lehrstelle als Tischler an der Technischen Hochschule von Haifa. Auch die Mitreisenden aus Berlin fanden hier einen Ausbildungsplatz – als Schlosser oder Elektriker, den wichtigen Berufen der Pionierzeit. Sie wurden in einem Internat untergebracht, eine Autostunde von der Stadt entfernt. Jisrael lebte bei seinen Verwandten und hatte nur einen Fußweg von zehn Minuten.

«Ihr Haus lag an einem Berg und hatte zwei Zimmer. Eines davon überließen sie mir. Von der Terrasse aus konnte man über die ganze Haifa-Bucht blicken, im Norden sah man sogar den Berg Hermon im Libanon mit seinem schneebedeckten Gipfel. Heute sieht man das alles nicht mehr. Weniger wegen der Bebauung – durch die Luftverschmutzung ist alles vernebelt.»

Haifa war Ende der dreißiger Jahre eine kleine arabische Stadt. Schuhputzer, Kaffeeverkäufer und fliegende Händler bewegten sich durch die Gassen, Muslime mit langen Bärten, Sackhosen und Kaftanen. Es war heiß, staubig, chaotisch. Etliche «Kapitalisten» verloren im Handumdrehen ihr Vermögen, weil sie weder die Kunst des Palaverns noch die Regeln des orientalischen Handelns verstanden. Mit der nächsten Einwanderungswelle erschienen Flüchtlinge, die nur noch das hatten, was sie auf dem Leib trugen. Tausende Akademiker mussten im gelobten Land in glühender Hitze schwere körperliche Arbeit verrichten. Die Sprache war schwer zu erlernen, die Häuser winzig im Vergleich zu Deutschland und ohne Komfort. Auch machten sich die Neulinge mit ihrer deutschen Gründlichkeit in der neuen Heimat keine Freunde.

Die Einwanderer wurden «Jeckes» genannt, ein beleidigendes Wort, wie Jisrael mir erklärt, nicht, weil sie «jeck» waren, wie es in Köln heißt, sondern weil sie ihre sorgfältig gebürsteten *Jacken* selbst in der größten Bullenhitze nicht ablegen wollten. Jisrael war jedoch jung genug, um sich anzupassen.

«Mit meinen Verwandten konnte ich Deutsch sprechen, auch mit denen, die mit mir ausgewandert waren. So befand ich mich anfangs wie in einer Schutzblase und konnte mich nach und nach einleben und zurechtfinden. Wie gut ich es getroffen hatte, mitten in all dem Unglück! Nur meine Eltern ...» Jisrael bricht ab, er schaut mich kurz an, dann widmet er sich für eine Weile der Tasse Tee, die vor ihm steht. Rührt Zucker hinein, trinkt, in

Erinnerungen versunken, stellt die Tasse langsam und vorsichtig wieder ab. Auf dem Tisch fällt mir das weiße Spitzendeckchen auf. Seine Hände zittern nicht.

«Was geschah denn mit Ihren Eltern?» Vorsichtig nehme ich den Faden wieder auf, mit dem Gefühl, mich auf dünnem Eis zu bewegen.

«Bis 1940 durften wir uns Briefe schreiben», sagt Jisrael tonlos, «danach wurde es verboten. Die letzte Nachricht erhielt ich 1941. Geschrieben auf einem Formular vom Roten Kreuz, kurz und nichtssagend – es gab ja Zensur. Sinngemäß stand da: ‹Uns geht es vorläufig gut, wir hörten, dass es auch euch gutgeht, möge es weiter so bleiben.› Es war schon lange nicht mehr die Rede von: ‹Bald kommen wir nach ...›»

Schweigen.

«Sie müssen sich große Sorgen gemacht haben.»

«Natürlich. Ich hatte keine Adresse von ihnen. Ich war im Ungewissen. 1942 wurden sie mit einem Transport nach Łódź gebracht, von Wannsee aus, Gleis Nr. 17. Das habe ich aber erst nach dem Krieg erfahren. Doch niemand weiß, ob sie im Ghetto von Litzmannstadt umgekommen sind oder im Konzentrationslager getötet wurden.»

Wieder hält Jisrael inne. Es scheint, als suche er nach Worten, schließlich sagt er: «Kein Mensch hat geglaubt, dass so etwas möglich ist. Flüchtlinge aus Deutschland brachten natürlich Gerüchte nach Palästina mit. Was dort angeblich in der Heimat geschah. Sie wurden aber abgeschmettert. Es war zu unvorstellbar. Die Deutschen waren ein so zivilisiertes Volk! Wir waren ein so zivilisiertes Volk! Bis eingesickert ist, was in Wahrheit geschah, das hat gedauert.»

Als man begriff oder vielleicht auch nur ahnte, was mit den Eltern und Großeltern in der Heimat passierte, traten viele junge Juden in die englische Armee ein, um gegen Deutschland zu kämpfen. Auch Jisrael meldete sich 1942 als Freiwilliger – allerdings gehörte er nicht zur kämpfenden Truppe, sondern diente in einer Sondereinheit, die hinter der Frontlinie militärische Karten zeichnete und drucken ließ. Zuerst war er in der Nähe von Kairo stationiert, wo englische Truppen General Erwin Rommel in der Wüste, in El Alamein, aufhielten und besiegten. Später zog er mit seiner Einheit weiter nach Italien, nach Siena, wo alliierte Truppen am 3. Juli 1944 einmarschierten. Bis Kriegsende arbeitete er weiter in der Kartografie-Abteilung.

«Nach Kriegsende 1945 kam ich dann mit der US-Armee nach Berlin, und dort traf ich meinen Bruder. Auch er war in der englischen Armee. Was für eine Freude war das. Gemeinsam liefen wir über den Kudamm, zwei englische Soldaten, die überlebt hatten. Und wie weh tat das: der Verlust der Eltern und Berlin, das ganz und gar zerstört war.»

Sein Bruder hatte bei der Invasion in der Normandie gekämpft und nannte sich Harry Drew. Jisrael legte seinen deutschen Namen ebenfalls ab. Für immer. Er kehrte zurück nach Palästina, heiratete, wurde Vater dreier Kinder. Sein Bruder lebte später in den USA.

Mir fällt auf, dass Jisrael über seine Zeit als Soldat sehr nüchtern berichtete: «Sie erzählen das so gleichmütig. Sind Sie nicht furchtbar wütend auf die Deutschen gewesen?»

«Wütend ist kein Ausdruck», sagt er und funkelt mich an. «Ich finde gar keine Worte, die meine Wut beschreiben könnten.» Dann wird ihm bewusst, dass eine Deutsche ihm gegenübersitzt: «Ich sage nicht: Jeder Deutsche ist schuldig, obwohl viele mitgemacht haben. Ich sehe sie an, aber ich frage nicht, was ihre Väter oder Großväter gemacht haben.» Wieder stockt seine Rede. «Was damals geschehen ist ... das kann man nicht überwinden.» Erneut beginnt Jisrael zu weinen. Und diesmal steigen auch mir Tränen in die Augen.

Als Stellvertreterin meines Volkes sitze ich vor ihm, aber er macht mich nicht verantwortlich. Ich kann nichts ungeschehen machen. Ich kann nur anerkennen, was ist, ohne Rechtfertigungen oder Versteckspiele: «Ja, all diese Leiden sind geschehen, und es war großes Unrecht. Es tut mir unendlich leid, und ich bitte Sie um Verzeihung.»

«Schon gut», sagt er. «Schon gut ...»

Wäre ich gegen das Nazi-Regime aufgestanden? Ich weiß es nicht. Ich begreife nur, Gedenktage und materielle Wiedergutmachung sind nicht alles. Diese unmittelbare Begegnung von Mensch zu Mensch ist ebenso wichtig.

«Ich war hungrig, und ihr habt mir nichts zu essen gegeben; ich war durstig, und ihr habt mir nichts zu trinken gegeben; ich war fremd und obdachlos, und ihr habt mich nicht aufgenommen; ich war nackt, und ihr habt mir keine Kleidung gegeben; ich war krank und im Gefängnis, und ihr habt mich nicht besucht.» So spricht Jesus im Matthäusevangelium, als es um das Weltgericht geht. Wir haben dich nirgendwo gesehen, antworten die Sünder – damals und heute. Wann und wo soll denn das gewesen sein? Daraufhin antwortet er ihnen: «Amen, ich sage euch: Was ihr für einen dieser Geringsten nicht getan habt, das habt ihr auch mir nicht getan. Und sie werden weggehen und die ewige Strafe erhalten, die Gerechten aber das ewige Leben.»

Ob es ein solches Gericht am Ende der Zeiten geben wird? Auch das weiß ich nicht. Ich verstehe nur, dass Christus getötet wurde, in Konzentrationslagern, in Gefängnissen, in Ghettos, in Euthanasiekliniken. Auch heute noch. Denn all das hat nicht aufgehört mit der Entmachtung der deutschen Faschisten.

Jisrael sieht müde aus. Unser Gespräch hat ihn sichtlich angestrengt. Aber er lächelt mich dennoch aufmunternd an. Daher stelle ich ihm noch eine Frage: «Was wird aus dem jüdischen Volk?»

«Wir wollen Frieden haben», sagt er ruhig, aber bestimmt. «Wie er jedoch kommen soll, weiß ich nicht. Es geht nicht weiter, wenn hier in Israel immer nur gesagt wird: ‹Du hast mir dieses angetan, und darum tue ich dir jenes an.› Ich bin nicht für die jüdischen Siedlungen. Das Land muss den Arabern zurückgegeben werden. Aber die meisten von ihnen hoffen nur, uns wieder loszuwerden, irgendwie. Ob wir uns hier auf Dauer halten können – keine Ahnung. Die Frommen haben es leichter, sie können sagen: ‹Überlasse alles Gott, wir sind doch das auserwählte Volk.› Aber ich bin nicht fromm.»

«Was für eine verfahrene Situation», sage ich leise.

«Ja, zurzeit sieht es ziemlich dunkel aus.»

Wir haben beide unser Teekännchen geleert.

«Aber», ruft er kurz danach aus, als wolle er die dunklen Wolken verscheuchen, «man soll die Hoffnung nie aufgeben, und das tue ich auch nicht.»

Als ich mich verabschiede, bin ich zu bewegt, um noch viel zu sagen, aber ich denke, Jisrael Kedmi hat es verstanden. Dankbar trete ich hinaus in die Nachmittagssonne und fühle mich wie von einer unsichtbaren Last befreit.

18

Mit einem Ex-Soldaten in Absurdistan – Hebron

Wieder wollen wir ins Westjordanland. Unser Ziel ist Hebron, eine der ältesten bewohnten Städte der Welt. Hebron spiegelt die Situation Israels wie in einem Mikrokosmos: Rund 180 000 Palästinenser leben in der Stadt, und mittendrin ungefähr 800 israelische Siedler, beschützt von ebenso vielen israelischen Soldaten. 1929 waren die jüdischen Bewohner durch ein Massaker aus Hebron vertrieben worden, im Rahmen der Wiederbesiedlung kehrten sie nach und nach zurück und besetzten es. So erklärt es uns Jehuda Schaul, Mitbegründer der israelischen Organisation «Breaking the Silence» («Das Schweigen brechen»), wir haben das Glück, mit ihm nach Hebron fahren zu können. Breaking the Silence wurde 2004 von ehemaligen Soldaten und Soldatinnen gegründet, die in den okkupierten Gebieten ihren Militärdienst ableisteten. Sie klären darüber auf, wie der Alltag der palästinensischen Bevölkerung in der Westbank aussieht und mit welchen Repressalien die Besetzung verbunden ist.

Mit Jehuda haben wir uns in einem kleinen Vorort im Jerusalemer Süden verabredet. Wir treffen ihn an einer Straße (dank Handy kann man sich inzwischen ja überall verabreden und tatsächlich auch finden), und ich überlasse ihm meinen Beifahrersitz, während Rainer unseren Chevi lenkt. Der Israeli ist ein kräftiger Mann, mit einem dichten Vollbart, ich schätze ihn auf Ende zwanzig. Er stammt aus einer jüdisch-orthodoxen Familie, so erzählt er, seine Eltern sind gebürtige Amerikaner, seine Schwester lebt in Gush Etzion, einer der ersten Siedlungen zwischen Jerusalem und Hebron, die zwischen 1943 und 1947 entstanden. Als Achtzehnjähriger wurde er – wie alle jungen Männer und Frauen – für drei Jahre zum Militär eingezogen (Frauen haben nur zwei Pflichtjahre). Sein Leben «danach» hatte er bereits geplant: zuerst Kanada und Geld verdienen, dann ein Trip nach Indien, schließlich in Israel Philosophie studieren. Aber alles wurde anders, als er nach Hebron kam.

Jehuda weist Rainer den Weg – wir fahren auf dem Highway 60 Richtung Süden. Meinem Copiloten brennt etwas auf der Zunge, eine kleine Redepause Jehudas nutzt er sofort, um eine Frage loszuwerden: «Vor ein paar Tagen habe ich gelesen, dass Israel den neunmonatigen Baustopp, den die USA verlangt hatte, nicht verlängert, sondern stattdessen 1100 neue Wohnungen in Ostjerusalem genehmigt hat, gegen internationales Recht und massive Kritik. Was ist da eigentlich los?»

«Oje», antwortet Jehuda. «Ich weiß gar nicht, wo ich anfangen soll, um dir das zu erklären. Ich versuche es in einer Kurzfassung. Ost-Jerusalem ist ein zentraler Streitpunkt im Nahost-Konflikt. Ost-Jerusalem, das die Altstadt mit der Klagemauer umfasst, wird von den Juden beansprucht, als Teil unserer Hauptstadt. Die Palästinenser wollen wiederum Ost-Jerusalem zur Hauptstadt in einem palästinensischen Staat machen. Dagegen setzt Israel die Besiedlungspolitik. – Halt, Rainer, hier musst du rechts abbiegen!»

Rainer bekommt noch in letzter Sekunde die Kurve, die Reifen quietschen.

«Als nach dem Sechstagekrieg Israel den Gaza-Streifen, die Sinai-Halbinsel, die Golanhöhen, Westjordanland und Ost-Jerusalem einnahm», fährt Jeduda fort, «wurde das von vielen religiösen Juden als Zeichen Gottes gewertet. Denn hatte Gott Abraham nicht versprochen: ‹Deinen Nachkommen will ich dieses Land geben?› Nun, hier war es. Das Motto der ersten Siedler in den besetzten Gebieten war religiös: ‹Wir müssen dem Messias den Weg bereiten.› Und da die Westbank urbiblische Gegend ist, die Gebiete Judäa und Samaria umfasst, zogen mehr und mehr National-Gläubige dorthin, erst leidenschaftlich und enthusiastisch, später wurden sie immer radikaler. Bis heute lässt der Zuzug nicht nach, in Ost-Jerusalem leben bereits 200 000 Juden, seit den siebziger Jahren hat sich die Zahl derer verdreifacht, die glauben, die Zeit der Erlösung sei nahe und der Messias komme schon bald nach Jerusalem.»

Rainer fährt nach seinem kleinen Manöver etwas langsamer, die Straße ist fast frei und autobahnähnlich. «Aber die Besiedlung an sich ist doch problematisch», greift er Jehudas Bemerkungen auf, «diese Gebiete sind dem zukünftigen palästinensischen Staat zugedacht. Und jetzt leben dort überall Juden. Alle Vorschläge einer Zwei-Staaten-Lösung können doch nur scheitern.»

Jehuda hebt fast entschuldigend die Hände: «Ich kann nur sagen, gleich, welche Regierung bisher an der Macht war – ob links oder rechts –, jede hat sich den Forderungen der Siedler unterworfen. – Jetzt bitte in den Kreisverkehr einfädeln und weiter geradeaus!»

Jehuda weist Rainer mit dem Zeigefinger die Richtung, aber ich habe das Gefühl, dass er mit seiner Antwort ausgewichen ist. Ich sage nichts, denn mich beschäftigt gerade die Frage, wo wir uns befinden. Ich habe eine Landkarte in meiner Tasche und hole sie heraus. Das Gebiet der Westbank sieht aus wie eine große Niere, die im Westen einen Knick hat, dort liegt Jerusalem. Südlich davon sind wir. Nach einer Weile erkenne ich, dass wir eben an Har Homa und Gilo vorbeigefahren sind, jüdischen Siedlungen mit insgesamt rund 30 000 Bewohnern, die in den Augen der UN illegal sind. Links muss jetzt Bethlehem kommen. Aufgeregt schaue ich aus dem Fenster. Was ich jedoch vor allem sehe, ist, dass wir die ganze Zeit an einer massiven, bedrohlich anmutenden Betonmauer entlangfahren. Sie begrenzt die Straße, sodass man die Gegenfahrbahn nicht erkennen kann.

Jehuda erspart mir die Frage, die mir auf der Zunge liegt, und zeigt nach links: «Das ist Bejala, ein Viertel von Bethlehem. Die Mauer ist ein Schutz für die Autofahrer. Hier wurde früher viel geschossen. Dahinter fängt eine zweite Mauer an, sie ist Teil der Sperranlage, die seit 2006 gebaut wird. Sie führt um die Stadt herum und umschließt bald das gesamte Westjordanland. Siehst du?»

Ich beuge mich nach vorn. Tatsächlich erkenne ich eine zweite Betonanlage, sie verläuft wie ein Saum aus Zähnen direkt am Rand der Siedlung. Ein monströses Gebilde. Es sieht schrecklich aus.

«Ist es denn immer noch gefährlich hier?», erkundigt sich Rainer, der den Hals reckt, als wolle er hinter die Mauern schauen.

Jehuda macht eine wegwerfende Handbewegung. «Nein, mittlerweile ist es ruhig. – Pass auf, da vorne kommt ein Tunnel.» Rainer schaltet die Autoscheinwerfer an, wozu ihn ein gelbes Schild am Straßenrand auffordert. Ich bin damit beschäftigt, den Anblick der grauen Betonzähne zu verdauen, die Bethlehem umgeben – die Geburtsstadt Jesu. Es schmerzt mich sehr, und es erscheint so absurd. In meiner Vorstellung sollte dies doch der offenste Ort der Welt sein, ein Platz, der alle Menschen einlädt, weil hier eine Bewegung begonnen hat, die die Menschen befreien will. Stattdessen ist alles verrammelt und verriegelt, die «Schutzwälle» schneiden sich wie Messerklingen ins Land. Gefangenschaft anstelle von Freiheit. Eine Tatsache, die meinen idealisierten Weihnachtsbildern ein abruptes Ende bereitet.

«Willst du was Absurdes hören?», fragt Jehuda, als wir in die Dunkelheit des Berges eintauchen. Ohne eine Antwort abzuwarten, erklärt er: «Der Tunnel ist Zone C – für Palästinenser nicht erlaubt. Aber der Berg über uns ist Zone A, für Juden verboten.»

Ich beuge mich nach vorn: «Können wir nicht kurz irgendwo anhalten? Ich möchte besser verstehen, was ich hier sehe.» Jehuda lacht und sagt: «Tut mir leid, ich weiß, dass ich euch mit Informationen zuschütte. Aber sie sind wichtig, um die Situation wenigstens in Ansätzen zu begreifen. – Direkt hinter dem Tunnel ist ein Parkplatz, Rainer. Da kannst du anhalten.»

Nachdem der Motor ausgestellt ist, steigen wir aus. Rainer streckt die Glieder und vertritt sich die Beine. Jehuda holt eine eigene Landkarte aus seinem Rucksack, die er auf der Motorhaube ausbreitet. Neugierig schaue ich ihm über die Schulter. Sie sieht ganz anders aus als meine und unterscheidet mehrfarbig palästinensische und israelische Gebiete. Ich bin erschrocken. Von oben sieht die Region aus, als wären die Pocken ausgebrochen. Die arabischen Gebiete sind wie große Inseln, die israelischen Siedlungen liegen wie kleine Eilande überall mittendrin und drum herum. Kein Zusammenhang ist zu sehen, es ist ein Land, das aussieht, als hätte jemand es in Fetzen gerissen.

Auch Jehuda schweigt einen Moment, aber nicht, weil er betroffen ist, sondern weil er in seinem Gehirn nach einem Weg sucht, das Schwierige einfach zu erklären. Schließlich sagt er: «Durch die Siedlungen ist das ganze Westjordanland in drei Zonen eingeteilt – A, B und C. Zone A obliegt palästinensischer Verwaltung, Zone C wird von den Israelis kontrolliert, und in Zone B ist die Kontrolle geteilt, wobei Israel die militärische Gewalt hat. Zum Teil berühren sie sich, aber sie überschneiden sich auch an manchen Stellen, so wie eben im Tunnel. Oben auf dem Berg A, im Tunnel selbst C.»

Alles soll der Sicherheit der Israelis dienen. Die gut ausgebauten und beleuchteten Straßen, die wir schon auf dem Weg nach Ramallah gesehen haben, waren C-Straßen, wir als Touristen durften auf ihnen fahren. Manchmal habe ich C- und A-Straßen auch direkt nebeneinander gesehen und mich gewundert – so muss man nicht dieselbe Fahrbahn benutzen. Der Highway 60, auf dem wir uns befinden, früher eine gerade Hauptverkehrsader, verläuft jetzt im Zickzackkurs, weil man ihn um arabische Städte wie Nablus, Ramallah, Bethlehem oder Hebron herumgeleitet hat. Auf diese Weise müssen Israelis nicht A-Zonen passieren. Jehuda nennt das «bypass roads» – Bypass-Straßen, der Ausdruck ist passend. Ein Bypass ist ja eine künstliche Umleitung für den Fall, dass die Herzadern blockiert oder verstopft sind. Und blockiert scheint mir hier so ziemlich alles zu sein.

Das nierenförmige Gebiet auf der Karte ist umschlossen von einer einfachen grünen Grenzlinie. Um diese Linie herum schlingt sich eine zweite, andersfarbige Grenze, die viele «Blasen» wirft. Ich fahre mit dem Finger darüber und schaue Jehuda fragend an.

«Was fällt dir auf?», fragt er mich.

«Die beiden Grenzen stimmen nicht überein.»

«Exakt. Die grüne Linie, die Green Line, das ist die Grenze von 1949. Die zweite Grenze ist die schon erwähnte Sperranlage, ein Streifen von Niemandsland, schwer bewacht, mit Türmen, Patrouillen und Checkpoints, um zu verhindern, dass arabische Terroristen nach Israel eindringen. Sie verläuft nur zu 20 Prozent auf der Green Line. Auf 80 Prozent der Strecke weicht die Sperranlage davon ab, und zwar grundsätzlich ins Innere des Palästinensergebiets. So entstehen die Enklaven und Schlaufen, die du hier siehst, mal sind es nur ein paar hundert Meter, mal bis zu zwanzig Kilometern, die den Palästinensern weggenommen werden. Faktisch wird alles, was zwischen Mauer und Green Line liegt, von Israel annektiert. Die Mauer bildet eine neue Grenze.»

Auch Rainer beugt sich jetzt über die Motorhaube. Er hat sein Basecap, das ihn vor der Hitze der Sonne schützt, in die Stirn geschoben, um besser sehen zu können. «Aber warum diese ganzen Abweichungen?», fragt er.

«Da liegen jüdische Siedlungen. Die werden von der Sperranlage umgeben und sind so sicher.»

Was das für die Palästinenser bedeutet, haben wir schon aus der Rede von Präsident Mahmud Abbas erfahren: Die Mauer schützt Siedlungen, trennt jedoch palästinensische Dörfer, durchtrennt Verbindungsstraßen. Menschen kommen nicht zu ihren Feldern und Brunnen, nicht in ihre eigenen Städte, die von C-Straßen umrundet werden; sie müssen riesige Umwege machen. Es gibt unfassbar viele Checkpoints im Westjordanland: etwa fünfhundert stationäre und noch mal so viele «Flying Checkpoints», die jeden Monat woanders installiert werden. Der Highway 60 ist im Grunde zu einer reinen Verbindungsstraße zwischen israelischen Siedlungen geworden – und das Westjordanland ist ein überwachter Staat.

Das ist wirklich mehr als absurd, denke ich. All das geschieht im Namen der Sicherheit, aber was für eine verdrehte Vorstellung von Sicherheit ist das.

Rainer denkt offenbar Ähnliches: «Ich verstehe das nicht, Jehuda. Klar möchte Israel seine Bürger in Sicherheit wissen. Aber würden die Juden woanders siedeln, gäbe es den ganzen Stress nicht, richtig? Ich meine, es gibt doch genügend Land hier.»

Jehuda seufzt und faltet die Karte wieder zusammen, aber es wirkt eher, als wolle er sie am liebsten zerknüllen. «Ehrlich gesagt, ich stimme dir vollkommen zu, es geht nicht um das Land. Aber seit unserer Staatsgründung leben wir so, im Krieg, im Kampf. Anders können wir uns nicht in der Gegend behaupten. Ständig wird in Israel gesagt: ‹So geht es nicht weiter, es ist unerträglich.› Aber wir sind immer noch hier. Und ich glaube, dass Israel noch viele Jahre Krieg führen wird. Einen Frieden sehe ich nicht.»

«Aber wenn Frieden nicht das Anliegen ist, vielleicht sogar

nicht einmal dein Anliegen», frage ich etwas provokativ, «was möchtest du dann erreichen?»

«Es kann nicht angehen, dass vier Millionen Menschen seit fünfundvierzig Jahren unter Militärverwaltung leben, völlig rechtlos, und diese Tatsache mit Sicherheit begründet wird. Darf Sicherheit die Rechtfertigung für alles sein? Ich finde nicht. Das ist der Punkt, bei dem wir von Breaking the Silence ansetzen.» Jehuda stopft die Karte wieder in seinen Rucksack. «Lasst uns weiterfahren», sagt er. «In Hebron zeige ich euch, was ich meine.»

Hebron liegt noch etwa zwanzig Kilometer entfernt, am westlichen Jordanufer. Abraham ließ sich in der Stadt nieder, als er von Gott in das verheißene Land geschickt wurde, und hier wurde er auch begraben – so sagt man jedenfalls –, ebenso wie Isaak, Jakob und ihre Frauen. König David lebte in Hebron, bevor er nach Jerusalem ging und die Stadt vor dreitausend Jahren zur Hauptstadt seines Reichs erklärte. Sie alle sind die Gründer der jüdischen Religion und ihres Staatswesens, daher wird Hebron die «Stadt der Patriarchen» genannt, der zweitheiligste Ort der Juden nach Jerusalem.

«Man muss die religiöse Bedeutung von Hebron verstehen, um zu begreifen, warum die Siedler dort besonders radikal sind», setzt Jehuda neu an.

«Warte mal, Jehuda», unterbricht ihn Rainer. «Es leben doch mehr als 300000 Siedler im Westjordanland, glauben die wirklich alle, dass der Messias demnächst kommt? Das kann doch nicht wahr sein!»

«Es gibt nicht nur religiöse Siedler», stellt Jehuda klar, «es gibt auch große wirtschaftliche Anreize, in die besetzten Gebiete zu gehen. Der Staat stellt Siedlern großzügige Förderungen zur Verfügung.»

«Aha, das dachte ich mir schon. Und was sind großzügige Förderungen?»

Jehuda rechnet es ihm vor: «Meine Eltern leben in Jerusalem in einer Wohnung mit vier Zimmern, die eine halbe Million Dollar wert ist. Meine Schwester konnte sich in Gush Etzion dagegen ein Haus mit fünf Zimmern für 120 000 Dollar kaufen.»

Rainer pfeift durch die Zähne. «Das ist wirklich ein enormer Unterschied, selbst wenn Wohnungen in der Stadt immer teurer sind als auf dem Land.»

«Siedlungsgebiete sind Gebiete von nationaler Priorität, es kommen noch Steuerermäßigungen hinzu, es wird viel Geld für die Erziehung von Kindern ausgegeben, es gibt Sozialleistungen, die fast skandinavischen Standard haben.»

«Und du», frage ich Jehuda, «würdest du dir auch ein Haus im Siedlergebiet kaufen?»

«Natürlich nicht», antwortet er wie aus der Pistole geschossen. «Wenn ich es mal religiös ausdrücken darf: Es gibt koschere Nahrung und nicht koschere Nahrung.»

«Siedlungen sind nicht koscher?»

«Würdest du an einem Ort leben wollen, wo die Menschen um dich herum keine Rechte haben und nicht gleichwertig sind?», stellt Jehuda die Gegenfrage.

Eine Antwort ist nicht nötig. Skandinavische Standards für die einen, Armut für die anderen, überlege ich. Die Arbeitslosigkeit der arabischen Bevölkerung in Hebron soll bei 70 Prozent liegen, habe ich irgendwo gelesen. Über die Hälfte des Landes kann von den Palästinensern nicht wirtschaftlich genutzt werden, weil es C-Zone ist. Haupteinnahmequelle in dieser Region ist das Olivenöl; der einzige Reichtum des Landes sind etwa zehn Millionen Olivenbäume. Ich sehe viele von ihnen an der Strecke, auch immer wieder abgeholzte und verkohlte Bäume, die arabischen Bauern gehörten. Sie wurden von Israelis mit Absicht zerstört, manchmal stehen sie wie Trophäen am Eingang jüdischer Siedlungen. Aber das ist nicht nur eine symbolische Tat: Ein Olivenbaum braucht viele Jahre, bis er Früchte trägt. Wenn man ihn zerstört, zerstört man das materielle Fundament seines Besitzers. Und bei der Wasserknappheit ist es fast undenkbar, einen Olivenhain mal eben wieder aufzuforsten.

Ich habe nicht lange Zeit, weiter darüber nachzudenken. Vom Highway biegen wir rechts auf die Straße Nr. 35 ab und kommen an den Checkpoint von Kirjat Arba, einer Siedlung östlich von Hebron. Ich drücke meine Nase an das Autofenster, um mehr zu erkennen. Links steht an einem Abhang eine Reihe von Häusern, die alle gleich schmucklos aussehen – und unbewohnt wirken. Rainer fährt in einen kleinen Kreisverkehr, direkt dahinter befindet sich ein unscheinbares Kontrollhäuschen mit Glasscheiben, durch die man nicht ins Innere schauen kann. Die israelische Fahne hängt an einem Mast, der Schlagbaum ist zwar hochgezogen, aber die Ampel steht auf Rot. Rainer kurbelt das Fenster herunter.

«Schalom», ruft Jehuda vom Fahrersitz her einem Mann durch die geöffnete Scheibe zu, dann wechseln sie einige Sätze auf Hebräisch.

«Sie wollen, dass wir hier warten, bis sie gecheckt haben, was mit uns los ist», übersetzt er anschließend. Rainer legt die Stirn in Falten und stellt den Motor ab.

Ich beuge mich wieder nach vorne und frage Jehuda, ob das aus Sicherheitsgründen geschieht.

«Nein, nicht aus Sicherheitsgründen», antwortet er knapp.

«Wieso dann?»

«Das hier ist der Sicherheitsdienst der Siedler. Sie kennen mich. Die Siedler hassen Breaking the Silence und das, was wir tun. Sie halten uns für Verräter, und was wir hier erleben, ist Teil ihrer Schikane. In Hebron gilt israelisches Recht nicht. Hier herrschen die Siedler.»

«Oh!» Ich lasse mich in den Rücksitz fallen und verstumme.

Währenddessen holt Jehuda sein Handy heraus und macht mehrere Telefonate. Das Ergebnis: Wir müssen warten, bis ein Polizeiwagen eintrifft, der uns begleiten soll.

«Wieso brauchen wir eine Eskorte?», erkundigt sich Rainer.

«Versuch doch mal den Posten danach zu fragen», schlägt Jehuda vor. Sein ironischer Tonfall impliziert, dass er die Antwort bereits kennt. Doch Rainer lässt sich davon nicht abhalten, er hat offenbar das Gefühl, etwas tun zu müssen, und kurbelt das Fenster erneut herunter. «Schalom», sagt er zu dem Soldaten, der sich ihm mit ausdrucksloser Miene zuwendet. «Sprechen Sie Englisch? Ja? Warum benötigen wir eine Eskorte? Ist es zu unsicher?»

«Keine Ahnung», erwidert der Soldat.

«Keine Ahnung?», rufe ich vom Rücksitz aus. «Was glauben die, wer wir sind? Ein Terrorkommando?»

Der Soldat reagiert nicht, und Jehuda rät mir, mich nicht darüber aufzuregen. Das Ganze hätte mit uns nichts zu tun.

Nach etwa zehn Minuten taucht aus dem Ortsinneren ein weißer Polizeiwagen auf, eine Mischung aus Jeep und Panzerwagen, das Blaulicht steckt in einer Art Käfig, über der Motorhaube sowie an den Seiten sind Gitter angebracht. «Gegen Steinwürfe», wie Jehuda kurz anmerkt.

«Mensch, das ist ja ein Ford», ruft Rainer aus, als das Fahrzeug in unserer Nähe ist, und es stimmt. Aber so ein Fabrikat habe ich zuvor noch nie gesehen. Der Wagen wendet und setzt sich vor uns. Die Insassen bekommen wir nicht zu Gesicht, nur eine Hand, die uns Zeichen gibt, ihnen zu folgen. Im Schleichtempo fahren wir hinter dem Fahrzeug her. Die Straße ist menschenleer, ich sehe auch keinen Fußgänger. Links liegen weitere Reihenhäuser, anscheinend werden die hier im Zwanzigerpack gebaut, sie sehen aus wie die am Ortseingang. Rechts Straßenlaternen, an jeder einzelnen hängen weißblaue Nationalfahnen schlaff herunter.

Rainer zupft sich nachdenklich den Bart. Selbst Jehuda macht eine kleine Sprechpause, und ich betrachte, wie die Gebäude sich verändern, als wir offenbar einen anderen Stadtteil passieren. Hier stehen Palmen am Straßenrand, es gibt ein paar kleine Geschäfte, und ich sehe sogar einen Mann mit Kippa an seinem Auto stehen. Die Szenerie wirkt aber irgendwie leblos. Nach ein paar Minuten erreichen wir den nächsten Checkpoint, wieder ein Betonhäuschen, diesmal aber mit einem massiven Rolltor, das den Zugang versperrt. Für unsere kleine Karawane öffnet es sich langsam. Das Polizeiauto macht hinter dem Tor eine 180-Grad-Wendung, die Polizisten fahren grußlos an uns vorbei. Rainer zögert, aber Jehuda wedelt mit seiner Hand zum Zeichen, dass es weitergehen soll.

«Ist okay», sagt er, «gleich sind wir da.»

Wir holpern über zwei Metallschwellen in der Straßendecke – und sind in der Stadt der Patriarchen. Das Auto stellen wir direkt vor ihren Gräbern ab, weil Jehuda die Inhaber der umliegenden Geschäfte kennt und sie bittet, ein Auge auf das Fahrzeug zu haben. Es sind Araber, einer von ihnen schenkt mir eine Kopfbedeckung. «Für die Freundin von Jehuda», meint er mit einem breiten Lachen. Jehuda scheint hier beliebt zu sein.

Die Patriarchengräber sehen aus wie eine Festung, kein Wunder, es ist eine umgebaute Kreuzfahrerkirche. Leider können wir das Grab nicht von innen sehen, denn unser Zeitplan ist zu knapp.

Jehuda bleibt stehen, macht eine weitgreifende Geste zum Wahrzeichen der Stadt und sagt: «Der israelische Arzt Dr. Baruch Goldstein kam während des Freitagsgebets der Muslime im Februar 1994 zur Abraham-Moschee an die Gräber der Patriarchen. Er betrat die Moschee beim Gebet und richtete ein Blutbad an. Er tötete neunundzwanzig Palästinenser und verletzte über 120 Menschen. Das Massaker endete nur, weil er selbst niedergestreckt wurde. Als Reaktion darauf wurde die Stadt in zwei

Zonen geteilt, H1 und H2, und die Hauptstraße der Innenstadt wurde zur sterilen Zone erklärt. Wir betreten jetzt die sterile Zone. Nach dem Goldstein-Massaker wurde auch ein zweimonatiger Hausarrest für alle Palästinenser verhängt. Niemand durfte sein Haus verlassen, weder am Tag noch in der Nacht.»

«Wieso das?» Rainer kann es nicht fassen. «Es war doch ein Jude, der das Massaker verübt hat.»

«Und wie konnten die Menschen überleben, wenn sie nicht rausdurften?», frage ich.

Jehuda schaut zwischen Rainer und mir hin und her. «Wer auch immer ein Massaker anrichtet, es sind immer die Palästinenser, die bezahlen», sagt er leise. «Es wurde einfach behauptet, dass es zu ihrem eigenen Schutz sei ... Und, Jordana, solche Sperren werden zwischendurch gelockert, damit die Menschen Einkäufe machen können. Das Militär fährt dann mit Lautsprecherwagen durch die Stadt und verkündet Anfang und Ende der Ausgangszeit.»

Ich versuche mir vorzustellen, wie es ist, eine so lange Zeit in einem Haus eingesperrt zu leben, ohne rausgehen zu dürfen. Ich stelle fest, dass meine Phantasie dazu nicht ausreicht.

Währenddessen haben wir die Shuhada-Straße erreicht, die ehemalige Haupt- und Marktstraße von Hebron. Wie ausgestorben liegt sie da. Dicht an dicht liegen verrammelte Läden, die Fenster sind zugenagelt, die Türen verplombt. Wir schauen in die eine oder andere Seitenstraße und sehen in einiger Entfernung meist zugemauerte Durchgänge oder Checkpoints.

Jehuda zieht eine Mappe mit Fotos aus seinem Rucksack und hält sie uns hin. Auf den Aufnahmen erkennen wir die Straße, auf der wir uns gerade befinden, aber voller Leben, ein typisch orientalisches Stadtbild.

«So sah es hier vor der Einrichtung der sterilen Zone aus», sagt er.

Eine Gruppe Soldaten patrouilliert an uns vorbei, schwer bewaffnet. Sie beachten uns nicht, bewegen sich aber vorsichtig, als würden sie jeden Augenblick einen Angriff erwarten. Drei kleine jüdische Siedlungen liegen direkt an der Shuhada-Straße, östlich von ihr: Beit Hadassah, Beit Romano und Tal Rumeida. Dort leben Nationalreligiöse. Und genau darum dreht sich hier alles, erläutert unser Führer. Nur damit diese wenigen Menschen unbehelligt ihren Weg zum Grab Abrahams nehmen können, wurde die gesamte Hauptstraße stillgelegt und die Stadt in zwei Teile geteilt. Auf der westlichen Straßenseite, gegenüber dem Heiligtum, liegen sowohl der jüdische als auch der muslimische Friedhof. Juden dürfen direkt nach dem Gebet über die Straße zu ihren Gräbern gehen, sie dürfen sich in der ganzen Sperrzone frei bewegen. Palästinenser dürfen die Straße hingegen nicht überqueren (außer sie haben eine Sondergenehmigung), um zu ihrem Friedhof zu gelangen oder in den anderen Teil der Stadt. Sie müssen die gesamte gesperrte Zone umgehen oder umfahren – rund zehn Kilometer, einschließlich Checkpoints. «Palästinenser sind stärksten Einschränkungen ausgesetzt», sagt Jehuda, «damit sie fortgehen.»

Überall entdecke ich an den verlassenen Häusern Graffitis, hebräische Schriftzeichen, häufig den Judenstern. «Das ist die Art der Siedler, sich auszudrücken», bemerkt unser Begleiter im Vorübergehen. Auf einmal bleibt er stehen. «Aber was das bedeutet, möchtest du nicht wissen.» Er zeigt auf schwarze Schriftzeichen an einer blauen Tür.

«Und was bedeutet es?», hake ich nach.

«Araber ins Krematorium.»

Jehuda hält sich nicht weiter damit auf, Rainer macht eine hilflose Geste in meine Richtung, und ich denke: Alle Gewalt, die man erlebt, gibt man später an andere weiter. Oder wie soll ich das hier verstehen?

Rainer will nun das Entscheidende wissen: «Jehuda, was genau war deine Aufgabe als Soldat in Hebron?»

«Es gab hier ständige Provokationen der Siedler, aber natürlich auch palästinensische Gegenangriffe», antwortet Jehuda ausweichend. «Als ich 2001 nach Hebron versetzt wurde, war das der gefährlichste Platz für Juden in Israel. Ein palästinensischer Scharfschütze tötete ein jüdisches Kind in seinem Kinderwagen. Mit einem Kopfschuss. Ein Ehepaar wurde von einem Selbstmordattentäter auf dieser Straße in die Luft gesprengt ...»

Rainer ist drauf und dran, Jehuda zu unterbrechen, aber der hebt leicht die Hand und stoppt ihn. «Ich beantworte deine Frage, Rainer, ich möchte nur, dass du verstehst, warum wir das gemacht haben, was wir gemacht haben.» Und dann packt er aus: «Das, was wir taten und noch immer tun, nennt man im Militärjargon ‹Präsenz zeigen›. Die Palästinenser sollen spüren, dass wir überall sind, sie sollen Angst bekommen. Mit Einschüchterung hoffen wir, Anschläge zu verhindern.»

«Und wie sieht das konkret aus?»

«Die erste Strategie ist Willkür. Ständige Kontrollen an Checkpoints, aber auch mitten auf der Straße. Ein Beispiel: Du hältst eine arabische Frau an, die nach Hause will, und fragst nach ihren Papieren. Dann sagst du: ‹Dieser Weg ist gesperrt, Sie können erst in zwei Stunden hier wieder durch.› Die Frau erwidert: ‹Aber ich wohne gleich in dem Haus da vorne. Warum soll ich zwei Stunden warten?› Du antwortest: ‹Weil Sie zwei Stunden warten müssen, deshalb.› Wenn jemand protestiert, wird er verhaftet und eingesperrt. Und weil du mit deinem Verhalten Proteste geradezu herausforderst, gibt es entsprechend viele Verhaftungen.»

Meine Stimme klingt leicht belegt, als ich nachfrage: «Das ist doch systematisch angewandte Gewalt, oder?»

Jehuda ignoriert die Zwischenfrage und fährt fort: «Die

nächste Strategie ist Bedrohung. Wieder ein Beispiel: Du fängst abends um zehn mit der Nachtschicht an, marschierst mit deinen Männern durch die Altstadt, suchst dir ein beliebiges Haus aus, donnerst mit dem Gewehrlauf gegen die Tür, weckst alle auf. Ein verschlafener Araber öffnet die Tür, du treibst die ganze Familie im Wohnzimmer zusammen und durchsuchst das Haus, stellst es auf den Kopf. Dabei machst du so viel Krach wie möglich, schreist herum, wirfst vielleicht noch ein paar Schockgranaten. Die blitzen und knallen und machen vorübergehend blind und taub. Dann verschwindest du wieder und nimmst dir das nächste Haus vor.»

Jehuda spricht unheimlich schnell, ich kann ihm kaum folgen. Offenbar möchte er das Thema so schnell wie möglich hinter sich bringen.

«Und das hast du gemacht?» Im Augenwinkel sehe ich Rainers ungläubigen Gesichtsausdruck.

«Als Offizier war es meine Aufgabe, die Häuser auszusuchen.»

Angestrengt sieht der Exsoldat aus, und der Schweiß ist ihm ausgebrochen. Vielleicht von der Hitze, vielleicht aber auch von seinen Erinnerungen.

«Die Menschen müssen schreckliche Angst gehabt haben», überlege ich laut.

«Wir haben sie nicht als Menschen gesehen. Wir haben uns darübergestellt. Wie hätten wir sonst weitermachen können?»

«Die armen Menschen», stößt Rainer hervor. Nach einer Weile fügt er hinzu: «Und auch für dich muss es unerträglich gewesen sein.»

«Solange ich wie ein Soldat dachte, kam es nicht nahe an mich heran. Aber als ich aufhörte, wie ein solcher zu denken, machte all das keinen Sinn mehr. Das war beängstigend. Was wir taten, war falsch. Es war falsch, dass so etwas wie Hebron existiert und alle dazu schweigen.»

Eindringlich schaut Jehuda erst Rainer, dann mich an. Danach schweifen seine Augen wieder unruhig über die geisterhaft leere Straße. Er muss sich in diesem Moment sehr allein fühlen. Er läuft mit uns durch Hebron und weiß genau, dass die Siedler ihn hassen. Auch viele Soldaten werden ihn sicherlich als Verräter empfinden. Seine eigene Schwester ist Siedlerin, ihr Bruder ist gegen die Besetzungspolitik. Was das heißt, darüber will Jehuda nicht sprechen.

«Ich möchte dir sagen», erkläre ich ihm, «dass ich es total mutig von dir finde, dass du uns das alles erzählst. Dass du und deine Kameraden das Schweigen brechen.»

«Danke», sagt Jehuda schlicht.

Dann führt er uns zu einem Checkpoint, der «Tor des Lebens» genannt wird, fast am Ende der Geisterstraße. Es ist ein quergestellter Wohnwagen, und direkt dahinter beginnt der arabische Teil der Stadt. Ein palästinensischer Junge kommt offenbar vom Einkaufen zurück, seine Tasche wird von einem Soldaten inspiziert. Er muss eine Sondergenehmigung haben, sonst dürfte er die gesperrte Zone nicht betreten. Jehuda wiederum darf das arabische Viertel nicht betreten: «Zutritt für Juden verboten», verkündet ein Schild. Er muss draußen bleiben – oder drinnen, je nachdem, wie man es sieht.

Als Touristen dürfen wir den Checkpoint jedoch passieren, und nach wenigen Minuten befinden wir uns im lauten und chaotischen Leben einer arabischen Stadt. An einer Mauer entdecke ich ein Graffiti in englischer Sprache: *Stop the occupation* – Stoppt die Besetzung. Ich sehe mehrere Männer mit amputierten Beinen – Kriegsverletzungen? Ich weiß nicht, was ich sagen oder fühlen soll. Ich komme mir vor, als würde ich durch Filmkulissen laufen – die eine tot und leer, die andere prall und lebendig.

Wir bleiben nur kurz im arabischen Viertel und kehren dorthin zurück, wo Jehuda auf uns wartet. Auf dem Weg zum Auto sprechen wir kaum. Als wir die kleine Straße zum Grab Abrahams hochlaufen wollen, versperrt uns eine Siedlerfamilie den Weg. Ihr etwa sechsjähriges Kind schreit: «Papa, Papa, die waren bei unseren Nachbarn!» Weil wir bei den Palästinensern waren, dürfen wir daraufhin die Straße nicht benutzen und müssen einen Umweg gehen. Aufgewühlt und zornig verlassen wir Hebron. Trotzdem bedanken wir uns bei Jehuda, für seine Ehrlichkeit und für die Einblicke, die er uns geschenkt hat, selbst wenn sie schrecklich sind. Dann trennen sich unsere Wege, er will noch einen palästinensischen Freund aufsuchen, der sich in Hebron für einen friedlichen Widerstand einsetzt.

Was wird die Zukunft bringen? Eine Zwei-Staaten-Lösung oder ein Groß-Israel unter jüdischer Herrschaft? Demokratischer Prozess oder heiliger Krieg? Rückgabe der besetzten Gebiete und Baustopp? Palästinensische Autonomie, aber nur unter militärischer Kontrolle Israels? Bislang steht man vor einer Pattsituation. Und auch die Palästinenser sind sich uneinig – die Hamas arbeitete nicht nur von Anfang an gegen die Osloer Friedensverträge, sondern hat sich auf die politische Agenda gesetzt, die Juden aus dem Land zu vertreiben, auch mit Mitteln des Terrors. Präsident Abbas konnte die Hamas bis heute nicht mit ins Boot holen.

19

Religiöser Stress – Jerusalem-Koller und andere Erscheinungen

Jerusalem! Zion. Die heilige Stadt. Viel besungen, beschrieben, bedichtet, wichtigste Stätte des Judentums und des Christentums, drittwichtigste des Islams. Es ist die Stadt von König Salomon und Jesus Christus, diesen beiden großen Menschenversöhnern. Und es ist die Stadt, von der aus der Prophet Mohammed seine Reise ins Paradies antrat. Nach dem Hebron-Schock haben wir unsere Zelte in Tel Aviv abgebrochen, und ich hoffe, dass wir auf der letzten Etappe unserer Reise tröstlichere Erlebnisse haben werden.

Zuerst werde ich mit einem modernen Stadtbild konfrontiert. Eine vierspurige Autobahn führt uns in die Vororte, in Außenviertel mit vielen Hochhäusern hinein. Kein Wunder, Jerusalem ist ungefähr so groß wie Krefeld, aber es leben dort rund dreimal so viele Menschen. Da muss man in die Höhe bauen. Dreisprachige Schilder (Hebräisch, Arabisch, Englisch) weisen den Weg ins Zentrum.

1200 Synagogen, etwa 150 christliche Kirchen und über 70 Moscheen drängen sich hier auf engstem Raum zusammen. Um mir einen Gefallen zu tun, fährt Rainer extra nahe an die historische Altstadt heran, bevor wir im modernen Teil der Stadt eine Verabredung haben.

«Nur für dich», sagt er salbungsvoll, aber er versteht, dass ich einen Blick auf das heilige Jerusalem erhaschen will. Der Tempelberg mit der goldenen Kuppel des Felsendoms aus dem 7. Jahrhundert kommt dann tatsächlich in Sicht. Es ist ein besonderer

Moment, den wahrscheinlich heiligsten Platz der Welt zum ersten Mal mit eigenen Augen zu sehen.

«Oh, wie wunderschön», entfährt es mir.

«Freust du dich?», fragt Rainer, obwohl dies so offensichtlich ist. «Jerusalem ist bestimmt eine wichtige Stadt für dich. Wichtiger als Rom?»

Ich denke kurz nach. «Ja, wichtiger als Rom. Der Vatikan ist zwar das Zentrum der katholischen Kirche, aber es ist für mich eher ein institutionelles Zentrum. In Jerusalem hat alles angefangen, hier ist das Herz. Die Wiege der Christenheit.»

Als Schülerin hatte ich gedacht, das goldene Dach, das einem auf jedem Foto von Jerusalem ins Auge springt, müsse die Kuppel einer Kirche sein. Es ist aber ein muslimischer Bau, der den Felsen überdeckt, auf dem Abraham alias Ibrahim seinen Sohn Ismael opfern wollte und der Prophet Mohammed einen Fußabdruck und einige Barthaare hinterlassen haben soll. Gleich neben dem Felsendom mit der goldenen Kuppel liegt die Al-Aqsa-Moschee und unmittelbar darunter die Überreste eines jüdischen Tempels, der 60 n. Chr. von den Römern zerstört wurde. Die ehemalige Westmauer eines zweiten Tempels ist die heutige Klagemauer – da will ich unbedingt noch hin. Die Moschee *über* der Klagemauer ist eine immerwährende Provokation für die Juden, denn siegreiche Herrscher haben das schon immer gern gemacht: die eigenen Sakralbauten direkt über den Heiligtümern der Vorgänger zu errichten.

Wir lassen die Altstadt links liegen und fahren Richtung Westen, zum Sacher-Park. Dort liegt das Gerard Behar Center, in dem wir unsere erste Verabredung des Tages haben. Das Center ist ein Haus der Künste, das auch die Kolben Dance School beherbergt. Hier wollen wir mit der Tanzschulleiterin Tzaphira Stern Assal sprechen. Sie gehört zu jenen Menschen, die sich gegen den Einfluss der ultraorthodoxen Juden zur Wehr setzen, welche in Jerusalem fast ein Drittel der Bevölkerung ausmachen und die ihre Ansichten massiv und strikt vertreten, zum Teil sogar mit Gewalt. Das Gebäude in der starkbefahrenen Bezalel Street ist ein großer Quader aus weißen Steinen mit einer gigantischen Glasfront und einem beeindruckenden Wandgemälde auf der Rückseite, das die Skyline von Jerusalem zeigt, aber auch Pyramiden, den Eifelturm und indische Elefanten. Vielleicht ein Symbol dafür, dass Israel Juden aus aller Welt beherbergt und willkommen heißt.

An der Glasfront liegt der Eingang zum Kulturzentrum mit einem größeren Garten davor. Wir suchen uns einen Parkplatz und schlendern zur Hausnummer 11. Im Foyer erkundigen wir uns nach unserer Interviewpartnerin und werden gebeten, kurz zu warten. Das wollen wir im Garten tun und lassen uns draußen im Schatten von Palmen auf weißen Steinklötzen nieder. Nach wenigen Minuten verlässt eine schlanke Frau mit kurzen wuscheligen Haaren das Gebäude und kommt auf uns zu. Wir winken einander zu, und nach Händeschütteln und Fragen, ob wir den Weg gut gefunden haben, was wir bejahen, setzen wir uns zum Gespräch.

Mir gefällt Tzaphiras lebhafte Art, ihre Hände sind immer in Bewegung. Zwei Kinder hat sie, einen Hund, den Job und ihre politische Arbeit. «Deshalb fühle ich mich gerade auch ziemlich alt», schlussfolgert die Sechsunddreißigjährige mit einem Zwinkern in den Augen.

«Stern», bemerke ich, «das ist ein deutscher Name ...» Halb ist es eine Frage, halb eine Feststellung.

«Stimmt, meine Familie stammt väterlicherseits aus Berlin», erklärt sie. «Mein Vater ist aber schon als kleiner Junge mit seinen Eltern nach Amerika gegangen, das war 1933.»

«Gott sei Dank noch rechtzeitig.»

Tzaphira nickt nachdenklich. Dann fährt sie fort: «Ich wurde in New York geboren, aber als ich fünf wurde, emigrierten meine Eltern nach Israel. Wahrscheinlich engagiere ich mich deshalb politisch – wir Amerikaner haben die Demokratie im Blut, und ich kann die Verrücktheiten der israelischen Politik nicht aushalten.» Sie lacht und schüttelt ihre Locken. Und natürlich gibt sie mir damit das Stichwort.

«Was für Verrücktheiten meinst du?»

«Tja, wir haben ein großes Problem mit den Haredi. Sie bekommen viele Kinder, aber sie arbeiten nicht, sie studieren einzig die Thora. Sie tragen nichts zum gesellschaftlichen und wirtschaftlichen Wachstum bei, mischen sich aber überall ein. Sie werden vom Staat unterstützt und hofiert, und ihr Einfluss wächst, aber sie vertreten extreme soziale Positionen.» Sie holt kurz Luft und streckt den Rücken. Dann schüttelt sie erneut den Kopf, als könnte sie selbst kaum glauben, dass es so etwas gibt.

Schon seit Jahren praktizieren die Haredi in der Öffentlichkeit eine strikte Geschlechtertrennung. Es gibt separate Gehwege für Frauen, in den sechsundfünfzig Buslinien in Israel müssen weibliche Fahrgäste getrennt von den Männern sitzen – und zwar ganz hinten; es existieren Kliniken speziell für Frauen und welche für Männer. Aus Rücksicht auf die Strenggläubigen werden auch keine Werbeplakate mit Frauen aufgehängt, selbst wenn sie vollkommen «koscher» gekleidet sind und keine nackte Haut zeigen. Die Gründe? Das Übliche. Frauen lenken von Gott ab. Ein verheirateter Mann darf keine anderen Frauen ansehen. Klingt wie die traditionellen Türken. Oder die christlichen Wüstenväter.

«Das ist ja grauenvoll», rufe ich aus. «Wieso lässt man das zu?»

Tzaphiras Augen verengen sich leicht. «Das geht sehr schnell», sagt sie. «Die Betreiber der Fuhrparks argumentieren ökonomisch: Die Haredi seien ihre besten Kunden, blablabla, daher gehe man auf ihre Wünsche ein. Wenn Frauen sich weigern, diese Regeln zu befolgen, werden sie entweder gleich an der Haltestelle stehengelassen oder in den Bussen regelrecht genötigt, nach hinten zu wechseln. Sie werden beschimpft und sogar bespuckt. Spucken ersetzt in solchen Fällen das Rempeln – die Strengreligiösen würden sich verunreinigen, wenn sie eine fremde Frau anfassen. Im Grunde wollen sie, dass Frauen vollkommen aus dem Stadtbild verschwinden: Sie dulden keine öffentlichen Aufführungen mit Frauen, Werbeplakate erwähnte ich schon, es gibt nicht einmal Wahlplakate, auf denen Frauen zu sehen sind. Unsere Tanzproben, die wir gemeinsam mit Männern und Frauen haben, sind seit mehr als vier Jahren Anlass für ständige Drohungen seitens der Ultraorthodoxen. Schlimmer noch: Die Stadt Jerusalem, Träger des Theaters, kündigte die Streichung der finanziellen Mittel an, würde man die Fenster des Studios – es liegt im ersten Stock – nicht durch Vorhänge verhüllen, und zwar Tag und Nacht. Vier Jahre lang blieben dann die Fenster ständig verdunkelt.»

«Das war, bevor du die Leitung der Kolben Dance Company übernahmst?»

«Genau. Als ich dann 2010 kam, platzte mir der Kragen. Stell dir vor, den ganzen Tag probst du im Kunstlicht, nur weil ein paar Verrückte die Steinzeit wieder einführen wollen. Ich habe Amir Kolben, dem das Studio gehört, überzeugt, dass wir etwas dagegen machen müssen. Erst hatte er große Angst, aber er ist Künstler genug, um selbst etwas verrückt zu sein. In wenigen Tagen werden wir die ‹Entschleierung von Kolben Dance› inszenieren. Wir werden eine öffentliche Vorführung geben, hinter offenen Fenstern. Viele Gäste sind geladen, und sie werden genau da sein, wo wir jetzt sitzen.»

«Hui!» Ich schaue zu den großen Fenstern der Glasfassade hinüber. «Glaubst du nicht, dass es Probleme geben wird?»

«Ich hoffe nicht. Natürlich habe ich im Vorfeld eine Menge

Gespräche geführt, mit der Polizei und der Stadtverwaltung, das war harte politische Basisarbeit. Man wollte mit mir argumentieren. Ich habe aber auf stur geschaltet und immer wieder gesagt: ‹Unsere Aktion ist keine Provokation, der Zustand ist inakzeptabel und gegen geltendes Recht.› Und ich konnte mich durchsetzen. Jetzt sehen wir weiter.»

Tatsächlich führte Kolben Dance seine «Entschleierungsaktion» durch, am 27. Oktober 2011 – mit Erfolg und mit Signalwirkung. In seinem Videoblog «Zwischen Mittelmeer und Jordan» und auf der Internet-Seite der *Tagesschau* hat Nahost-Korrespondent Richard Chaim Schneider die Enthüllung des Theaters gezeigt.[19] Es gab keine Pöbeleien, versicherte Tzaphira mir später in einem Telefonat.

«Trotzdem kann ich immer noch nicht nachvollziehen», sage ich bei unserem Treffen in Jerusalem, «warum die Stadt gemeinsame Sache mit Fundamentalisten macht.»

«Auch das ist einfach zu erklären: Die Politiker wollen die Stimmen der Haredi bei der nächsten Wahl. Die Haredi sind eine Macht im Land. Aber» – Tzaphira erhebt ihren Finger – «das Recht ist auf unserer Seite. Auch Bilder von Frauen aus der Öffentlichkeit zu entfernen ist illegal.»

«Geht ihr vor Gericht?» In der Türkei wie auch im Libanon habe ich ja gehört, dass viele Gesetze einfach ignoriert werden.

«Wir haben gegen ein Busunternehmen in Jerusalem geklagt», bestätigt Tzaphira. «Es hatte Werbung mit Frauen auf seinen Fahrzeugen verboten.»

«Und?»

«Wir haben vor dem höchsten Gericht gewonnen. Was aber tat die Stadt? Sie entschied, überhaupt keine Plakate mehr auf

19 Siehe: www.tagesschau.de / videoblog / zwischen_mittelmeer_und_jordan / videoblogschneider204.html

Bussen zu erlauben, wenigstens keine mit Bildern. Nur noch Schriftwerbung wird bewilligt.»

«Was für ein fauler Kompromiss», wirft Rainer ein, der bis dahin interessiert zugehört hat. «Eine Entscheidung, die das Problem nicht löst, sondern nur aufschiebt.»

«Israel ist ein Land, in dem offenbar alles ausgefochten werden muss», seufzt Tzaphira. «Ich sage das nicht gern, aber es gibt hier nicht nur einen militärischen Krieg, sondern auch einen Kulturkampf.»

«Na ja», wende ich lakonisch ein, «wenn die Ultraorthodoxen weiterhin sechs, sieben Kinder bekommen und säkulare Israelis nur durchschnittlich zwei» – das hatte ich vorher im Internet gelesen –, «dann hat sich der Kulturkampf in ein paar Generationen von selbst erledigt, oder?»

«Die Bäuche strenggläubiger Frauen kann ich natürlich nicht kontrollieren.»

Tzaphira und ich schauen uns an, und plötzlich prusten wir beide los. Rainer blickt zum Himmel, er kann an der Vorstellung einer Bauchkontrolle nichts Komisches finden. Wahrscheinlich liegt er da nicht ganz falsch. Tzaphira wird auch schnell wieder ernst: «Aber ich kann etwas tun, wenn das Recht gebeugt wird. Außerdem gibt es eine Menge Aussteiger bei den Ultraorthodoxen. Man kann nicht vorhersagen, wie sich alles weiterentwickelt.»

Die politische Arbeit macht Tzaphira gemeinsam mit der Organisation «Yerushalmin», die sich für religiöse und soziale Pluralität in der Hauptstadt einsetzt. Für sie steht nicht so sehr der Gegensatz religiös-säkular im Vordergrund, ihr Augenmerk liegt auf einem anderen Schwerpunkt: «In Israel versteht man noch nicht viel von demokratischen Prozessen. Für die meisten bedeutet Demokratie: Die Mehrheit entscheidet. Aber Demokratie ist viel mehr. Sie ist mit Werten verbunden, mit der Freiheit der Rede, der Freiheit, mit einer Gleichheit aller Bürger und somit auch der Frauen. Ein solches Wissen existiert kaum, und im Rahmen von Yerushalmin versuche ich demokratische Menschenrechte zu vermitteln.»

Zum Schluss unseres Gesprächs fügt sie noch hinzu: «In manchen Gegenden Jerusalems sind Touristen grundsätzlich unerwünscht, zum Beispiel in Mea Shearim, einem im Norden der Stadt gelegenen Viertel. Dort stehen an den Straßen Schilder mit dem Hinweis: ‹Gruppen, die hier durchgehen, stören die Bewohner schwerwiegend. Bitte unterlasst das!› Passt also besser auf, wo ihr hingeht», gibt Tzaphira uns mit auf den Weg.

«Danke für den Tipp», erwidere ich, «und danke, dass du dir Zeit für uns genommen hast.» Wir verabschieden uns von Tzaphira, die zurück ins Gebäude eilt, um weiter an einer Choreographie zu arbeiten.

Wir fahren wieder Richtung Tempelberg, dahinter erhebt sich in einiger Entfernung der Ölberg. Von dort aus soll Jesus nach Jerusalem eingezogen sein. Auf halber Höhe des Berges liegt der Garten Gethsemane, in dem er betete, bevor er von den Soldaten, verraten durch einen Jünger, gefunden und verhaftet wurde. Dort steht jetzt die Kirche der Nationen, die Todesangstbasilika, zum Gedenken an die Nacht, in der Jesus Gott flehentlich bat, den Kelch an ihm vorübergehen zu lassen.

Die drei Bruder-Religionen sehen die Dinge natürlich auch in Jerusalem sehr unterschiedlich: Für die Juden ist, wie schon erwähnt, Jesus nicht der Messias, sie erwarten ihn noch. Wenn er erscheint, wird er denselben Weg in die Stadt nehmen wie Jesus und den Tempel wieder aufbauen. Danach wird eine Zeit des Friedens anbrechen. Weil mit der Ankunft des Messias auch die Toten auferstehen, liegt zwischen Tempel- und Ölberg, im heiligen Kidrontal, ein großer jüdischer Friedhof. Dort wird Gericht gehalten, und dann werden die Geretteten durch das Goldene Tor in die Stadt einziehen. Um ihnen den Weg zu versperren, ließ der osmanische Herrscher Süleyman im 16. Jahrhundert das Stadttor kurzerhand zumauern und setzte muslimische Gräber davor. Als wenn das den Messias abhalten könnte!

Für die Muslime ist der Tempelberg Schauplatz des Jüngsten Gerichts, nicht das Kidrontal, und Allah selbst wird es halten. Ihrer Meinung nach wurde Jesus, der Prophet der Liebe, im Felsendom in den Himmel entrückt. Auch manche Christen, vor allem fundamentalistische Evangelikale, verlegen das Jüngste Gericht auf den Tempelberg. Dafür müsste aber zuvor die Moschee verschwinden ... So gehen Heiligkeit und Zank Hand in Hand, und das auf engstem Raum.

Für einen Moment ist mir das alles egal. Die Altstadt liegt auf einem Hochplateau. Wie auf einem Altar. Mir ist feierlich zumute, als unser Auto die Straße hinaufkraxelt. «In deinen Toren werde ich stehen, du freie Stadt Jerusalem, in deinen Toren werde ich atmen, erwacht mein Lied» – ich muss singen, um meiner inneren Stimmung Ausdruck zu verleihen. Es ist die deutsche Version eines modernen israelischen Liedes mit dem Titel «Jerusalem aus Gold». Bekannt wurde die einprägsame Hymne auch bei uns, und zwar durch den Steven-Spielberg-Film *Schindlers Liste*. Ein Chor singt es in der finalen Sequenz, als von dem deutsch-mährischen Industriellen Oskar Schindler befreite Juden über die weite Ebene laufen.

«Oh – schau mal, Rainer, da links geht es hinein ...» Ich bin ganz zappelig.

«Schrecklich», murmelt Rainer. «Was für Massen! Lauter Pilgergruppen mit Fahnen.»

Die neun Tore der Altstadt heißen fast noch genauso wie zu biblischer Zeit: Jaffator, Goldenes Tor, Zionstor, Huldah-Tor, Misttor, Löwentor, Herodestor, Damaskustor und Neues Tor. Wir suchen uns einen Parkplatz hinter dem Damaskustor und gehen zu Fuß weiter. Das Damaskustor ist riesig und beeindruckend. Man hat wirklich das Gefühl, an einer Schwelle zu sein, nicht nur an der Grenze zwischen West- und Ostjerusalem, sondern auch an der Grenze zwischen weltlichem und heiligem Bereich der Stadt. Was wir sehen, stammt aus dem 16. Jahrhundert. Dennoch: Ohne es bewusst zu wollen, phantasiere ich Bilder von Jesus, der in diesen Straßen herumgelaufen ist. Hier brachte man ihn als kleines Kind in den Tempel, dort hat er als Zwölfjähriger seine Bar Mitzwa gefeiert, in diesem Tempel gelehrt, Wunder vollbracht. Und da ist er zum Tode verurteilt, gekreuzigt und begraben worden. Hier haben die ersten Jünger den Heiligen Geist empfangen und neue Christen getauft. Hier ist der Ort der Evangelien ...

«Das alles sieht schon sehr alt aus», beginne ich zu schwärmen. «Diese Steine ... vielleicht lagen die nicht immer hier, aber ...»

«Die alten Steine hat bestimmt Jesus an diese Stellen gelegt.» Rainer holt mich mit leicht ironischem Tonfall aus meinen Träumen. «Ich glaub, das Jerusalem-Syndrom hat dich schon voll erwischt, ich muss ein Auge auf dich haben», fügt er noch hinzu und grinst.

Ach ja, das Jerusalem-Syndrom. Der «Heiligen-Koller». Das ist ein geistiges Phänomen, das Gläubige in dieser Stadt befallen kann. Sie reisen als Pilger an, und dann fangen sie an, sich einzubilden, dass sie der Messias sind. Oder eine andere heilige Person. Ungefähr einmal im Monat kommt das hier vor, und dann schickt die Polizei meistens nach Dr. Moshe Kalian, der als Psychiater in Jerusalem lebt und arbeitet. Er ist unser letzter Gesprächspartner auf dieser Reise, und wir treffen ihn in einem kleinen Basar in der Altstadt – wir haben uns, wie so häufig, von Handy zu Handy verständigt.

Dr. Kalian hat einen runden Schädel, das Haar ist gelichtet, der Kinnbart grau. Seine Augen funkeln humorvoll hinter einer Brille, die ihn sehr klug aussehen lässt. Gemeinsam gehen wir durch enge Gassen, in denen ein kleines Geschäft neben dem anderen liegt. Meist kann man in ihnen religiöse Gegenstände und allerlei Schnickschnack kaufen. Angesichts der Menge ist der Devotionalien-Supermarkt in der Nähe des Vatikans ein Tante-Emma-Laden. Ich muss lachen, als ich bei einem arabischen Händler ein Holzkreuz mit den Initialen «INBI» entdecke – es muss INRI heißen (Iesus Nazarenus Rex Iudaeorum, Jesus von Nazareth, König der Juden) –, das Schild, das Pilatus als Urteilsspruch am Kreuz Jesu anbringen ließ. Aber das sieht man hier nicht so eng, wahrscheinlich fällt es den meisten Leuten, die es kaufen, noch nicht einmal auf.

Schließlich finden wir einen gemütlichen Platz in einer ruhigen Seitenstraße und lassen uns auf Steinstufen nieder.

«Was ist das Jerusalem-Syndrom genau?», fragt Rainer mit einem frechen Seitenblick auf mich.

Dr. Kalian zeigt auf die schmale Gasse hinter uns und dann auf ein kleines Schild an einer Hauswand. «Wir befinden uns hier auf der Al-Wad-Straße, der berühmten Route, die Christus von der Verurteilung durch Pilatus bis zu seiner Kreuzigung gegangen ist.»

«Oh, der Schmerzensweg», werfe ich ein. Ich war mir gar nicht bewusst, dass wir uns schon darauf befinden.

«Die Via Dolorosa, ja», bestätigt Dr. Kalian und nickt. «Insgesamt ist dieser Weg nur wenige hundert Meter lang, er führt zum Heiligen Grab, und viele Gesandte Gottes und Messiasse gehen ihn. Und wenn sie dann die Grabeskirche erreichen, haben sie ihren Auftritt und beginnen zu predigen.»

«Was predigen sie denn?»

«Ich bringe euch das Evangelium, ich wurde von Gott gesandt, um euch zu sagen, das Ende der Welt ist nahe – oder Ähnliches. Nicht alle, die predigen, sind psychisch krank, aber manche von ihnen gehen über eine Grenze. Für sie ist die Identifikation mit einer heiligen Person ein Versuch, das eigene Leiden zu lindern.

Sie sind davon überzeugt – natürlich nicht bewusst –, dass ihre Not, oder was ihnen sonst geschehen ist, eine besondere Bedeutung hat. Und dann hören sie Stimmen oder haben die Eingebung, dass sie nach Jerusalem reisen und ihre Mission ausführen müssen. In der Regel war ihr Geist schon von diesen Ideen besetzt, bevor sie sich dazu entschlossen.»

«Und woher wissen Sie das?»

«Wir studierten aktuelle Fälle. Da stellte sich heraus, dass alle Betroffenen schon zuvor psychiatrische Diagnosen hatten, zum Beispiel Schizophrenie oder Verfolgungswahn.»

«Denken diese Menschen, gleich tritt Jesus hinter der nächsten Häuserecke hervor?», fragt Rainer.

«Dinge zu *sehen* ist hier Alltag. Viele erleben in Jerusalem einen religiösen Ausnahmezustand, durch Gebete, durch die Reizüberflutung einer Vielzahl heiliger Stätten, durch die Zurückversetzung in eine andere Zeit. Das ist aber noch etwas ganz anderes, als sich einzubilden, der Messias zu sein.»

Ich selbst habe Jerusalem immer mit besonderen Empfindungen und unendlich vielen Bildern verbunden, die mit meinem Glauben zusammenhängen und mir gezeigt haben, dass Jesus hier gewirkt hat, gestorben und auferstanden ist. Jetzt tauchen sie alle auf. Und auch ich bin, das muss ich ehrlich gestehen, in diese Stadt gekommen mit der Hoffnung, Gott nahe zu sein, eine Spur von ihm zu finden.

Dr. Kalian erzählt weiter: «Ich kann mich an keinen Fall erinnern, wo eine geistig gesunde Person sich in dieser Stadt plötzlich für eine Figur aus der Bibel gehalten hätte. Ich sage immer: Der einzige Unterschied zwischen einem Messias in Hamburg, Berlin oder New York und einem Messias in Jerusalem ist, dass Letzterer sich ein Flugticket nach Israel leisten konnte.»

Wir lachen. Dann öffnet der Arzt sein Nähkästchen und plaudert über einige konkrete Messias-Fälle. Von dem Mann, der überzeugt war, der neue Messias zu sein, und an der Klagemauer predigen wollte. Sehr zum Unmut der jüdischen Sicherheitskräfte, die ihn sofort verhafteten. Ein anderer wollte sich an der Pforte der Grabeskirche mit Satan treffen und mit ihm den Endzeitkampf austragen. Als er dort jedoch hinkam, war die Kirche schon geschlossen, und Satan tauchte auch nicht auf. Daraufhin brach er in ein Geschäft ein und stahl ein Messer, mit dem er Soldaten bedrohte, in der Hoffnung, zumindest sie würden mit ihm kämpfen. Es gab auch Frauen, die hier einen neuen Erlöser gebären wollten, und ein Mann lief schreiend (und nackt) durch die Altstadt, um das Jüngste Gericht anzukündigen.

«Manche Fälle sind besonders schwerwiegend», fährt Dr. Kalian fort. «So wollte 1969 ein australischer Pilger die Al-Aqsa-Moschee in die Luft sprengen. Es gab einen Brand, Kunstschätze wurden zerstört. Fast wäre deswegen ein Krieg ausgebrochen. Jerusalem ist ein Pulverfass. Der kleinste Funke kann hier alles zur Explosion bringen. Später wurde vor Gericht bestätigt, dass der Australier schizophren war und seine Medikamente nicht genommen hatte.»

Ultrarechte jüdische Aktivisten befürworten Terroranschläge auf muslimische Heiligtümer. 1980 hatte eine Gruppe Radikaler ebenfalls die Sprengung der Moschee geplant. Sie waren rechtzeitig aufgeflogen – und landeten dann im Gefängnis. Doch wo liegt der Unterschied zwischen glühender Überzeugung und Wahnvorstellung? Das frage ich jetzt Dr. Kalian.

«Die Grenze liegt da, wo jemand sich selbst und andere verletzt oder in Gefahr bringt.»

Eine klare Aussage.

«Zeigt sich das Jerusalem-Syndrom auch bei Muslimen?»

«Nein. Zwar sollen in Mekka ähnliche Phänomene auftreten, nicht aber in Jerusalem, obwohl es ja auch für Muslime eine heilige Stadt ist.»

«Vielleicht liegt es daran, dass Mekka der wichtigere Ort für Muslime ist.»

«Ja, vielleicht», räumt Dr. Kalian ein.

Rainer blinzelt zu mir herüber, dann sagt er: «Schwester Jordana läuft auch durch diese Straßen und sieht überall Jesus.»

Fröhlich schaut mich der Psychiater an: «Solange Sie mit Ihren Visionen glücklich sind, ist alles gut. Während meines Medizinstudiums hatte ich einen Lehrer, der sagte: ‹Du kannst der Messias sein und gleichzeitig zufrieden Falafel verkaufen.›»

Ich habe aber nicht vor, mich für den Messias zu halten. Ein wenig in die Fußstapfen von Jesus zu treten ist etwas anderes.

Als wir uns von Dr. Kalian verabschieden und uns auf den Weg zur Klagemauer machen, sehe ich mehrere Menschen in Kleidern herumgehen, die in die Zeit Jesu gehören könnten. Ich verbiete mir, darüber ein Urteil zu fällen. Wir wandern durch enge, tunnelartige Gänge, die wie ein Labyrinth verlaufen. Dann finden wir die Klagemauer – und die nächste Sicherheitskontrolle erinnert mich daran, dass ich in Israel und in der Jetztzeit bin. Eine Schleuse öffnet sich. Es erfolgt eine Sicherheitskontrolle mit Gepäckcheck – wie vor dem Petersdom. Ein Polizist bittet mich, mein Kreuz unter die Bluse zu stecken, so wie vor dem Hisbollah-Museum. Dieses Mal bin ich darüber nicht irritiert, eher tut es mir leid, dass so viele Mauern auch in den Köpfen sind.

Der Klagemauer nähere ich mich mit einer gehörigen Portion Respekt. Ein weiter Platz befindet sich davor, die hellen Steine schimmern in der Hitze, kein Schatten weit und breit. Viele Menschen sind hier, die Atmosphäre ist mit Energie aufgeladen. Die Mauer erscheint mir überwältigend groß, sie ist achtundvierzig Meter breit und achtzehn Meter hoch.

Als Frau muss ich nach rechts gehen. Von den Männern werde ich durch einen Sichtschutz getrennt. Den Frauen ist ein sehr viel kleinerer Teil der Mauer zum Gebet freigegeben, entsprechend eng ist es. Geduldig warte ich, bis die Frauen ihren Platz an der Mauer verlassen und wir hinteren aufrücken können. Viele schaukeln im Gebet hin und her oder quetschen kleine Wunschzettel an Gott in Mauerritzen. Sie kleben sie sogar fest, weil die Kalksteinritzen überquellen. Manche Frauen weinen und klagen laut. Und plötzlich stehe ich selbst vor der Mauer. Fühle mich klein. Vor mir Steine, größer als ich, gekerbt oder verwittert, ich kann es nicht unterscheiden. Manche Stellen sind glatt von den vielen Händen, den vielen Berührungen, den vielen Tränen. Ich lege meine Hand auf die Mauer.

Nach einer Weile tauchen Bilder auf von der Reise. Gesichter von all den Menschen, die ich in den letzten Wochen getroffen habe. Scheinbar sind sie mit mir gekommen. Vielleicht habe ich sie auch mitgenommen, um diesen Moment mit ihnen zu teilen, im Herzen der Heiligen Stadt. All ihre Geschichten trage ich bei mir, ihre Hoffnungen, ihre Ängste an all das scheinbar Unlösbare. Ebenso die schönen Augenblicke, die Herzlichkeit, die Nähe. Ich bin traurig und froh zugleich. Ich fühle mich wie eine Verbindungsstation, gebe nur weiter. Schließlich hat man in Jerusalem mit Gott Ortsgespräche! Ich lege auch die vielen Gebete, die ich gehört habe, wortlos in das Schweigen dieser Klagemauer hinein, zu den Millionen anderen, zu all den Schicksalen, die hier schon erzählt worden sind, geschrien, geflüstert, geweint. Ich gebe alles ab – und lehne mich an. Als ich nach oben blicke, sehe ich eine Taube in der Wand nisten. Der Heilige Geist ist auch hier ...

Dann gehe ich langsam zurück, rückwärts, den Blick auf die Wand gerichtet, damit ich der Mauer nicht den Rücken zukehre.

Draußen treffen Rainer und ich uns wieder. Wir sprechen nicht viel, in bin noch versunken in mein Mauererlebnis. Nebeneinander bewegen wir uns wieder durch die Altstadt, diesmal in

Richtung der Auferstehungskirche, und stoßen erneut auf die Via Dolorosa mit ihren Kreuzweg-Stationen, die durch kleine Plaketten angezeigt werden. Kontemplatives Mitempfinden ist so gut wie unmöglich, denn die Gasse ist voller Menschen, und es ist laut. Acht Stationen hat der Kreuzweg bis zur Kirche: Jesus wird verurteilt, er nimmt sein Kreuz auf, er fällt zum ersten Mal, begegnet seiner Mutter Maria, Simon von Kyrene hilft ihm auf, Veronika reicht ihm das Schweißtuch, er fällt zum zweiten Mal und begegnet den weinenden Frauen. In der Kirche sind die restlichen sechs Stationen: Jesus strauchelt zum dritten Mal, seine Kleider werden verteilt, er erreicht Golgatha, wird gekreuzigt, gesalbt und ins Grab gelegt.

An einer Häuserecke stehen große Holzkreuze. Vielleicht kann man eines nehmen und sein eigenes Kreuz durch Jerusalem tragen? Ich jedenfalls habe das nicht vor.

Die Grabes- oder Auferstehungskirche ist von drei Seiten umschlossen, die Bauteile scheinen aus unterschiedlichen Epochen zu stammen. Als das Grab Jesu nach Jahrhunderten friedlicher christlich-muslimischer Koexistenz 1009 von einem fanatischen Kalifen zerstört wurde, löste das Tumulte in Europa aus. Das war auch der Grund für den ersten Kreuzzug und für alle weiteren.

«Da sind wir nun», staunt Rainer und schiebt sich sein Basecap in den Nacken, um an der Fassade emporzuschauen. «Das ist die Grabeskirche, wo Jesus gelegen hat.»

«Das ist der Ort, wo er auferstanden ist», füge ich hinzu, «bei den orthodoxen Christen heißt die Kirche deshalb Auferstehungs- und nicht Grabeskirche. Und das passt im Grunde auch viel besser. Die Auferstehung ist wichtiger als das Grab. ‹Wer an mich glaubt, wird leben, auch wenn er gestorben ist›, sagt Jesus. Hier ist für mich das Zentrum des christlichen Glaubens.»

Dieses Zentrum ist ein leeres Grab. Petrus und andere Jünger finden es jedenfalls leer vor, so erzählt es der Evangelist Johannes. Die Leinenbinden und das Schweißtuch, mit dem der Leichnam Jesu bedeckt war, liegen noch dort, aber der Körper ist verschwunden. Unverrichteter Dinge gehen die Jünger wieder nach Hause. Dann kommt Maria Magdalena zum Grab und schaut weinend in den Grabraum hinein. Sie sieht dort zwei Engel in weißen Gewändern, die sie fragen, warum sie denn weine. Sie antwortet: «Man hat meinen Herrn weggenommen, und ich weiß nicht, wohin man ihn gelegt hat.»

Im nächsten Augenblick steht Jesus hinter ihr, den sie aber für den Gärtner hält. Sie bittet ihn, ihr zu verraten, wohin der Leib ihres Herrn gebracht worden sei. In diesem Augenblick nennt Jesus sie bei ihrem Namen: «Maria», sagt er. Und am Tonfall seiner Stimme und der Art, wie er ihren Namen ruft, erkennt sie ihn. Sie wendet sich ihm zu und antwortet auf Hebräisch: «Rabbuni – Meister!» Wie viel Liebe liegt in dieser kurzen Szene am Grab, wie viel Intimität zwischen Jesus und Maria Magdalena, die Patronin unseres Ordens ist. Sie, die als «stadtbekannte Sünderin» (also Prostituierte) zu Jesu Füßen saß und die er sehr liebte, weil sie trotz all ihrer Vergangenheit die größte Liebende geworden ist. Aber er, der Meister, ist nicht mehr der irdische Geliebte. Jesus sagt zu ihr: «Halte mich nicht fest, denn ich bin noch nicht zum Vater hinaufgegangen. Geh aber zu meinen Brüdern und sag ihnen: Ich gehe hinauf zu meinem Vater und zu eurem Vater, zu meinem Gott und zu eurem Gott.»

Der Tod ist nicht endgültig. Die Auferstehung Jesu und das leere Grab legen mir als Christin Zeugnis dafür ab, dass Jesus den Tod überwunden hat und auch wir ihn überwinden werden. Mein Glaube ist ein Glaube voller Hoffnung und Leben, das liebe ich so an ihm.

Rainer und ich tauchen in das Halbdunkel der Kirche ein. Es wimmelt von Menschen.

«Mein Gott, ist das voll hier», klagt mein Begleiter leise, und auch ich bin nicht begeistert über die Hitze und die Enge.

Den Stein direkt vor uns identifiziere ich gleich mal falsch als Grabstein. In Wirklichkeit ist es der Stein, auf dem Jesus nach seinem Tod das Blut abgewaschen wurde und wo man ihn salbte. Er ist ungefähr dreißig Zentimeter hoch und rot gefärbt. Große Kerzenleuchter umstellen ihn. Wir hocken uns an den Stein, wo schon viele andere Menschen knien, und lassen den Ort auf uns wirken. Eine Frau holt aus einer Plastiktüte ungefähr ein Dutzend handtellergroße Kreuze heraus, die sie nacheinander mit viel Konzentration am Stein reibt. Wahrscheinlich für die ganzen Nachbarn, denke ich, die eine Reise nach Jerusalem nicht unternehmen können. So bringt ihnen die Frau Kreuze mit dem Segen des Gesalbten zurück. Ein älterer Mann wischt ein paar Kinderunterhemdchen wie einen Lappen über die Platte, dreht danach die Wäsche um, um sie auch von links mit dem Stein in Berührung zu bringen. Ein Managertyp mit weißem Hemd und Krawatte hat gleich eine ganze Tasche voll Wäschestücke mitgebracht, um etwas von der heiligen Energie aufzunehmen. Andere legen ihre Hände auf den Stein und beten oder beugen den Kopf, um ihn immer wieder zu küssen. Ein in Goldbrokat gekleideter Priester nähert sich und umringt ihn, ein klingelndes Weihrauchfass schwenkend.

«Meine religiösen Formen sind anders», flüstere ich Rainer zu und erhebe mich, irritiert von dem Spektakel, dessen Zeugin ich bin. Es ist ein religiöser Jahrmarkt, aber ich sehe den Ernst dieser Menschen, sodass ich mich diskret zurückziehe.

Tiefer im Zentrum der Kirche ist eine Rotunde, in ihrer Mitte die eigentliche Grabkapelle, eine Kirche innerhalb der Kirche. Man kann sie betreten, aber die Menschenschlange davor ist so lang, dass Rainer und ich uns mit einem Blick darauf verständigen, nicht hineinzugehen. Ich nehme an, dass es dort noch überschwänglicher zugeht als am Salbungsstein. Stattdessen wandern wir durch die unzähligen Hallen und Gewölbe auf unterschiedlichen Ebenen und schauen uns kostbare Kunstwerke und Mosaiken an. Verschiedene Gottesdienste werden abgehalten, denn sechs christliche Konfessionen teilen sich die Kirche und müssen genau absprechen, wer wann was macht. An einem Altar ist der linke Flügel katholisch, die Mitte griechisch, der rechte Flügel armenisch. Eine äthiopische Gruppe von Mönchen wohnt sogar auf dem Dach der Kirche. Die Brüder, denen Maria Magdalena die frohe Botschaft bringen sollte, leben dabei nicht unbedingt in himmlischem Frieden. Es gibt sogenannte Weihrauchgrenzen und auf die Sekunde abgemessene liturgische Zeitfenster. Über dem Eingang der Kirche befindet sich eine Leiter, die da schon ewig herumsteht, ohne dass man sich einigen kann, wer sie wegräumt. Zank im Allerheiligsten auch hier, bis hin zu regelmäßigen Prügeleien zwischen Priestern und Mönchen unterschiedlichster Konfessionen. Manchmal geht man mit den Fäusten aufeinander los, manchmal mit Besenstielen, es sind auch schon Steine geflogen. Deswegen ordnet die Stadtverwaltung vor allem zu den hohen christlichen Festen immer eine Sondertruppe von Polizisten zur Grabeskirche ab, die dann zwischen die Streithähne geht. Die Osmanen haben im 16. Jahrhundert einer moslemischen Familie die Schlüssel zur Kirche anvertraut – damit der Streit nicht ausufern kann oder eine Konfession die ganze Kirche in ihren Besitz nimmt. Noch weitere Fragen?

Nach einer guten Stunde Gedrängel und Überflutung der Sinne finden wir uns erschöpft auf dem Dach der Kirche wieder.

«Lass uns hier abhauen», sagt Rainer, und ich folge ihm ohne zu zögern durch die Altstadt. Wir verständigen uns darauf, auf den Ölberg zu gehen, in der Hoffnung, dass es dort etwas ruhiger ist. Wir gehen die Via Dolorosa zurück bis zum Löwen-

tor, dem einzigen östlichen Ausgang der Altstadt. Eine schmale
Straße führt hinunter ins Kidrontal, der Ölberg liegt direkt gegenüber. Rechts erstreckt sich die Stadtmauer mit dem zugemauer-
ten Goldenen Tor. Wir steigen ins Kidrontal hinab und auf der
anderen Seite zum Garten Gethsemane wieder hinauf – wir sind
die Einzigen, die zu Fuß gehen, und es ist ruhig. Leider darf
man nicht mehr unter die Olivenbäume, die tatsächlich so alt
sind, dass sie aus der Zeit Jesu stammen könnten. Sie sind einge-
zäunt, die Touristen und Pilger würden sie sonst wahrscheinlich
zerpflücken ... Ich reiße ein Olivenblatt ab, denn ein paar Äste
ragen dann doch über den Weg, und stecke es in die Tasche. Ich
schäme mich ein bisschen, weil ich irgendwie doch empfänglich
bin für «religiösen Schnickschnack» und eine kleine Erinnerung
an diesen Ort mitnehmen möchte. Hinter dem Garten und der
Kirche führt ein steiler Weg hinauf, nun wollen wir die Altstadt
von Jerusalem aus einer anderen Perspektive betrachten. Und
tatsächlich finden wir einen Platz, wo wir uns ungestört niederlassen können.

Vor Augen habe ich das, was auch Jesus damals sah – na,
zumindest die Hügel gab es schon, ebenso die Stadtmauer. Die
Anspannung fällt von mir ab, der religiöse Stress. Dies ist ein
guter Ort, ein Ort zum Nachdenken. Geschwisterlich teilen Rainer und ich uns eine Flasche Wasser, bei der Hitze und nach dem
Bergaufgang brauchen wir dringend Flüssigkeit.

«Ich bin froh, dass es dir auch nicht wirklich in der Grabeskirche gefallen hat», meint Rainer nach einer Weile, «sonst hätte
ich noch geglaubt, dass mit mir was nicht stimmt.»

«Für mich ist das nichts, Menschenmassen und Prunk. Ich
mag schlichte Kirchen, und noch mehr ist für mich die Wüste
ein Ort der Gotteserfahrung. Obwohl Jesus als guter Jude natürlich auch in den Tempel gegangen ist.» Ich nehme einen Schluck
aus der Plastikflasche und füge hinzu: «Vielleicht bin ich auch

zu deutsch, um meine Religiosität so nach außen zu stellen. In Bethlehem ist ja auch das ganze Jahr Weihnachten. Das alles finde ich zwar befremdlich, aber ich möchte diesen Menschen nicht in Abrede stellen, dass sie innere Erfahrungen machen.»

«Wenn du deinen Habit trägst, zeigst du auch nach außen, dass du glaubst.»

«Stimmt, aber ich brauche das nicht, und Gott braucht es auch nicht. Bei Gott kommt nur an, mit welcher Liebe wir zu ihm reden, mit welchem Vertrauen. Aber das in der Kirche hatte für mich mehr mit magischem Denken zu tun als mit einer Nähe zu Gott.»

«Und was ist mit dem Olivenblatt, das du eben abgerissen hast?», fragt Rainer in seinem Jetzt-hab-ich-dich-Ton, den ich mittlerweile schon recht gut kenne.

Ich muss lachen. «Ertappt», sage ich. «Auch ich bin nicht ganz frei vom magischen Denken.»

«Und was bedeutet das Blatt vom Ölbaum für dich, wenn du wieder zu Hause bist?»

«Ich denke, es wird mich erinnern», erwidere ich nach einigem Nachdenken. «Vielleicht nicht so sehr an den konkreten Ort, sondern an das, woran ich glaube.»

«Ich finde, Jerusalem ist wirklich eine Reise wert», seufzt Rainer, dann viel munterer: «Lass uns aufbrechen, du musst dich für unseren letzten Dreh noch in Schale schmeißen.»

Ich fühle einen kleinen Stich im Herzen. Ja, heute drehen wir die Abschiedssequenz, die unsere Arbeit und die Reise abschließt. Und weil ich am Anfang im Habit auftrat, wird auch die letzte Szene im Ordenskleid aufgenommen. Mit leichtem Bedauern löse ich mich von unserem Ruheplatz. Nachdem wir wieder im Chevi sitzen, fahre ich zum Hotel, in dem wir heute übernachten werden.

Vor dem Spiegel in meinem Zimmer verwandele ich mich von

einer zweiundvierzigjährigen «Touristin» in Schwester Jordana, die Dominikanerin. Seit so vielen Jahren bin ich jetzt schon Schwester, und in all der Zeit schien es mir unmöglich, dass ich jemals ins Heilige Land kommen und die biblischen Orte mit eigenen Augen sehen würde. Ich bin tief berührt davon, obwohl der Rummel mich auch abgeschreckt hat. Aber ich bin hier. Eine Jüngerin Jesu zweitausend Jahre danach. Und ich frage mich, ob Jesus zufrieden ist, wenn er mich jetzt so ansieht. Ob ich mit meinem Leben das treffe, was er gemeint hat – zumindest ungefähr. Oder träume ich vielleicht nur von Frieden und Liebe? Phantasiere sogar? Und wie mag es Jesus ergehen, wenn er sieht, was aus seinem Vermächtnis geworden ist – viel Gutes, aber gewiss auch Etliches, das mehr uns selbst als Gott dient. Und so viel Streit und Hader.

Ich betrachte mich prüfend und ziehe die Augenbrauen hoch. Etwas müde sehe ich aus, aber die Augen leuchten. Ich bin auch ziemlich braun geworden, wie ich am Farbgegensatz von Gewand und Haut feststelle. Noch der Schleier – mit geübten Handgriffen setze ich ihn auf meinen Kopf.

Froh bin ich, weil ich der jüdischen Religion an der Klagemauer die Ehre erwiesen habe, sozusagen als dem älteren Bruder des Christentums. Wenn wir ihm die Ehre erweisen, dann werden auch Christen im Heiligen Land eines Tages wieder willkommen sein. Ich habe auch dem jüngeren Bruder, dem Islam, die Ehre erwiesen und bin von ihm eingeladen worden. Was uns verbindet oder trennt, wird unser Menschsein zeigen, nicht unser Taufschein.

Nie zuvor sind mir Gewalt und Krieg so nahe gekommen, nie zuvor habe ich so intensiv gespürt, was Menschen einander im Namen Gottes antun. Viel zu viel. Nach dieser Reise werde ich eindeutiger Stellung gegen alle Fundamentalisten dieser Welt beziehen und für mehr Toleranz und Dialog werben. Ich habe meinen Horizont erweitern dürfen – und erst dadurch gemerkt, welche Vorurteile vorher in mir gewesen waren. Von denen fühle ich mich befreit.

Eine halbe Stunde später nehmen Rainer und ich Platz auf einer Terrasse. Ein roter Feuerball geht hinter schwarzen Silhouetten der Altstadtdächer unter. Vögel kreisen am tiefblauen Himmel. Das Filmteam wird morgen zurückfliegen, auch Rainer. Es ist Mitte Oktober. Ich werde noch einige Tage bleiben, bei den Benediktinern in Tabgha – einem Ort, der übersetzt «Siebenquell» lautet. Hier entspringen die sieben Quellen, die den See Genezareth speisen. Ich werde am Ort der Brotvermehrung sein, wo Jesus die Bergpredigt gehalten hat. Und Urlaub mit Gott machen.

«Wir haben so viel gesehen, so viele Menschen getroffen ...» Ich mache den unbeholfenen Versuch eines Fazits.

«Vor allem habe ich dich getroffen», sagt Rainer und breitet die Arme aus. «Du bist die Frau, mit der ich die längste Reise meines Lebens gemacht habe.»

Wir sitzen da wie vertraute Freunde, sind uns nahegekommen während der vielen Stunden im Auto. «Ich glaube, ich werde erst später verstehen, was wir alles erlebt haben, aber für diese Reise warst du genau der richtige Mann», revanchiere ich mich bei ihm für das Kompliment.

«Danke», sagt Rainer.

«Ja, war toll.»

Dann gehen uns die Worte aus. Wir betrachten die rosafarben geflockten Wölkchen am Himmel. Es ist friedlich und still, fast zu schön, um wahr zu sein.

«Komm, lass uns Walzer tanzen», sage ich nach einer Weile und stehe auf.

«Waass?»

Rainer bleibt keine Zeit, sich anders zu entscheiden. Ich

nehme seine Hand, und wir tanzen Walzer – barfuß, auf dem Dach, ich im Habit. Unsere Begleitmusik sind die Glocken von mehreren Kirchen sowie die Stimme des Muezzins. Der Dirigent ist die israelische Fahne, die im Abendwind weht ...

Nachwort

Findus, mein Kater, liegt eingerollt auf meinem Schoß, die Kinder schlafen. In den Nachrichten höre ich schreckliche Dinge über die Türkei, den Libanon und Israel. Jetzt haben diese Nachrichten für mich Gesichter: Mahmed, Ria, Jehuda, Sr. Malin, eine Dominikanerin, die im eingemauerten Bethlehem lebt. Seit einigen Monaten bin ich keine Erziehungsleiterin mehr, sondern Kinderdorfmutter. Das heißt, mit mir zusammen leben fünf kleine Kinder, die nicht mehr bei ihren Eltern sein können. An den Wänden meines neuen Kinderdorfhauses hängen Fotos der Reise. «Das bist du, Jordana», strahlt mich mein Dreijähriger an und staunt über das Kamel, auf dem ich sitze. Das Leben hält immer wieder Überraschungen bereit – letztes Jahr diese wundervolle Reise, dieses Jahr mein Wechsel an die Basis, als Kinderdorfmutter. Auch ein Geschenk des Himmels. Ein Leben mit Gott wird niemals langweilig.

Dank

Auf der letzten Seite dieses Buches soll, nein, muss unbedingt ein großes Dankeschön an die Menschen stehen, die dieses Buch möglich gemacht haben. Eigentlich wollte ich nie ein größeres Buch schreiben, und nur weil ich eine wunderbare Freundin habe, die mir versprach: «Du, ich mach das mit dir», hatte ich den Mut dazu. Danke, Iris! Ohne dich wäre das Buch nicht das, was es nun geworden ist. Ebenfalls danke ich meiner Lektorin Regina. Wie viel Arbeit dieser Job ist, kann ich erst jetzt ermessen. Danke auch an meine Monstas – Tom, Lutz, Sabine, Volker, Bence, Ayhan, Chris, Mark und natürlich Rainer Maria. Ohne euch wäre die Reise nur halb so schön geworden, was sage ich, ohne euch hätte ich diese Reise niemals machen und kein solches Buch schreiben können. Danke an all die Menschen, die mich in den vielen Gesprächen Anteil an ihrem Leben und ihren Gefühlen haben lassen. Sie sind mir ans Herz gewachsen und haben mich vieles gelehrt. Danke an meine liebsten Kolleginnen und Kollegen im Bethanien-Kinderdorf Schwalmtal-Waldniel, die mir den Freiraum für diese Reise geschaffen haben, und Dank an meine Schwestern, vor allem dir, Sr. Sara, für das Vertrauen in mich.

Zum Schluss werde ich still und sage dir, Gott, danke. Mein Leben mit dir ist wunderbar, erlebnisreich und unglaublich spannend. Bleibe an meiner Seite und segne die Menschen, die mir auf dieser Reise nahe waren. Schenke den Ländern des Nahen Ostens Frieden!

MIX
Papier aus verantwor-
tungsvollen Quellen
FSC® C083411

Das für dieses Buch verwendete FSC®-zertifizierte Papier
Lux Cream liefert Stora Enso, Finnland.